本书受到"西华大学四川省重点马克思主义□
经费资助

U0499625

经济金融化
与中国实体企业发展研究
——基于马克思主义资本理论的分析

余声启　苏梦颖 ◎ 著

中国财经出版传媒集团

经济科学出版社
Economic Science Press

·北 京·

图书在版编目（CIP）数据

经济金融化与中国实体企业发展研究：基于马克思
主义资本理论的分析/余声启，苏梦颖著．－－北京：
经济科学出版社，2024.4
ISBN 978 - 7 - 5218 - 5852 - 5

Ⅰ.①经⋯　Ⅱ.①余⋯②苏⋯　Ⅲ.①金融业－影响
－企业经济－经济发展－研究－中国　Ⅳ.①F279.2

中国国家版本馆 CIP 数据核字（2024）第 085948 号

责任编辑：郎　晶
责任校对：刘　昕　齐　杰
责任印制：范　艳

经济金融化与中国实体企业发展研究
——基于马克思主义资本理论的分析
余声启　苏梦颖　著
经济科学出版社出版、发行　新华书店经销
社址：北京市海淀区阜成路甲 28 号　邮编：100142
总编部电话：010 - 88191217　发行部电话：010 - 88191522
网址：www. esp. com. cn
电子邮箱：esp@ esp. com. cn
天猫网店：经济科学出版社旗舰店
网址：http://jjkxcbs. tmall. com
北京季蜂印刷有限公司印装
710 × 1000　16 开　14. 75 印张　213000 字
2024 年 4 月第 1 版　2024 年 4 月第 1 次印刷
ISBN 978 - 7 - 5218 - 5852 - 5　定价：65. 00 元
（图书出现印装问题，本社负责调换。电话：010 - 88191545）
（版权所有　侵权必究　打击盗版　举报热线：010 - 88191661
QQ：2242791300　营销中心电话：010 - 88191537
电子邮箱：dbts@ esp. com. cn）

前　言

　　党的二十大报告指出，要坚持把发展经济的着力点放在实体经济上，推进新型工业化。实体经济的发展离不开金融的支持，金融是实体经济的血脉，实体经济是金融发展的根基。然而，经济部门中出现的金融化趋势正逐步驱使金融资本偏离服务产业资本的宗旨，同时朝着马克思所憎恶的高利贷资本方向发展。在某种意义上，经济金融化不过是高利贷资本的复归，这种"复归"不断削弱产业资本积累的内生动力，破坏社会经济发展的物质基础，并由此引发一系列的经济问题。

　　但是，当前部分学者基于有效市场假说理论，忽视经济金融化潜在的破坏性，认为经济金融化不过是金融发展的短期失真。不可否认，有序的金融市场极大地促进了实体经济的发展，但过度金融化的严重后果也不容忽视。一个例证是，2008 年全球金融危机尽管已过去十余年，但世界经济的脆弱性有增无减。正如美国学者福斯特所言："（1）实体经济停滞意味着，资本家日益依赖金融部门的增长来获取和扩大货币资本；（2）资本主义经济的上层建筑不能脱离其在实体生产经济中的根基而完全独立地自我膨胀，因而，投机性泡沫破裂成为周期性发生并不断加剧的新问题；（3）金融化无论会发展到何种程度，都不可能破解生产停滞的难题。"① 经济金融化不但不能为经济停滞找到出路，反而一再加重了资本主义危机。为了摆脱危机，美国等发达国家试图

---

① 约翰·贝拉米·福斯特，王年咏，陈嘉丽. 资本主义的金融化［J］. 国外理论动态，2007，（7）：9－13＋32.

1

通过"再工业化"的方式促进经济再腾飞,但一系列的政策措施并未取得显著效果。事实上,发达国家工业化早已完成,再次强调工业化的举措不得不引发深思:金融与实体经济之间的关系究竟如何?

进入 21 世纪,我国经济发展也呈现出金融化特征,FIRE 部门(金融、保险和房地产等泛金融部门的缩写)膨胀式发展,导致资产价格迅速上升,居民负债水平随之提高,实体企业也越来越依赖金融投资渠道获取利润。经济发展对金融的依赖性逐步加重,产能过剩、创新不足等问题相继发生,经济结构面临失衡困境。深化金融供给侧结构性改革,增强金融服务实体经济能力,为实体经济发展提供更高质量、更有效率的金融服务刻不容缓。

国内外学者对经济金融化的现象、成因、运行以及后果展开了大量论述,也对经济金融化与实体企业的关系进行了不同程度的探索,但更多停留在对当代资本主义金融化问题的思考。部分学者在研究中国经济金融化和企业发展关系问题时,把金融化看作既定事实,缺乏对我国经济金融化不同成因与特征的探索。本书认为研究金融化问题不能只局限于一国范围内,不能以日益复杂的金融手段或模式为主要对象,而要以纳入国际背景的实体经济运行为着眼点,透视经济金融化的深层次动因。

因此,本书以经济金融化中资本积累问题为切入点,坚持马克思政治经济学中生产处于社会再生产过程基础和核心地位的立场,结合马克思系统而严密的产业资本与金融资本理论,努力构建马克思主义政治经济学关于金融化与企业发展的分析框架,在此过程中结合西方经济学理论、西方马克思主义理论以及历史与现实等多角度分析,试图总结经济金融化过程中实体企业发展的一般性规律,探寻金融化掩盖下的实体经济运行状况,思考中国特色社会主义市场经济中金融化问题的不同之处,并实证分析金融化对实体企业发展产生的具体影响过程,以期为更好地发挥中国特色社会主义市场经济的优势、防止经济"脱实向虚"、实现"高质量"发展提供理论和经验支持。

本书的主要逻辑如下:首先,概括经济金融化内涵,总结并归纳经济金融化与实体经济发展的关系;接着以马克思金融资本、产业资本、资本积累和利润率等理论为基础，借鉴包括希法亭金融资本理论、凯恩斯金融投资理论、大卫·哈维资本空间修复理论等相关著作，构建本书理论分析框架；紧接着，透视金融资本影响企业发展的内在机制：由于资本内在矛盾的限制，资本要想在时空上得以延续，必须不断地突破自身的限度，用更多方式实现利润修复。资本积累模式中潜藏着"解决"问题的手段，资本积累可区分为产业资本积累和金融资本积累的双轨制，在此基础上，利润获取也存在双轨制。由于商品实现困难、资本有机构成提高等因素，产业资本平均利润率趋向下降，而金融资本却依靠现代金融科技手段、国际价值链体系、国际资本流动等方式，获取超额利润。产业资本主导的资本积累体系逐渐被金融资本积累所取代，产业部门利润的产生越来越依靠金融投资而不是商品生产。金融资本重构了产业资本的循环与积累模式，并实现自身独立循环，导致价值异化、资本关系异化等一系列问题，但实际上仍难克服资本固有矛盾。接下来本书从历史的角度剖析中心国家（美国等）内生的经济金融化与"去工业化"和边缘国家外生的经济金融化与"早熟去工业化"的不同演变过程与和传导机制。结合上述分析，本书实证检验了我国去工业化和经济金融化倾向，并寻找我国相关问题的"特殊性"。然后，结合计量经济学的统计优势，以中国实体企业为研究对象，以利润率为主要指标，实证分析金融化对中国实体企业投资率（量的角度）和创新（质的角度）的微观影响。最后，得出结论，并据此提出参考建议。

本书的主要结论包括：（1）在现象上，经济金融化是经济从物质扩张向金融扩张的转变，反映了劳资关系、资本关系以及市场与政府关系的变化过程。在市场经济中，决定上述关系演变的最终落脚点只能是生产，而企业作为市场主体，对推动生产力和生产关系的变革发挥着至关重要的作用，企业越来越依靠金融手段获取利润，从根本上影响经济的高质量发展。企业金融化更直接地反映出产业资本的衰落与金融资本的扩张。（2）在原因上，"平均利润率趋向下降"的规律是经济金融化的内在驱动因素，为了补偿利润率下降所引起的利润量的相对减少，实业企业将产业资本转化为金融资本，利用金融资本积累的独立化倾向,进行市场套利,以获取高超额利润。(3)从利润本质上看,经济金融化并未改变价值的来源,金融利润的源泉是在实体经济部门中产生的剩余价值,金融的天职在于服务实体经济。(4)在金融化结果表现上,资本主义中心国家金融化具有内生性,尽管挤出了物质生产,但是依旧具有技术优势;边缘国家受新自由主义影响,金融化表现出外生性特征,同时金融化中断了边缘国家的工业化进程,生产社会化与生产资料私人占有之间的矛盾依然是资本主义社会基本矛盾。(5)我国经济金融化同时具有内生性和外生性特征。我国金融化问题更多是经济结构性失衡导致的,社会主义市场经济对过度金融化具有抑制作用。同时,我国工业化尚未完成,金融化发生在工业化进程中,对实体企业发展产生深远影响。此外,我国工业化与资本主义国家相比,承担了更多的制度、资源以及环境等成本,这些都决定了我国不能走以金融化代替工业化的道路。(6)在微观上,实体企业"高质量"发展具有多维度特征。从"量"上看,金融化挤出了企业的实业投资率;从"质"上看,金融化抑制了企业的创新能力,诱使企业追求研发投入"数量"而不关注专利产出"质量"。

目　　录

第1章 绪 论

实体经济是一国现代化的基础与核心，是国民经济发展的重中之重。纵观资本主义发展史，以工业化为代表的产业资本积累和以金融化为代表的金融资本积累对立统一于资本主义进程中，表现为物质扩张和金融扩张的交替过程。事实表明，尽管金融发展极大地推动了生产力水平的提高，但其过度扩张也导致了严重的经济危机。本书对经济金融化与实体经济关系的研究有两条逻辑线索：其一，以资本主义国家经济金融化为研究对象，剖析经济金融化的演化机制，探究不同生产力维度下的资本积累矛盾与规律以及由此产生的物质生产问题；其二，以我国经济发展中存在的"脱实向虚"问题为研究导向，从宏观层面比较我国经济金融化问题与西方资本主义国家的异同，在微观层面实证检验经济金融化对我国实体企业发展的影响。为更好地把握本书，这里首先就研究背景、意义、思路、方法、创新点以及不足之处作简要论述。

1.1 研究背景与问题提出

1.1.1 现实背景

1. 国际背景

经济金融化问题的产生具有广泛而深刻的时代背景。20 世纪 70 年代，主要资本主义国家先后发生"滞胀"危机，究其原因，受其生产方式固有矛盾制约，当资本物质扩张达到极限时，平均利润率则趋于下降。于是，金融扩张被视为打破资本时空限度的良方，被众多国家所采用。经济金融化作为一种新的经济发展模式，迅速将市场主体中的政府、企业和个人纳入自身循环体系，并要求这些主体按照金融资本积累的模式设计各自的规则。资本积累的重大变化深刻地改变了社会经济结构，正如福斯特所言，金融化日益主导新自由主义和全球化，成为近30年资本主义最明显的特征。①

但是，资本主义国家企图利用经济金融化手段一劳永逸地解决资本主义世界的周期性经济危机的尝试，反而加剧了内部矛盾的尖锐化。具体而言，经济金融化尽管重构了整个社会系统，刺激利润率的复苏，但也增强了资本的权力，产生了大量金融食利阶层，他们拥有大量的不动产、股票、有价证券，不需要从事实业经营，仅仅靠利息、股息、地租、房租等，就能获得稳定的和不断扩大的现金流，与之相反，普通民众成为被收割的对象。正如马克思所描述的那样："这种剥夺在资本主义制度本身内，以对立的形态表现出来，即社会财产为少数人所占有；而信用使这少数人越来越具有纯粹冒险家的性质。因为财产在这里是以股票的形式存在的，所以它的运动和转移就纯粹变成了交易所赌博的结果；在这种赌博中，小鱼为鲨鱼所吞掉，羊为交易所的狼所吞掉。"② 经济过度金融化产生一系列严重后果：个人不得不依赖透支进行消费，诱发了2008年美国"次贷危机"；政府大举负债运营，导致2009年主权债务危机在欧元区泛滥；企业利润的产生越来越依赖金融投资渠道，在多国引发产业"空心化"问题；部分发展中国家推行金融自由化政策、过度金融化，陷入财富积累的"中等收入陷阱"；以美国为首的资本主义国家借助金融化手段占有最大份额的世界剩余价值，对全球政治、经济和文化的治理产

---

① 约翰·贝拉米·福斯特. 资本主义的金融化 [J]. 王年咏，陈嘉丽，译. 国外理论动态，2007（7）：9 – 13 +32.

② 马克思恩格斯文集（第七卷）[M]. 北京：人民出版社，2009：498.

生重大困扰。

总之，经济金融化加剧了世界经济的脆弱性，2008 年金融危机以后，为应对经济金融化的严重后果，发达国家不得不提出各自的工业复兴计划，如美国的"再工业化"计划、德国的"工业 4.0"计划等。毫不例外地，这些计划都意图通过重新强调经济发展的物质基础，以获取经济的内生增长动力，增强经济发展的韧性。但是，经济发展一旦形成路径依赖，其转变成本高昂且收效甚微。纵观资本主义发展史，这一点也得到了很好的印证，中心国家一旦因为其社会不可调和的矛盾丧失竞争优势，就必然地选择金融扩张手段来维持霸主地位。从热那亚、荷兰与英国的资本积累历程来看，金融扩张发生于生产和贸易优势的丧失之后，此后再难在实体产业领域形成统治力。

2. 国内背景

欧美国家经济金融化的弊端显而易见，尽管其在短期内让各个经济部门的盈利能力得到暂时性恢复，但长期并不可持续，甚至会演变成经济危机。随着我国金融系统市场化改革的推进，尽管在提高金融产品创新、增加直接融资比重、深化金融对外开放等方面取得显著成效，但金融体制不健全的弊端也逐步显现，复杂、衍生、自娱自乐式金融创新层出不穷，金融结构性矛盾日益突出。特别是当经济步入"新常态"阶段，实体经济中的诸如产能过剩、创新不足的矛盾逐渐暴露出来，资本投资于实体部门的获利程度相对下降，因而不断向高收益的金融、地产等部门流动，经济金融化趋势有所加速，主要表现为经济的"脱实向虚"。周蕾等（2013）发现金融行业的营业利润率是制造业的 3 倍。① 张慕濒和诸葛恒中（2013）采用 FIRE（金融、保险和房地产泛金融部门的缩写）的利润与制造业利润比值的方法检验金融化水平，发现这一指标从 2001 ~ 2011 年一直呈上升趋势，2008 年前后

---

① 周蕾，余恕莲，史玉光. 中国制造业与金融业收入差距研究 [J]. 财贸研究，2013，24 (3)：21 - 27.

几乎达到 5 倍，此后也维持在 3 倍以上。[①] 这种状况一旦持续下去，会不可避免地造成资本转移、生产萎缩、社会需求不足等问题，这将严重影响国民经济的可持续发展。

为了促进国民经济的健康发展，党的十九大、二十大多次强调要深化供给侧结构性改革，着力构建创新型国家，实现经济高质量发展。经济金融化导致的产业"空心化"显然与上述目标相违背。为此，中国政府强调要培育中国特色的制造文化，加快推进制造业创新发展，实现从制造大国向制造强国的历史性转变。党的十九大报告进一步强调，必须把发展经济的着力点放在实体经济上，把提高供给体系质量作为主攻方向，显著增强我国经济质量优势。深化金融体制改革，增强金融服务实体经济能力，提高直接融资比重，促进多层次资本市场健康发展。党的二十大报告再次指出，高质量发展是全面建设社会主义现代化国家的首要任务。发展是党执政兴国的第一要务。没有坚实的物质技术基础，就不可能全面建成社会主义现代化强国。坚持把发展经济的着力点放在实体经济上，推进新型工业化，加快建设制造强国、质量强国、航天强国、交通强国、网络强国、数字中国。因此，在坚持去产能、去库存、去杠杆、降成本、补短板，优化存量资源配置，扩大优质增量供给，实现供需动态平衡的同时，要深化金融供给侧结构性改革，增强金融服务实体经济的能力，为实体经济的发展提供更高质量、更有效率的金融服务。

1.1.2　理论背景

经济金融化作为当前世界经济发展的主要趋势之一，国外学者予以大量关注。从研究的学科背景来看，对经济金融化的思考并不局限于经济学，还包括政治学、社会学、人类学、地理学等学科，学者们从不同角度描述了资本主义社会由工业资本主义向金融资本主义的转变，这也恰恰反映了金融化问题的系统性和复杂性。从研究的时间脉

---

① 张慕濒，诸葛恒中. 全球化背景下中国经济的金融化：涵义与实证检验［J］. 世界经济与政治论坛，2013（1）：122 – 138.

络来看，国外学者的研究始于 20 世纪 60 年代，以戈德史密斯、麦金农、爱德华·肖等为代表的学者们论述了金融发展对经济增长的促进或抑制作用。随着新自由主义思潮的盛行，经济金融化趋势不断加剧，西方学者的研究也在 20 世纪八九十年代达到高潮。从研究的视角来看，研究的范围不再局限于经济增长领域，部分学者试图从政策缺陷、全球经济贸易失衡、过度消费等方面找到金融化产生的内在原因。

　　总体而言，货币学派、后凯恩斯主义学派、西方马克思主义学派［如积累的社会结构（SSA 理论）］都为经济金融化研究做出了大量贡献。研究的方向逐步由宏观领域延伸到微观企业层面，研究的视角也涉及经济增长、经济危机、货币理论、积累的社会结构、企业治理等诸多方面。但主流经济学的关注点更多地停留在外生因素上，实际上，经济金融化之所以产生，主要是由于一些西方国家生产日益社会化，而财富却被少数人占有，为掩盖生产大规模过剩的矛盾，其在经济上奉行"去工业化"和"经济金融化"政策，这一点现有文献较少涉及。同时，西方经济学关于经济金融化与企业发展的分析框架本身也存在缺陷，正如恩格斯所言："国民经济学的产生是商业扩展的自然结果，随着它的出现，一个成熟的允许欺诈的体系、一门完整的发财致富的科学代替了简单的不科学的生意经。"[1]

　　此外，由于中国经济金融化问题产生较晚，学术界关于中国"经济金融化"问题的研究相对较少。中国学者的现有研究也多以欧美国家经济金融化为研究对象，把金融化对经济增长的抑制作用以及金融危机的危害作为研究的重点。然而，中国经济金融化问题尽管与西方国家有一定的相似之处，但本质上并不相同，应当予以认真反思。值得欣慰的是，近年来已有部分学者开始关注中国经济金融化问题，并逐步涉及金融化对实体企业发展影响的微观层面。不过，这些研究多从西方经济学的视角加以考察，忽略了经济金融化是特定历史时期各种矛盾的综合产物，对其辩证的、历史的、多学科综合的研究尤为重要。"经济金融化"是马克思主义经济学分析当代资本主义经济变化的

---

① 马克思恩格斯文集（第一卷）［M］. 北京：人民出版社，2009：56.

关键范畴。马克思基于产业资本积累主导、金融资本发展演变以及相互关系的研究，能够帮助我们深刻剖析经济金融化问题产生的过程机制，为正确处理实体经济与虚拟经济关系、促进实体企业发展提供诸多借鉴，但目前学术界对此研究尚少。

有鉴于此，在经济结构性矛盾突出、国家政策强力导向和学界研究相对不足的多重背景下，结合马克思主义政治经济学，从资本积累演变的视角研究实体经济金融化的内在驱动机制，并分析我国经济金融化问题的特殊性以及对实体企业发展的具体影响，具有极其重要的理论价值和现实必要。

1.2 拟解决的关键问题及研究意义

1.2.1 拟解决的关键问题

实体经济是经济增长的核心动力，是经济运行和财富创造的物质基础，实体企业则是实体经济的最主要、最核心组成部分。要深刻理解金融化对现实经济的冲击，必须对经济"去工业化"与"经济金融化"过程进行系统研究。然而，笔者通过文献梳理发现，目前还没有学者采用马克思主义政治经济学理论系统深入地分析经济金融化对中国实体企业发展的影响。尤其是在经济全球化的形势下，金融资本已借助全球化手段瓦解原有民族国家内部的资本生产与积累，代之以全球化的资本生产与积累。[①] 随着开放程度的提升，中国不可能在世界金融化的浪潮中独善其身。要想做大、做强、做优民族企业，我们更应该对经济金融化背景下的企业发展问题进行全面把握，从马克思主义经济思想中汲取智慧。具体而言，拟解决的关键问题如下：

一是回答经济金融化运行及其对实体企业的影响机制是什么，是

---

① 沈斐. 资本内在否定性：新方法与新典型 [M]. 天津：天津人民出版社，2016：3.

否超越马克思主义资本积累的理论范畴。关于经济金融化是什么的问题，不同学派从各自角度进行了回答，而缺乏马克思理论的系统分析。那么，马克思经济理论是否远落后于资本发展实际？答案是否定的。尽管马克思本人并未直接提出经济金融化概念，但他在《资本论》一书中系统地阐述了资本积累理论，包括产业资本积累与金融资本积累两部分。产业资本积累理论中资本有机构成理论与一般利润率下降规律，蕴藏着资本尝试突破自身限度，走向金融化的内在机制，也是本书的理论与分析基础。遗憾的是，尽管马克思对生息资本、借贷资本、银行资本、虚拟资本等形态的资本运行机制、分利机制做了比较深入的研究，但相较产业资本积累理论，尚未将这些资本形式统一纳入到金融资本积累体系中。而经济金融化是金融资本的扩张的结果，本书的一个重要任务就是结合马克思金融资本理论，构建产业资本积累向金融资本积累转换模型。当然，经济金融化是一个复杂的经济现象，需要就其过程进行多角度分析。在此基础上，本书还吸收当前关于金融化的优秀成果，包括西方经济学、管理学、社会学、历史学等相关理论，以跨学科的视角和多维度的理论分析经济金融化的过程、机制与结果。

二是回答实体企业发展是指什么，马克思主义资本积累理论是否适用于现代企业发展研究。马克思的相关著作并未明确提出企业发展理论，但他把产业资本主导的资本积累作为分析资本主义生产的关键脉络和基础，本质上是对企业发展的研究。这与当前的企业发展只是绩效管理、人力资本储备、财务管理等方面的观点相区别，马克思把影响资本主义企业发展的诸多因素高度抽象并纳入产业资本积累体系中，以资本积累演变的宏观视角透视企业发展的微观基础。本书把产业资本积累能力作为衡量实体企业发展的主要指标，在宏观上探寻金融化对企业发展总体趋势的影响，在微观上尽可能地思考金融化背景下企业行为的演变过程。

三是回答研究经济金融化对中国实体企业发展的影响，是否需要从国际国内两个视角研究中国经济金融化和企业发展问题。经济金融化本质上是资本在时间和空间上的扩张。在一国供求框架内难以实现金融资本的高利润，正是发展中国家的产业资本低利润成就了发达国家金融资本的高利润。从国际、国内两方面一体分析资本运动总过程及产业资本和金融资本的利润分配，才能解释为什么危机后美国要再工业化，也能说明为何发达国家金融资本利润高，为什么中国也会出现金融与实体经济发展脱节问题。

资本主义中心国家较早地完成了工业化，经济金融化不过是对后工业化产业资本盈利能力下降的时空修复，具有内生性特征。而处于边缘的发展中国家，工业化进程并未完成，但是受金融抑制理论、新自由主义思潮影响，先后放弃了工业化道路，企图利用经济金融化手段实现跨越式发展，结果深陷金融泡沫泥潭，致使经济长期停滞，成为"早熟去工业化"的典型，其经济金融化具有输入型、外生性特征。与中心国家相比，中国工业化道路承担了高昂的制度、环境、资源等成本，中国实体经济总体上呈现出"大而不强"的特征，而在经济面临结构性矛盾的情况下，"去工业化"与"经济金融化"问题却与中心国家有着趋同发生的趋势，金融化同时具备内生性和外生性特征。因此，有必要将处于"中心—边缘"国家的去工业化和经济金融化进程进行对比分析，探究内生金融化和外生金融化对实体产业的不同影响，找出中国经济体制中蕴藏的规避经济金融化风险、促进实体企业可持续发展的有利因素。

四是回答经济金融化对中国实体企业发展的具体影响究竟如何？"高质量"发展是目前中国解决经济结构性矛盾的必然选择。"高质量"发展以"量"的增加为基础，以"质"的提高为导向。企业发展也不外如此，是企业资本积累的现象化。因此，本书关于金融化对实体企业发展影响的研究，也基于"量"和"质"两个层次。具体而言，本书通过利用中国上市企业的微观数据，实证分析了金融化对企业实业投资（"量"的层面）与创新（"质"的层面）的影响。

1.2.2　理论意义

学术界对当代资本主义经济金融化趋势的研究，主要包含三个方面：第一，金融发展理论，代表人物如戈德史密斯、莱文等，其理论贡献是把经济金融化趋势看作是金融发展的过程，主张以金融工具和金融结构的调整为手段，促进经济发展。该理论的缺陷是其建立在有效市场假说理论基础之上，否定金融膨胀对经济发展的阻碍作用。第二，金融抑制和金融深化理论，以麦金农和肖为代表，他们认为发展中国家普遍存在金融抑制，金融管制只会加剧"金融抑制"，从而降低银行主导的资本效率，因此，必须全面实现利率的市场化改革。该理论在 20 世纪 80 年代成为新自由主义的理论来源，加速了经济金融化趋势形成，但其推动的发展中国家的金融自由化改革直接导致了经济衰退也一直为人诟病。第三，经济金融化理论，该理论由西方马克思主义学者提出，福斯特、爱泼斯坦等都从不同视角阐述了经济金融化的内涵、特征以及趋势，其研究重点在于发现金融繁荣与生产停滞的关系，但也主要是从积累的社会结构等方面予以解释，缺少对金融化产生的深层次动因、机制的分析。国内学者的研究更多地停留在对金融发展与经济增长关系的阐述上，在回答金融化与实体经济关系时，仅采用计量方法予以实证分析，缺乏系统的分析框架。

因此，结合国内外研究的现状可以发现，当前关于经济金融化的研究存在以金融工具和金融结构为研究对象、以验证与经济增长或停滞的关系为目的、立足宏观领域而忽略微观经济行为以及较少涉及发展中国家特别是中国金融化问题等局限，这也为本书的研究留下了空间。本书坚持马克思主义政治经济学的立场，借鉴资本主义制度下的经济金融化与实体经济关系相关研究，努力构建一个社会主义市场经济条件下经济金融化与实体企业发展的理论框架。本书可能具有的理论意义有：

第一，构建马克思主义经济学的经济金融化背景下的企业发展分析框架。以马克思主义经济学资本积累理论为基础，把资本积累区分为产业资本积累和金融资本积累的双轨制积累模式，探索不同积累模式的利润分化机制，并根据资本有机构成理论、一般利润率下降规律等理论阐述产业资本向金融资本转化的内在动因，且结合生息资本、虚拟资本等金融资本理论，探索金融资本积累的独立化倾向，最终从理论上分析推导实体企业金融化的弊端，验证马克思理论的时代性、前瞻性。

第二，结合西方马克思主义学者的相关理论，如资本的时空修复理论、积累的社会结构理论、股东价值导向理论等观点，对经济金融化影响实体经济内在机制予以拓展，解决西方主流经济学在有效市场假说和经济主体同质假说前提下，仅把经济金融化看作金融体系的一次自我调整，忽视经济社会资本积累模式转变的长期趋势，同时也难以区分不同主体金融化行为和关系的矛盾。

第三，本书尝试构建经济金融化背景的企业发展理论模型。该模型以马克思主义政治经济学为理论指导，探索经济金融化条件下，实体企业基于资本逐利的本质，在金融资本积累和产业资本积累与创新行为间的战略选择。同时辅以计量实证的方法检验影响程度，从而丰富当前中国特色社会主义政治经济学关于金融发展、企业发展的理论内涵。

1.2.3 现实意义

研究经济金融化的发生机制以及对实体企业发展的影响，在宏观和微观层面上都具有重要的现实意义。

在宏观上，经济金融化与全球化、新自由主义共同刻画了当代资本主义的新特征，因此，对经济金融化的研究并不能局限在某国范围内。本书采用纵向历史分析与横向比较分析相结合的方法，从"中心—边缘"国家经济金融化与"去工业化"的视角进行研究，从中发现资本主义国家经济金融化的一般驱动机制以及对现实经济发展的深远影响，进而与中国经济金融化问题形成对比，找到中国特色社会主义市场经济中应对金融化问题、促进实体企业发展的有利因素。这为加深对我国当前经济"脱实向虚"与产能过剩并存问题的认识提供新视角，也为优化供给侧结构性改革提供新的经验支持。

在微观上，本书实现了对经济金融化背景下经济"高质量"发展宏观问题的微观分析。"高质量"发展既要有"量"的基础，又要有

"质"的提高。本书基于资本积累的视角研究经济金融化对实体企业发展的影响，把实业投资作为实体企业"量"的基础，把创新水平作为"质"的指标。具体而言，在经济处于结构性转变阶段，当前中国实体企业发展面临较紧的融资约束，对企业来说，实业投资（包括创新）的风险相对上升，资本流向金融部门。因此，对经济金融化问题的实证研究，有助于企业合理把握自身金融投资的度，从而提升企业利用金融市场"蓄水池"和风险共担功能的能力，优化产业资本结构积累结构，提升资本配置效率。同时，也有助于深化企业对发展主业与拓展金融的认识：加强与资本市场联系固然重要，但只有坚持做好主业才能立于不败之地。企业应当把转变发展模式，提高创新能力，增强企业的竞争力，作为持续盈利的唯一手段。此外，本书也为提升政府产业政策、金融政策的针对性与合理性以及实现经济转型、产业升级等提供经验证据。

1.3 研究内容与思路

1.3.1 研究内容

本书研究遵循"提出论题—构建分析框架—理论与经验分析—实证检验—对策建议"的逻辑路径，以马克思主义政治经济学基本理论为指导，并结合当前理论界关于金融化的部分成果，对经济金融化产生的原因、过程、机制以及对企业行为的影响进行透视。具体内容如下：

第1章：绪论。第一，从国际、国内两个层面分别介绍本书选题的现实背景和理论背景，指出经济金融化的危害以及研究的现实必要性；第二，重点回答本书拟解决的问题以及研究意义；第三，系统阐述本书的内容架构；第四，概述本书研究采用的根本方法——唯物辩证法及研究过程中具体使用方法；第五，就本书可能的创新点以及不足之处进行阐述。

第2章：文献综述。第一，从国家、企业和个人三个角度归纳总结经济金融化的内涵，并进行界定，同时，根据已有文献对实体经济与实体企业的定义做简要论述；第二，对衡量经济金融化的宏微观指标进行总结，诠释经济金融化的判断标准；第三，介绍各学派关于经济金融化原因的观点，探寻推动经济金融化的力量、因素；第四，归纳经济金融化与实体企业资本积累（投资）的关系；第五，总结经济金融化与实体企业创新的关系。

第3章：经济金融化的理论基础。本书基于马克思主义政治经济学的基本原理，研究了经济金融化运行机理以及对实体企业发展的影响。由于经济金融化本身是一个广泛而又复杂的经济现象，故在介绍马克思主义相关理论之前，先对经济学界关于资本积累的代表性理论进行介绍，如希法亭金融资本理论、凯恩斯金融发展理论、大卫·哈维资本空间修复理论等，以期拓宽本书的研究视野。此后构建马克思主义经济学关于经济金融化的一般分析框架。马克思资本积累理论包括两个部分：产业资本积累和金融资本积累。金融资本的利润是由产业资本主导的生产过程中劳动创造的剩余价值转化而来，经济金融化背景下金融资本利润同样是对剩余价值的分割。因此，这里首先介绍了马克思金融资本理论，探究生息资本、借贷资本以及虚拟资本的资本形式的利润来源；接着阐述马克思产业资本理论，论述产业资本在剩余价值生产中的根本性作用；其后将金融资本积累和产业资本积累统一到资本积累体系中；最后根据资本有机构成理论和平均利润率下降规律，说明产业资本向金融资本转化的过程与驱动力。这些原理是本书研究的基础，是贯穿全书的理论线索，是进行展开的理论前提，本书后续关于金融化发生机制及对企业发展影响的研究皆以本章为理论基础。

第4章：经济金融化的发生机制。在马克思生活的年代，产业资本积累主导着资本积累的模式，金融资本处于被支配地位，经济大规模金融化还不具备条件。因此，有必要以马克思主义经济理论为基础，并结合当代关于资本积累的代表性研究，探讨经济金融化的发生机制。

具体而言，本章研究由于资本固有矛盾的限制，资本要想在时空上得以发展延续，必须不断地突破自身的限度。但基于原有形态的矛盾解决手段和更高生产力维度的突破尝试，都难以逃脱资本自身的陷阱。因此，资本需要更多的途径实现利润修复，而资本积累模式中潜藏着"解决"问题的手段。资本积累可区分为产业资本积累和金融资本积累的双轨制，在此基础上，利润获取也存在双轨制。由于商品实现困难、资本有机构成提高等因素，产业资本一般利润率趋于下降，而金融资本却依靠现代金融科技、国际价值链和国际资本流动等手段，获取超额利润。产业资本积累逐渐被金融资本积累所取代，产业部门利润的产生越来越依靠金融投资而不是商品生产。金融资本重构了产业资本的循环与积累模式，并实现了自身独立循环，但导致了积累结构失衡等一系列问题，仍难克服资本固有矛盾。

第 5 章："中心—边缘"国家去工业化与经济金融化的比较研究。本章从国际视角探寻"中心—边缘"国家去工业化与经济金融化的不同发生过程，寻找实体企业资本积累的趋势规律。20 世纪 80 年代以来，资本积累模式发生了深刻的变革，金融资本积累逐渐取得对产业资本积累的竞争优势。但是，处于"中心—边缘"的资本主义国家工业化与经济金融化的进程并不一致。其中，中心国家如美国、英国、德国和日本等国家经历了工业化与金融发展相互促进、去工业化与企业金融化加速、再工业化与深陷经济金融化泥潭的完整阶段，具有内生性特征。中心国家通过构建世界体系、新自由主义、全球价值链等将金融化扩散到边缘国家，而边缘国家如巴西、阿根廷和哥伦比亚等处于"早熟去工业化"与经济金融化阶段，经济并未经历完整的形态，金融化具有外生性特征。

第 6 章：中国经济"去工业化"与"经济金融化"的可能性分析。首先，本章从实体经济本身，阐述不同学者对中国工业化阶段的判断和我国实体企业发展面临的现实困境（主要是实体经济利润率趋于下降），分析我国去工业化的可能性。其次，把研究限定在金融本身，对我国宏观层面的经济金融化水平进行测度，并以国际资本转移和金融高利润的视角分析我国经济金融化的可能性。最后，综合考虑我国实

体经济利润率趋于下降而金融资本高利润率的问题，阐述中国经济从
"去工业化"走向"经济金融化"的现实可能性，并与"中心—边缘"
国家进行对比分析，以说明当前研究和掌握中国经济金融化规律的必
要性。

第7章：经济金融化与实体企业投资。本书对实体企业微观发展
的研究，也遵循马克思资本积累的逻辑，认为企业发展首先反映在实
业投资这一"量"上。经济金融化在宏观上表现为金融资本积累与产
业资本积累的分离过程，在微观上反映企业金融资产与实业投资的分
离过程。本章主要针对经济金融化对企业实业投资（积累）的影响进
行实证分析。7.1 研究实业投资的内涵及其影响因素。7.2 介绍实体企
业金融化的内涵与表现，并探讨资本转移的原因。7.3 就企业金融化的
驱动因素进行分析，并从"蓄水池"和"挤出"效应两个方面分析经
济金融化对实体企业投资的影响。7.4 分别以企业实业利润率与金融部
门平均利润率之差、企业内部实业利润率与金融投资利润率之差为主
要指标，采用计量经济学方法，实证检验企业潜在金融化和实际金融
化对实业投资的影响，最后得出企业金融化对企业实业投资（积累）
只存在潜在的增长效应，现阶段实际金融化显著挤出了企业的实业投
资的结论。

第8章：经济金融化与实体企业创新。资本寻求在更高生产力维
度上破解积累难题，生产力提高直观表现为创新，创新是资本积累的
动态演绎。企业发展的另一个重要指标反映在创新这一"质"上。本
章介绍企业金融化对创新的影响。8.1 梳理了企业技术创新的内涵、影
响因素以及与融资的关系。8.2 在前文理论的基础上，结合相关创新理
论，探索金融化对企业创新的利弊，并研究其内在传导机制。8.3 以企
业实业利润率与内部金融投资利润率之差、企业实业利润率与金融部
门平均利润率之差为两个主要指标，分别检验其对研发投入和专利产
出的影响。研究表明金融化对创新同样具有潜在的增长效应，但实际
金融化严重异化了企业的创新行为，企业更注重创新投入所带来的
"额外利益"，而不关注专利产出的效率和质量。

第9章：主要结论与政策建议。本章是本书的结论和启示，并提

出了相应的政策建议。

1.3.2　研究思路

本书研究经济金融化与企业发展问题，遵循"提出问题—分析问题—解决问题"的思路，按照"理论分析—实证检验"的研究逻辑展开，具体包括一个理论和三个资本积累体系：以马克思主义政治经济学的一般性分析为理论基础，对国际视野下的"中心—边缘"国家去工业化和经济金融化导致的国家内部和国家间价值转移、中国实业部门向金融部门的价值转移倾向进行分析，探寻宏观领域中实体企业资本积累的发展趋势，最终落脚到微观层面的中国实体企业金融化背景下的行为选择。

1.4　研究方法

研究方法出自哲学术语，是揭示事物内在规律的工具和手段，经济学的研究离不开科学的方法论指导。研究方法通常包含两个层次：抽象研究法和具体研究法。[①] 经济学研究通常以历史与现实问题为依据，抽象概括研究对象的内涵、特征及一般规律，并在此基础上去分析实际问题。"马克思在建立《资本论》的理论体系时，使用的是从抽象上升到具体的逻辑方法。"[②] 不同方法论并不是孤立的、毫无联系的，研究方法本身处于一个在不断地相互影响、相互融合、相互转化的动态发展过程中。

1.4.1　唯物辩证法对金融化理论研究的根本性指引作用

经济金融化是资本内部矛盾多维演变的产物，需要一种科学的分

---

① 马锦生. 资本主义金融化与金融资本主义研究［D］. 天津：南开大学，2013.
② 马克思恩格斯文集（第五卷）［M］. 北京：人民出版社，2009：2.

析方法加以考察。本书研究所采取的方法论原则是马克思主义唯物辩证法。不仅因为唯物辩证法是马克思在《资本论》研究中采用的根本方法，更是因为唯物辩证法深刻剖析了资本主义世界的一切矛盾的根源，生动地展示了资本主义生产本身包含的自我矛盾与自我否定过程，具有科学的指引意义。具体而言，资本主义的自我矛盾表现在使用价值与价值的对立、具体劳动与抽象劳动的对立、私人劳动与社会劳动的对立、剩余劳动与必要劳动的对立、个别资本家生产的有序与资本主义世界生产的无序性对立、生产社会化与生产资料私人占有的对立等方面。"资本主义生产的真正限制是资本自身"，① 资本主义发展面临以下问题："（1）必要劳动是活劳动能力的交换价值的界限；（2）剩余价值是剩余劳动和生产力发展的界限；（3）货币是生产的界限；（4）使用价值的生产受交换价值的限制"②。资本主义发展必然是突破资本限度的过程，货币作为特殊的商品，实现商品使用价值向价值的转化，劳动力成为商品，促使货币转变成资本。资本的限度表现为资本本身的逐利性，这决定了资本始终无法突破自身的桎梏。劳动力成为商品的同时也产生了无法调和的阶级对立关系。"工人的毁灭和贫困化是他的劳动的产物和他生产的财富的产物。"③ 劳动者收入相对降低，资本主义世界产品无限堆积，资本一般利润率终将趋于下降。尽管资本尝试在不同生产力层次上实现对这些限度的动态突破，但客观上促使资本有机构成的快速提高，剩余价值率（利润率）趋于降低。资本要想保证利润在绝对量上的增长，加速资本积累成为必然选择。

经济金融化问题归根到底仍是资本积累问题，其产生、发展与影响并没有超出马克思资本理论研究的范畴，恰恰相反，正如孟德尔所言："今天的西方世界远比写作《资本论》时的世界更接近《资本论》中的'纯粹'模型"，④ "资本的发展程度越高，它就越是成为生产的

---

① 马克思恩格斯文集（第七卷）［M］. 北京：人民出版社，2009：278.
② 马克思恩格斯文集（第八卷）［M］. 北京：人民出版社，2009：97.
③ 马克思恩格斯文集（第一卷）［M］. 北京：人民出版社，2009：124.
④ 欧内斯特·孟德尔. 《资本论》新英译本导言［M］. 仇启华，杜章智，译. 北京：中共中央党校出版社，1991：1－2.

界限"。① 因此，经济金融化不过是资本无法从正面调节资本主义生产与价值现实矛盾的一次现实尝试，是资本主义世界在更高层次上的一次自我修复。

综上，以马克思主义唯物辩证法作为本书的一般性研究方法，可以抽象概括出资本主义世界经济金融化复杂现象背后隐藏的一般性矛盾，从根本上探索经济金融化的本质，为中国避免金融化问题、实现实体企业高质量发展提供有益思考。

1.4.2 具体研究方法

研究方法除了唯物辩证法的一般性分析外，还需要联系实际，加强理论的说服性，马克思也认可这一点，他指出对于资本的"研究必须充分地占有材料，分析它的各种发展形式，探寻这些形式的内在联系"。② 具体表现为从感性具体到理性抽象再上升为理性具体的过程。③ 因此，本书还采用了以下分析方法。

1. 文献分析法

文献研究法是经济学研究最常用的方法之一。根据一定的研究目的，通过查阅相关文献资料，可以全面、系统地了解所要研究的问题。文献研究法的具体作用包括：第一，了解研究问题的历史脉络和现状特征；第二，掌握较为全面的现实资料；第三，寻找研究问题的突破口和聚焦点。本书根据文献研究法对经济金融化的内涵、衡量标准、运行机制以及影响过程等进行了大量的文献梳理，为后续写作提供有益思考。

2. 历史归纳法

经济事件通常是诸多矛盾共同演绎的结果，要想系统地探究经济

---

① 马克思. 资本论（第三卷）［M］. 北京：人民出版社，2004：278.
② 马克思. 资本论（第三卷）［M］. 北京：人民出版社，2004：21-22.
③ 沈斐. 资本内在否定性：新方法与新典型［M］. 天津：天津人民出版社，2016：11.

发展规律，就必须既要以一定的时间截面为依据，尽可能全面地掌握该时间维度下的经济特征，又把对问题的思考拓展到纵向的历史序列，追踪考察不同时间维度下的演变规律。关于这一点，历史归纳法拥有独一无二的优势。历史归纳法是从个别到一般的分析方法，从过往一组个别历史中总结出共性知识和结论。它将横向对比和纵向演绎有机结合，能够客观、全面地揭示经济运行的本质及规律。其在马克思的《资本论》、凯恩斯的《就业、利息和货币通论》、法国经济学家托马斯·皮凯蒂的《21世纪资本论》等书中都有精彩的应用。

本书通过纵向历史分析，研究了"中心—边缘"资本主义国家的工业化与金融化史，剖析了工业化、金融化交织发展的历程。同时，也对我国工业化和金融化过程进行历史的分析。在这个过程中，采用了横向比较的方法，首先比较"中心—边缘"国家在工业化和金融化问题的产生、发展、影响方面的不同，进一步与中国金融化问题进行对比，以确定我国当前工业化与金融化的阶段性特征。

3. 规范分析与实证分析相结合的方法

在经济学上，规范分析是基于一定的价值判断，评判某一经济矛盾的优劣好坏。与规范分析相对应的是实证分析，规范分析侧重于在一定的前提假设条件下，利用经济数据，得到经济现象的影响过程、影响结果以及发展趋势等一系列结论。马克思所主张的历史与逻辑相统一的分析方法，就是规范与实证有机结合的分析方法。本书的规范分析主要包括马克思主义政治经济学的相关理论，如产业资本理论、资本积累理论、资本有机构成理论、一般利润率向下规律等。本书的实证部分主要有两个部分：第一，对"中心—边缘"国家工业化与金融化进程的历史归纳；第二，采用微观计量的统计方法，实证分析中国经济金融化对实体企业投资、创新的影响。

4. 多学科交叉、系统分析的方法

金融化是一个复杂的过程，不仅是一个经济学命题，还是政治学、管理学、社会学、伦理学等学科研究对象。本书在研究过程中不可避

免地涉及相关学科的理论，尽可能地达到多角度分析经济金融化的
目的。

1.5 可能的创新与不足

1.5.1 可能的创新

本书以马克思主义资本积累理论为基础，结合主流经济学和西方
马克思主义学者关于经济金融化的相关研究，努力构建马克思主义关
于经济金融化问题的一般性分析框架，并在这个框架下探索经济金融
化对中国实体企业发展影响机制。因此，本书的研究具有一定的创新
性，主要表现在以下五点：

第一，马克思资本积累理论有着丰富的内涵，对以产业资本主导
的资本积累模式进行了广泛而深入的研究。但在经济金融化新背景下，
资本积累的模式发生深刻的变化，金融资本开始主导资本积累模式。
基于此，本书以马克思资本积累理论为基础，构建金融资本主导的资
本积累分析框架。在这一分析框架下，首先考察了资本本身的限度以
及产业资本积累的现实困境，提出经济金融化不过是资本尝试破解利
润率下降难题的外在手段。尽管这种手段伴随着资本积累的产生而产
生，但由于处于矛盾的次要方面而被长期忽视。因此，本书进一步提
出资本积累应分为产业资本积累与金融资本积累的双轨制，进而内在
地包括利润分配的双轨制，这对当前系统梳理关于资本与利润分配的
研究有所助益。紧接着，本书指出随着资本有机构成提高、产品实现
难度加大，产业资本的利润率趋于下降，而金融资本依靠独立循环、
高速周转等方式，获取超额利润。本书证实了在初始状态下，产业资
本利润率下降源于资本的内部矛盾，金融资本积累并不是导致产业资
本积累困境的根本原因。最后本书认为，基于资本的逐利性分析，产
业资本主导的积累模式逐渐让位于金融资本，金融资本实现自身独立

循环与驱动，并开始重构产业资本循环与周转模式。这一点突破了当前对经济金融化的研究停留在金融资本本身或影响后果上的局限，深化了对金融资本主导下产业资本积累过程、规律、机制的认识。

第二，资本积累过程是资本内部、资本间矛盾动态演绎的结果，本书以马克思唯物辩证法为根本分析方法，认为经济金融化是资本无限扩张与有限空间对立的结果。同时，本书结合历史归纳、对比分析、计量实证等具体方法，考察了资本采用经济金融化手段突破自身限度的可能性，突破了当前研究仅采用实证方法而缺乏辩证思考的局限。

第三，当前对经济金融化的研究主要立足于宏观领域，缺乏微观分析，本书在研究过程中注重对经济金融化微观基础的分析。首先在理论上抽象演绎产业资本向金融资本转化的一般机制，之后将这种机制应用到微观企业内部，具体分析企业面对金融化的行为选择。"从微观经济学到宏观经济学的不合理跨越会导致'合成的谬误'"，① 而马克思资本积累理论天然地将宏观和微观有机结合，也为本书的研究提供了依据。

第四，与传统去工业化内涵不同，本书提出去工业化的两种逻辑：一是产业结构走向"高级化"；二是金融资本积累对工业资本积累的替代过程。后者破坏了经济发展的物质基础。本书对比分析了"中心—边缘"国家经济上工业化—去工业化—经济金融化—再工业化的一般过程，探寻不同发生机制，为研究中国经济金融化问题提供借鉴。同时，本书归纳总结了中国工业化—经济金融化—经济高质量发展的演绎逻辑，发现了规避经济金融化的制度优势。这拓展了学者通常以美国金融化问题为对象的研究，丰富了中国特色社会主义政治经济学关于金融化的理论内涵，具有一定的实践意义。

第五，根据马克思剩余价值分配理论，各类资本都要参与价值分配，参与利润平均化过程。本书基于部门间以及企业内部不同资产间利润率的差距，提出企业潜在金融化和实际金融化概念，采用计量实证的方法，研究两种金融化对我国实体企业实业投资和创新的影响。

---

① 沈斐. 资本内在否定性：新方法与新典型 [M]. 天津：天津人民出版社，2016：27.

同时，本书重点研究了金融化背景下企业是实质创新还是策略性创新的选择问题，加深了当前关于经济金融化与企业发展的认识。

1.5.2 存在的不足

本书存在的不足如下：

第一，本书努力阐明金融资本的循环、周转、积累、利润分配以及对产业资本积累的影响，但由于经济金融化问题的复杂性，个人理论基础较为薄弱，对整个过程机制的分析不够深刻。后续会加强对马克思主义基本理论的学习，并在此基础上阅读各经济学派的相关著作。

第二，目前学术界尚未就经济金融化的概念、测度方法以及具体判断标准达成共识，故本书更多地对经济金融化的趋势进行分析，尽可能多角度地、定性与定量相结合地对金融化进行识别，这也是本书写作的主要遗憾和未来研究的方向。

第三，由于"中心—边缘"国家数量众多，数据收集较为困难，本书仅选取部分代表性国家为研究样本，对其去工业化、经济金融化的研究也停留在宏观领域，缺乏对企业层面发展的实证分析。同时，关于中国微观企业的数据收集、匹配也较为困难，本书仅选取上市公司为样本，后续会加强微观数据收集，努力实现对经济金融化问题的微观分析。

第 2 章 文 献 综 述

经济金融化主导着经济全球化与新自由主义，集中反映了当代资本主义经济发展的新特征，深刻揭示了资本积累模式的新变化，对经济发展和全球治理产生了广泛影响。因此，经济金融化也成为学术界研究的热点问题。本章分别从经济金融化的内涵、测度指标、原因以及与实体企业发展关系四个方面展开介绍。

2.1 经济金融化内涵之争

研究经济金融化问题，首先要对其内涵进行界定。早在 20 世纪 60 年代，一些学者就开始关注金融产值在部分制造业大国经济中比重显著增加，并由此引发金融膨胀、金融地位上升等问题。如美国经济学家戈德史密斯在 1968 年出版的《金融结构与金融发展》一书中详细介绍了金融发展与经济增长的关系，尽管他提出的"金融相关比率"被学术界用来作为衡量金融化的常用指标，但他本人未直接提出经济金融化概念。此后，20 世纪 70 年代，主要资本主义国家经济发展相继发生"滞胀"危机，为了走出困境，从 80 年代开始，部分国家将经济自由化视为破解资本积累悖论的"良方"，将金融扩张看作实现资本盈利能力修复和维持经济增长的主要手段，学术界对经济金融化的研究也达到前所未有的高度。

经济金融化概念的直接提出源于激进政治经济学对金融与生产关系的探讨。然而由于研究视角和关注的侧重点不同，尽管金融化的概念屡被使用,但对其定义理论界尚未达成广泛一致。美国学者托马斯·帕利将金融化分为三个层次:金融市场、公司行为和经济政策。受其启发,本书从宏观和微观两个视角及国家、企业和个人三个层面对已有经济金融化概念进行梳理。

2.1.1 国家视角下的金融化

经济金融化在宏观和微观两个层面影响经济运行,国家视角下的金融化反映了经济发展在宏观领域的长期趋势,通常伴随经济结构性矛盾、经济停滞、金融危机以及经济中心转移等一系列现象。这里主要从经济货币化和资本积累模式转变两个角度对宏观层面金融化定义进行概括。

1. 经济货币化论

王广谦(1996)将金融化问题归结为经济的货币化行为的延伸与发展,他认为经济的货币化程度直接反映了各国的经济发展水平,"货币外金融工具"的出现造成经济与金融融合逆向发展的假象,而经济金融化的概念更科学与全面地揭示出当代经济运行的特征。因此,他主张采用经济金融化代替经济货币化概念,即为:"一国国民经济中货币及非货币性金融工具总值与经济产出总量之比值的提高过程及趋势。"[①] 陈享光(2016)对王广谦的定义进行了拓展,他认为:"金融化是与货币化、货币资本化和资本虚拟化相联系的一种经济现象,伴随金融化的发展,人们日益以货币或货币资本和虚拟资本的形式进行资本和收入的占有与积累。"[②] 该定义强调经济金融化与货币资本扩张的密切关系,但是在市场经济中,几乎所有经济活动最终都以货币形式表现,仅以经济货币化来定义经济金融化难以与之区分,也不能刻画经济金融化的本质特征。

---

① 王广谦. 经济发展中的金融化趋势 [J]. 经济研究, 1996 (9): 32 – 37.
② 陈享光. 金融化与现代金融资本的积累 [J]. 当代经济研究, 2016 (1): 5 – 11.

2. 资本积累模式转变论

资本积累模式转变论是宏观领域定义经济金融化最常用理论。阿瑞吉（Arrighi, 1994）基于世界积累体系的演变，以资本积累过程的空间演变为视角，将经济金融化定义为经济日益依赖金融渠道而不是生产或贸易的过程。[1] 斯威齐（Sweezy, 1995）着眼于美国经济，从"经济剩余"的实现矛盾出发，认为经济金融化不过是依赖金融积累手段解决生产过剩的方式。[2] 爱泼斯坦（Epstein, 2005）以一国经济运行为依据，将金融化归结为"金融动机、金融市场、金融参与者和金融机构其地位和作用不断提升"。[3] 福斯特（Foster, 2007）在阿瑞吉与斯威齐研究的基础上，提出了资本积累的"双轨制"，认为金融化可概括为经济重心由产业部门向金融部门的转移过程。[4] 总之，相较于经济货币化论，资本积累模式演变论则更为深刻地揭示了经济金融化的内涵。

2.1.2　企业视角下的金融化

企业层面的金融化决定了社会生产方式和积累方式的根本性变革，国家和个人层面的金融化是这种改变的外在延伸，同时根据本书的研究的需要，我们将重点论述企业层面金融化的内涵。

1. 企业积累模式转变论

企业金融化的观点建立在积累模式基础上，以非金融公司的金融取向增加为出发点。斯托克哈默（Stockhammer, 2004）重点关注企业的金融投资，将金融化定义为："非金融企业金融业务在金融市场活动

---

① Arrighi G. The Long Twentieth Century: Money, Power, and the Origins of Our Times [J]. American Political Science Association, 1994, 89 (4): 427 –436.

② Sweezy P. M. Economic Reminiscences [J]. Monthly Review, 1995, 47 (1): 1 –12.

③ Epstein G. A. Financialization and the World Economy [M]. Cheltenham: Edward Elgar Publishing, 2005.

④ Foster J. B. The Financialization of Capitalism [J]. Monthly Review, 2007, 58 (11): 1 –12.

中的增加过程，并且将可以通过相应的收入流来衡量。"① 该定义侧重于实体企业收入模式的改变，由于企业内部权力结构发生变化，股东对利润而不是增长的偏好愈发明显，越来越多的金融投资发生在企业运营过程中，资本品的投资相对减少。克里普纳（Krippner，2005）深化了斯托克哈默的研究，她对金融化定义更强调利润的来源的变化——"利润的获取越来越多地通过金融渠道进行，代替了传统的商品生产和贸易渠道"。金融业不仅增加了其在国内生产总值（GDP）中的份额，而且非金融公司的利息、股息和资本收益的利润也超过了生产性投资。② 科茨（Kotz，2008）认为经济金融化是旧式金融系统被新式金融系统取代的过程，前者为工业发展服务，后者与非金融活动相背离。③ 尹兴和董金明（2016）认为金融化的定义应该进一步扩展为：金融资本运用金融手段对剩余价值生产、分配、循环和积累领域的全面渗透和高度控制现象。④

2. 股东价值导向论

股东价值导向理论是积累模式转变论的深化，主要认为金融化本质上是企业内部权力结构的变化。阿格列塔（Aglietta，2000）把金融化归为"股东价值"的支配地位，他认为股东价值是指公司生产目标已由利润最大化转变为股东创造利润，股东价值已成为"资本主义转型的标准"，因此为传播有利于股东而不是公司其他成分的新政策和做法提供了理由。⑤ 拉佐尼克和奥沙利文（Lazonick and O'Sullivan，2000）也支持金融化的"股东价值"的定义，即企业管理层在生产领域不断

① Stockhammer E. Financialisation and the Slowdown of Accumulation [J]. Cambridge Journal of Economics，2004，28（5）：719–741.

② Krippner G. R. The Financialization of the American Economy [J]. Socio–Economic Review，2005，3（2）：173–208.

③ Kotz D. M. Financialization and Neoliberalism [R]. Amherst Working Paper，2008，MA01003.

④ 尹兴，董金明. 当代垄断资本主义金融化分析 [J]. 当代经济研究，2016（12）：62–69.

⑤ Aglietta M. Shareholder Value and Corporate Governance：Some Tricky Questions [J]. Economy and Society，2000，29（1）：146–159.

裁员，而转向金融投资和分红的过程。[1] 费斯和扎亚茨（Fiss and Zajac，2004）将金融化定义为有利于公司管理者的制度安排，因为他们的薪酬与公司的股票市场表现挂钩，德国最大的 100 家公司中有相当数量的公司参与了股东价值的"象征性管理"。[2] 范德茨万（Van der Zwan，2014）把金融化概括为新的积累制度的出现、股东价值取向的优势以及日常生活的金融化。[3]

2.1.3 个人视角下的金融化

个人视角下的金融定义主要从收入的金融化和金融食利阶层势力上升两个方面展开。

1. 收入分配改变论

收入分配改变论着重强调当代资本主义的阶级关系变化。经济金融化是由于股权经济中存在的结构性不平等，这导致了社会阶层中金融权力的不均衡分布，金融化有利于收入向资本所有者集中。博耶（Boyer，2000）分析了"金融主导的积累制度"下的收入分配问题，他把金融化定义为从劳动收入向股东收入分配转变的过程。[4] 然而，他对这种转变持乐观态度，个人身份从劳动力转化为股东，不仅获得更多资本收益，刺激了消费，也推动了证券市场的繁荣，从而进一步增加资产性收入。但是，他忽略了在金融化的资本积累体制下，工人阶级很难参与股东分红，依然处于弱势地位，而收入向资本集中，进一

---

① Lazonick，O'Sullivan. Maximizing Shareholder Value：A New Ideology for Corporate Governance ［J］. Economy and Society，2000，29（1）：11 – 36.

② Fiss P. C. ，Zajac E. J. The Diffusion of Ideas over Contested Terrain：The（non）Adoption of a Shareholder Value Orientation among German Firms ［J］. Administrative Science Quarterly，2004，49（4）：501 – 534.

③ Van der Zwan N. Making Sense of Financialization ［J］. Socio – Economic Review，2014，12（1）：99 – 129.

④ Boyer R. Is a Finance-led Growth Regime a Viable Alternative to Fordism? A Preliminary Analysis ［J］. Economy and society，2000，29（1）：111 – 145.

步拉大收入分配差距的社会现实。德维（Devey，2011）认为股东价值创造了"工作分叉"或双重劳动力市场：所有参与者都面临着更多的工作不安全感和更大的工作强度，但高技能工人（经理和专业人士）获得更高的回报并获得更高的工作满意度。低技能工人的工资较低，福利较少。[①]

2. 金融食利论

金融食利论的定义侧重于经济金融化的分配结果，主要强调金融食利阶层政治经济地位和权力上升的过程。爱泼斯坦和贾亚德夫（Epstein and Jayadev，2005）指出金融化赋予食利者从金融资产和交易中获得收入的权力。在整个 20 世纪 80 年代和 90 年代，金融业主和金融机构的收入大幅增加。食利者的胜利是以工资收入者和家庭为代价的，他们分别面临实际工资停滞和负债增加的问题。[②] 热拉尔·迪蒙和多米尼克·莱维（2005）把经济金融化解释为"食利者阶层收入、财富和权力的恢复及其政治、经济势力的不断增强"[③] 的过程。

2.2　经济金融化测度指标的探讨

学术界关于经济金融化指标的建立，经历了由宏观经济结构到微观企业主体转变的过程。宏观指标侧重衡量一国的金融化水平，而微观指标重点测度非金融企业的金融化水平。

---

① Tomaskovic‐Devey D. , Lin K. H. Income Dynamics, Economic Rents, and the Financial-ization of the US Economy [J]. American Sociological Review, 2011, 76（4）：538‐559.

② Epstein G. A. , Jayadev A. The Rise of Rentier Incomes in OECD Countries：Financializa-tion, Central Bank Policy and Labor Solidarity [J]. Financialization and the World Economy, 2005, 39：46‐74.

③ 热拉尔·迪蒙，多米尼克·莱维. 新自由主义与第二个金融霸权时期 [J]. 丁为民，王熙，译. 国外理论动态，2005（10）：30‐36.

2.2.1 测度经济金融化的宏观指标

西方主流经济学在宏观层面对经济金融化问题的研究，不仅仅局限于经济金融化本身，还包括与金融化密切相关的几个概念，如金融相关比率、经济货币化率、经济证券化率、经济虚拟化以及其他综合指标等。这类指标计算简单，直观易理解，因此在研究中被广泛采用。

1. 金融相关比率

衡量经济金融化的相关文献可追溯到戈德史密斯1969年提出的金融相关比率（FIR），他认为金融结构表现为金融工具与金融机构的相对规模，金融结构变迁即为金融发展，因此，主张采用全部金融资产价值与全部实物资产价值的比值来衡量经济中的金融发展水平。[①] 金融相关比率在学术界产生较为深远的影响，金和莱文（King and Levine，1993）在此基础上发展了几个金融中介指标，如商业信贷/全部信贷、分配给私人企业的信贷/GDP、资本化率（股票交易所上市公司市值、流动性）等，从信贷市场和证券市场的角度对金融发展进行衡量。[②] 王芳（2004）采用类似方法计算，通过计算金融资产在GDP中比重衡量金融化水平，证实中国经济有经济金融化趋势。[③] 爱泼斯坦（2005）提出一个相似的、更加全面的指标，主张从金融活动、金融市场、金融业务人员和金融机构四个方面分别衡量金融化的程度。[④] 关于金融相关比率对衡量经济金融化水平的适用性，丰雷（2010）[⑤]、张慕濒和诸葛

① 雷蒙德·W.戈德史密斯. 金融结构与金融发展 [M]. 周朔等，译. 上海：上海三联书店，上海人民出版社，1994.

② King R. G., Levine R. Finance and Growth：Schumpeter might be Right [J]. The Quarterly Journal of Economics，1993，108（3）：717–737.

③ 王芳. 经济金融化与经济结构调整 [J]. 金融研究，2004（8）：120–128.

④ Epstein, Gerald A., ed. Financialization and the World Economy [M]. Cheltenham：Edward Elgar Publishing，2005.

⑤ 丰雷. 经济金融化背景下美国经济危机的根源研究 [D]. 成都：西南财经大学，2010.

恒中（2013）①、齐兰和陈晓雨（2015）② 在研究中指出，金融相关率
不仅可以用来显示金融发展水平，也可以用来衡量经济金融化水平，
而且在不同金融发展阶段都具有实用性。

2. 经济货币化率

金融化在低水平阶段，货币化是其主要特点。经济货币化在总体
上指一国经济中全部商品和劳务采用货币度量的比重和趋势。麦金农
（1988）在《经济发展中的货币与资本》一书中对发展中国家的金融抑
制问题进行了研究，他认为一国国民经济中通过货币进行的商品和劳
务交易越多，经济的发展水平也越高，主张采用货币供应量（M2）与
GDP 的比值来衡量测算经济货币化率。③ 王广谦（1996）在研究金融
化问题时，将之归结为经济的货币化行为的延伸与发展。他认为经济
的货币化程度直接反映了各国的经济发展水平，也反映了金融化水平，
主张用一国货币和非货币性类金融工具的总值与经济总产出的比值衡
量金融化程度。④ 经济货币化率因其全面性一度成为评判一国或地区金
融发展水平的重要标准，⑤ 但部分金融发展程度并不高的国家的经济货
币化率已接近或超过英美等发达国家水平的弊端也为人诟病。

3. 资产证券化率

经济发展到一定水平之后，金融不仅体现为商品和贸易的货币度
量，更多地表现为非货币金融工具，如股票、债券、金融衍生品等，
资产证券化程度大为提升，严重削弱了货币化作用。因此，资产证券

---

① 张慕濒，诸葛恒中. 全球化背景下中国经济的金融化：涵义与实证检验［J］. 世界经济与政治论坛，2013（1）：122－138.
② 齐兰，陈晓雨. 中国经济金融化对产业结构优化影响机制的实证研究［J］. 当代经济管理，2015，37（5）：75－80.
③ 罗纳德·麦金农. 经济发展中的货币与资本［M］. 卢骢，译. 上海：上海三联书店，1988.
④ 王广谦. 经济发展中的金融化趋势［J］. 经济研究，1996（9）：32－37.
⑤ 丰雷. 经济金融化背景下美国经济危机的根源研究［D］. 成都：西南财经大学，2010.

化率成为衡量经济金融化的又一重要标准。菲利普斯（2010）研究发现，美国股票市场已成为经济活动的中心，证券业取代银行业成为最重要的金融部门，而收入和债务的证券化，进一步提升了金融部门的地位。因此，菲利普斯主张用收入和债务的证券化率来衡量金融化水平。[1] 蔡则祥等（2004）采用资产证券化率对中国经济金融化程度进行测度，具体而言，资产证券化率 =（证券余额总量 + 股票市场总市值)/GDP，比值越高代表证券化程度越高，结果显示中国金融证券化程度还较低。[2] 一般而言，一国经济证券化率越高，金融发展水平也越高。但采用证券化率衡量金融发展或经济金融化程度，同样存在部分发展中国家证券化率超过欧美发达国家的问题，这对研究经济金融化问题提出更多挑战。

4. 其他指标

克里普纳（Krippner，2005）构建了关于经济金融化的宏观分析方法，主张基于产值和利润积累两个视角进行测度。前者分别采用制造业、服务业和金融、保险和房地产部门（FIRE）三个部门产值占 GDP 的比重来衡量，后者分别计算出三个部门的利润在总利润中比重，两种测量方法都证实美国经济呈现出明显的金融化特征。[3] 福斯特（Foster，2007）认为经济金融化表现为经济的方方面面，具体而言可以用金融利润在总利润中的占比增加、债务占 GDP 比重上升、泛金融部门在国民收入中占比提高、新金融工具层出不穷以及金融泡沫影响扩大等方面来衡量。[4] 肖雨（2014）利用层次分析法发展出一种关于测度金融化的综合指标体系。具体而言，他将金融化区分为宏观、中观和微

---

① 凯文·菲利普斯. 一本书读懂美国财富史：美国财富崛起之路 [M]. 北京：中信出版社，2010.

② 蔡则祥，王家华，杨凤春. 中国经济金融化指标体系研究 [J]. 南京审计学院学报，2004（1）：49-54.

③ Krippner G. R. The Financialization of the American Economy [J]. Socio - Economic Review，2005，3（2）：173-208.

④ Foster J. B. The Financialization of Capitalism [J]. Monthly Review，2007，58（11）：1-12.

观三个准则层：宏观层面包含货币化、证券化和虚拟化三个指标；中观层面用金融部门和非金融部门的对比来测度；微观层面从企业和家庭两个层次来衡量。他还将子准则层进一步细化（见表2-1），提升指标体系的可操作性。[1]

表2-1   经济金融化综合衡量指标体系

目标层 A	准则层 B	子准则层 C	指标层 D
经济金融化综合衡量指标 A	宏观 B1	货币化 C1	规模指标 D1
			结构指标 D2
		证券化 C2	规模指标 D3
		虚拟化 C3	规模指标 D4
	中观 B2	金融与非金融部门对比 C4	产值比 D5
			就业人数比 D6
			债务比 D7
			利润比 D8
	微观 B3	公司 C5	利润/工资 D9
		家庭 C6	债务规模 D10

2.2.2 测度经济金融化的微观指标

微观指标的构建主要立足于企业的资产结构、投资结构与利润结构等方面，本质上反映了实体企业积累模式的变化。

克罗蒂（Crotty，2005）从资产结构、权益结构和利润分配结构三个层次建立了完善的企业金融化测度指标。[2] 克里普纳（2005）在测度经济宏观金融化的基础上，还提出测度企业金融化的一般方法，主张

---

[1] 肖雨. 经济金融化的概念与测度：基于美国数据的 AHP 分析 [J]. 中共杭州市委党校学报，2014（5）：58-64.

[2] Crotty J. The Neoliberal Paradox：The Impact of Destructive Product Market Competition and 'modern' Financial Markets on Nonfinancial Corporation Performance in the Neoliberal era [J]. Financialization and the World Economy，2005（1）：77-110.

从非金融公司的利润来源结构的角度，以证券收入与现金流量的比值，即（利息＋股息和资本收益）/（利润＋折旧），衡量企业金融化程度。[①] 奥尔汉加齐（Orhangzi，2008）采用与克罗蒂类似的方法对美国金融化程度进行了测度。[②] 德米尔（Demir，2007）在上述研究的基础上，构建了纳入风险指标、不确定性因素、利率变化等因素的评估体系，并以金融资产/固定资产、金融利润/销售净额、真实固定资产/投资净额三个指标为核心，测度发展中国家的实体企业金融化水平。[③] 帕利（2010）提出了一些新的测度标准，主张采用家庭债务收入比和公司负债权益比分别衡量不同经济部门的金融化水平。[④] 肖明和崔超（2016）采用金融资产总量和总资产之比、金融收益与利润总额之比从两个方面衡量企业金融化水平。[⑤] 张成思和张步昙（2016）则提出了新的计算方法，使用固定资产与金融资产之间收益率差来衡量企业金融化程度。[⑥] 王红建等（2016）使用企业持有金融与房地产资产的收入占营业收入之比衡量企业的金融化程度，[⑦] 在 2017 年研究企业金融化与创新关系时，进一步提出可以采用金融资产与期末总资产之比来衡量。[⑧] 杜勇等（2017）也采用了类似的方法，用交易性金融资产、衍生金融资产、发放贷款及垫款净额、可供出售金融资产净额、持有至到期投资

[①] Krippner G. R. The Financialization of the American Economy [J]. Socio – Economic Review，2005，3（2）：173 – 208.

[②] Orhangazi È. Financialization and the US Economy [M]. Cheltenham：Edward Elgar Publishing，2008.

[③] Demir F. The Rise of Rentier Capitalism and the Financialization of Real Sectors in Developing Countries [J]. Review of Radical Political Economics，2007，39（3）：351 – 359.

[④] 托马斯·I. 帕利. 金融化：涵义和影响 [J]. 房广顺，车艳秋，徐明玉，译. 国外理论动态，2010（8）：8 – 20.

[⑤] 肖明，崔超. 金融化对我国非金融上市公司绩效的影响研究 [J]. 财会通讯，2016（9）：72 – 74.

[⑥] 张成思，张步昙. 中国实业投资率下降之谜：经济金融化视角 [J]. 经济研究，2016，51（12）：32 – 46.

[⑦] 王红建，李茫茫，汤泰劼. 实体企业跨行业套利的驱动因素及其对创新的影响 [J]. 中国工业经济，2016（11）：73 – 89.

[⑧] 王红建，曹瑜强，杨庆，杨筝. 实体企业金融化促进还是抑制了企业创新——基于中国制造业上市公司的经验研究 [J]. 南开管理评论，2017，20（1）：155 – 166.

净额、投资性房地产净额之和与总资产之比来度量金融化水平。①

综上，在宏观领域，尽管采用金融相关比率、经济货币化率、经济证券化率、经济虚拟化率等指标测度经济金融化存在各自的局限，但一个多角度、多层次的测度体系，对衡量经济金融化水平具有一定的客观性与合理性。在微观领域，现有研究多采用金融投资率、金融资产持有率以及金融投资利润率等指标测度企业的金融化水平，较为全面地反映了企业的金融化程度。

2.3 经济金融化原因分析

关于经济金融化的原因，不同学派从各自的角度提出观点。

2.3.1 垄断资本学派经济停滞论

垄断资本学派代表人物斯威齐（1977）较早意识到经济金融化问题，他在与巴兰合著的《垄断资本：论美国的经济和社会秩序》一书中提出，如果垄断资本控制社会生产，将会导致生产能力闲置，实际产出不能有效吸收经济剩余，垄断资本必然在虚拟资本领域寻找投资机会。② 福斯特等（2011）继承了斯威齐的观点，他敏锐地捕捉到了 20 世纪七八十年代资本主义步入经济金融化时期的新特点，认为垄断的力量正前所未有地上升，提出生产资本积累与金融资本积累的双轨制资本积累理论，前者的停滞为后者的扩张提供条件，并构建了垄断金融资本理论。"经济的金融化不是近几十年来经济增长缓慢的原因，相反，经济增长缓慢和资本缺少投资机会是金融化的原因"。③ 总体上

① 杜勇，张欢，陈建英 . 金融化对实体企业未来主业发展的影响：促进还是抑制 [J]. 中国工业经济，2017（12）：113－131.
② 巴兰，斯威齐 . 垄断资本：论美国的经济和社会秩序 [M]. 北京：商务印书馆，1977.
③ 约翰·贝拉米·福斯特，罗伯特·麦克切斯尼，贾米尔·约恩纳 . 21 世纪资本主义的垄断和竞争（上）[J]. 金建，译 . 国外理论动态，2011（9）：5－15.

看，该学派的研究基于生产、金融的二分法，重点关注剩余价值生产与剩余价值实现问题，认为垄断导致的经济停滞是经济金融化的根本原因，表现为生产与金融的背离过程，奠定了其在当代马克思主义金融化理论中的重要地位。[①]

2.3.2　自由竞争学派金融不稳定论与破坏性竞争论

与垄断资本学派的观点不同，自由竞争学派尽管赞成经济衰退会导致经济金融化，但是关于经济衰退的原因，其却认为是企业过度投资引发的破坏性竞争。克罗蒂（2003）指出金融化源于金融市场的不稳定。一方面，金融不稳定提升了资本的实际利率，企业必须为此支付更多的利息成本，导致企业被动配置大量金融资产；另一方面，企业管理层为彰显良好的盈利能力，避免企业被收购，不得不以负债手段回购公司股票避免股票剧烈下跌。这些加剧企业无序竞争，引发经济金融化。[②] 罗伯特·布伦纳（2006）反对劳动挤压资本导致资本主义经济停滞的观点，他认为随着固定资本在企业资本中比重的上升，部分企业沉淀资本增加，沉淀资本也需要偿付利息，必然促使行业内部竞争加剧，导致投资失序和产能过剩，进而抑制利润率水平，[③] 资本流向金融领域以寻求高利润。

2.3.3　结构凯恩斯主义金融不稳定论

结构凯恩斯主义学派将研究的视角聚焦到金融本身，而不是市场结构，该学派以海曼·明斯基和托马斯·帕利为代表。根据明斯基的

---

①　张雪琴. 垄断资本学派的经济停滞图景［N］. 中国社会科学报，2019 - 09 - 11（4）.

②　Crotty, James. The Neoliberal Paradox：The Impact of Destructive Product Market Competition and Impatient Finance on Nonfinancial Corporations in the Neoliberal Era［J］. Review of Radical Political Economics，2003，35（3）：271 - 279.

③　Brenner, Robert. The Economics of Global Turbulence：The Advanced Capitalist Economies from Long Boom to Long Downturn，1945 - 2005［M］. New York：Verso，2006.

观点，经济金融化是由金融不稳定导致的，而投资性融资是金融不稳定的来源，形成了具有广泛影响的"明斯基融资分类法"：对冲性融资、投机性融资和庞氏融资。对冲性融资是能够支付本金和利息的融资活动，投机性融资获取资金只能覆盖利息，而庞氏融资则是指债务人靠出售资产或再借款维系此前融资。在经济扩张过程中，融资的基本态势是由对冲性融资向投机性融资再向庞氏融资方向发展，这种模式的维持必须以宽松的货币环境、持续上涨的资产价格和不断提升的杠杆水平为前提。① 由此，不断推升经济金融化水平。一旦市场偏离均衡，就会导致金融动荡。托马斯·帕利在明斯基金融不稳定理论的基础上，明确提出"金融创新、管制放松、管制逃脱以及不断增长的金融风险嗜好"共同导致了经济金融化，而金融化延缓了金融不稳定的周期。②

2.3.4 积累的社会结构论

积累的社会结构论认为经济金融化是多种社会制度共同作用的结果，美国积累的社会结构（SSA）学派代表戈登（Gordon，1980）分析了影响资本积累的制度因素。他认为在 SSA 中，积累的当事人主要是公司组织，积累的动力包括竞争结构、阶级斗争结构，积累的系统性条件包含货币体系结构、国家结构，而单个资本积累的必备条件则分为生产方式、剩余价值生产、剩余价值实现和资本周转四个方面，分别对应自然资源供给结构、中间品供给结构、社会家庭结构、劳动力市场结构、劳动管理结构、最终产品消费者需求结构，以及金融结构、行政管理结构八个层次。按其理论分析，资本主义在新发展阶段资本积累总对应着特定社会结构，经济金融化不过是新 SSA 的建立。③

---

① 海曼·明斯基. 稳定不稳定的经济：一种金融不稳定视角 [M]. 石宝峰，张慧卉，译. 北京：清华大学出版社，2010.

② 托马斯·I. 帕利. 明斯基金融不稳定假说对危机解释的局限性 [J]. 陈弘，译. 国外理论动态，2010（8）：21 – 28.

③ Gordon D. M. Stages of Accumulation and Long Economic Cycles [J]. Processes of the World System，1980（3）：9 – 45.

2.3.5 新自由主义论

新自由主义论是积累的社会结构论的发展。大卫·科茨认为新自由主义具有以下几个特征：推行国有企业、公共服务等领域极端私有化；推动以金融资本自由流动为核心的全球化；削减政府提供社会福利的功能；以自由放任代替合作竞争；强化资本对劳动的统治关系。因此，科茨提出尽管导致金融化可能存在诸多深层次原因，但"近几十年来推动金融化进程的直接原因在于新自由主义的重构"。[①] 托波罗夫斯基（Toporowski，2012）认为新自由主义推动放松对的金融管制，资本主义国家企图依靠刺激资本市场的而不是实体经济来实现经济发展。[②]

2.3.6 利润驱动论

利润驱动论是探索经济金融化动因的最直观理论，不同流派的学者在研究中都有所涉及。乔治·艾克诺马卡斯（2010）等立足于宏观领域，通过研究美国利润率恢复情况，发现实体经济领域存在严重的资本过剩，而"追逐利润的资本淹没了金融部门"，导致经济金融化的形成。[③] 蔡明荣和任世驰（2014）则研究了经济金融化的微观基础，从制造业企业投资和回报角度加以分析，来说明金融化产生的原因。他们认为，制造业的利润微乎其微，但金融部门维持高利润，这不难说明为什么越来越多的产业资本从固定资产领域流出，热衷于投资金融资产。[④] 沈斐（2016）研究了资本的内在否定性，认为金融化的根本原

---

① 大卫·科茨. 金融化与新自由主义 [J]. 孙来斌，李轶，译. 国外理论动态，2011 (11)：5-14.

② Toporowski J. Neologism as Theoretical Innovation in Economics：The Case of "Financialization" [R]. SOAS Department of Economics Working Paper Series，No. 171，The School of Oriental and African Studies，2012.

③ 乔治·艾克诺马卡斯. 马克思主义危机理论视野中的美国经济利润率（1929~2008）[J]. 王向东，译. 国外理论动态，2010 (11)：24-35.

④ 蔡明荣，任世驰. 企业金融化：一项研究综述 [J]. 财经科学，2014 (7)：41-51.

因是资本剩余价值生产和实现的矛盾，当实物生产成为限制资本的空间扩张时，工业资本积累转向金融资本积累。这是因为，相较于缺乏流动性的产业资本，高流动性的金融资本能够实现资本在物质生产领域与非物质生产领域、地理空间与社会空间、世界范围内自由切换和流动，能够以时间换空间。①

2.3.7　股东价值导向论

股东价值导向对企业金融化的形成有着重要促进作用。一方面，正如克罗蒂（2002）所指出的，当代企业发展面临机构投资者的崛起的现实问题，② 所有者为避免企业被恶意收购，会积极通过回购股票、增加股息等方式提高股价，企业资金流向金融领域。③ 另一方面，由于委托代理问题的存在，迫使企业所有者不得不采用股权激励的方式激励管理者。斯托克哈默（2004）认为随着企业管理者拥有股权的增加，出于对自身利益的考虑，其会越来越重视从金融市场获取短期收益，进而增加对金融资产的配置，经济金融化的现象日益凸显。④

2.4　经济金融化对实体企业发展影响的研究

2.4.1　金融与经济增长

主流经济学关注金融与经济增长的关系，梳理金融对经济增长影

① 沈斐. 资本内在否定性：新方法与新典型 [M]. 天津：天津人民出版社，2016：20.

② Crotty, James. The Effects of Increased Product Market Competition and Changes in Financial Markets on the Performance of Nonfinancial Corporations in the Neoliberal Era [R]. Political Economy Research Institute Working Paper, 2002：17.

③ Lazonick, William, and Mary O'sullivan. Maximizing Shareholder Value：A New Ideology for Corporate Governance [J]. Economy and society, 2000, 29 (1)：13–35.

④ Stockhammer, Engelbert. Financialisation and the Slowdown of Accumulation [J]. Cambridge Journal of Economics, 2004, 28 (5)：719–741.

响的相关文献，为厘清金融发展的原初作用提供有益思考。

1. 关系不确定论

部分学者认为金融与经济增长之间的关系并不确定。海曼·明斯基（2016）① 认为金融可能是增长的重要因素，但也可能导致经济危机。卢卡斯（Lucas，1988）否认金融是经济发展的决定性因素，认为金融因素的作用被过分强调了。② 德梅特里亚德斯和侯赛因（Demetriades and Hussein，1996）将时间序列技术应用于 16 个国家和地区的样本，没有发现金融与经济增长的因果关系的证据。③ 罗德里克和萨勃拉曼尼亚（Rodrik and Subramanian，2009）认为，经济学家可能过分强调了金融在经济发展中的作用。④ 德策尔（Detzer，2019）认为金融可能扮演双重角色，可以支持经济增长，但也可能不利于经济增长。⑤

2. 金融发展对经济增长的促进作用

金融发展理论研究的是金融体系是否具有促进实体经济增长的功能，主流经济学断言金融具有优化资源配置的功能，显著促进经济增长。卡恩（Khan，2000）曾把金融发展定义为使金融体系朝好的方面变化，即金融体系的规模或效率得到提高。⑥ 其促进经济增长的具体机制如下：

第一，金融中介作用。戈德史密斯（1969）提出一种衡量一国金融发展水平的具体指标，即用该国金融市场中全部金融中介机构的资

---

① Minsky, H. P. Can "It" Happen Again? Essays on Instability and Finance [M]. London: Routledge, 2016.

② Lucas Jr R. E. On the Mechanics of Economic Development [J]. Journal of Monetary Economics, 1988, 22 (1): 3 – 42.

③ Demetriades P. O., Hussein K. A. Does Financial Development Cause Economic Growth? Time – Series Evidence from 16 Countries [J]. Journal of development Economics, 1996, 51 (2): 387 – 411.

④ Rodrik D., Subramanian A. Why did Financial Globalization Disappoint? [R]. IMF Staff Papers, 2009, 56 (1): 112 – 138.

⑤ Detzer D. Financialization Made in Germany: A Review [R]. Working Paper, 2019.

⑥ Khan A. The Finance and Growth Nexus [J]. Business Review, 2000 (2): 3 – 14.

产价值之和比上国民生产总值。他通过检验 35 个国家的比率，发现 1860～1963 年金融发展与经济增长一般同时发生。[1] 在戈德史密斯研究的基础上，格林伍德和约万诺维奇（Greenwood and Jovanovic, 1990）提出了一个新的范式，发现金融中介具有信息发现的功能，能够提高资本的回报率和资源配置的有效性，推动经济发展。[2] 本西文加和史密斯（Bencivenga and Smith, 1991）建立了多种资产组合的内生增长模型，发现金融中介能将储蓄引导向投资领域，进而促进经济增长。[3] 金和莱文（King and Levine, 1993a）关于金融与经济增长的研究在学术界具有重要影响。他们采用 1960～1989 年期间 80 个国家的数据，把金融中介的规模作为金融发展的主要指标之一，发现金融发展有助于提升人均实际 GDP，并可以预测未来经济增长。[4]

第二，金融风险分化机制。金和莱文（1993b）通过构建经济发展的内生增长模型，发现金融系统具有分散创新活动相关风险的功能，更好的金融体系可以提高创新成功的可能性。[5] 阿西莫格卢和齐利博蒂（Acemoglu and Zilibotti, 1997）提出了一种基于发达和欠发达国家的模型，发现人们出于规避风险的本能可能抑制资本积累，因此，必须构建有效分散风险的金融体系来增加投资，达到经济发展的目的。[6]

第三，金融融资功能。莱文和泽尔沃斯（Levine and Zervos, 1998）[7] 提出金融发展有助于提升资本可得性。拉詹和津加莱斯（Rajan and

[1] Goldsmith R. Financial Structure and Development [M]. New Haven: Yale University Press, 1969.

[2] Greenwood J., and Jovanovic B. Financial Development, Growth, and the Distribution of Income [J]. Journal of political Economy, 1990, 98 (5): 1076–1107.

[3] Bencivenga, Valerie R., and Bruce D. Smith. Financial Intermediation and Endogenous Growth [J]. The Review of Economic Studies, 1991 (2): 195–209.

[4] King, Robert G., and Ross Levine. Finance and Growth: Schumpeter might be Right [J]. The Quarterly Journal of Economics, 1993a (3): 717–737.

[5] King, R. G., & Levine, R. Finance, Entrepreneurship and Growth. Journal of Monetary economics, 1993b, 32 (3): 513–542.

[6] Acemoglu D., Zilibotti F. Information Accumulation in Development [J]. Journal of Economic Growth, 1997, 4 (1): 5–38.

[7] Levine R., Zervos S. Stock Markets, Banks, and Economic Growth [J]. The American Economic Review, 1998, 88 (3): 537–558.

Zingales，1998）发现金融发展减少了企业的外部融资成本。[1] 奥西努
比和阿马吉奥尼奥迪韦（Osinubi and Amaghionyeodiwe，2003）评估了
1980～2000 年尼日利亚股票市场发展与长期经济增长之间的关系，研
究表明尼日利亚股票市场作为筹集资金的主要来源，对快速的经济增
长做出了重大贡献。[2]

3. 金融对经济增长抑制作用

德格雷格里奥和吉多蒂（De Gregorio and Guidotti，1995）指出，
在高收入国家，金融深度与 1960～1985 年期间的产出增长呈正相关，
但 1970～1985 年期间金融深度与增长之间的相关性变为负。他们认
为，高收入国家可能已经达到财务深度不再有助于提高投资效率的地
步。[3] 阿瑞斯蒂斯等（Arestis et al.，2001）等使用 5 个发达经济体的
数据来检验股票市场发展对经济增长的影响，结果表明当前阶段可能
高估了股票市场对经济增长的促进效应。[4] 戈尔德纳（2008）认为，在
虚拟资本时代，资本主义的主要任务是保护现存的资本化价值，而不
是扩大再生产。这促使资本主义陷入"隐蔽萧条"危机，虚拟资本重
压最终导致实物资本的减少。[5] 罗和辛格（Law and Singh，2014）认
为，金融资源扩张与增长之间的关系存在"门槛效应"，因此，金融体
系的扩张只在一定程度上有利于经济增长。[6] 德梅特里亚德斯和卢梭

① Rajan R，Zingales L. Financial dependence and growth［J］. American Economic Review，1998，88（3）：559–586.

② Osinubi T. S.，Amaghionyeodiwe L. A. Stock Market Development and Long – Run Growth in Nigeria［J］. Journal of African Business，2003，4（3）：103–129.

③ De Gregorio J.，Guidotti P. E. Financial Development and Economic Growth［J］. World Development，1995，23（3）：433–448.

④ Arestis P.，Demetriades P. O.，Luintel K. B. Financial Development and Economic Growth：The Role of Stock Markets［J］. Journal of Money，Credit and Banking，2001，33（1）：16–41.

⑤ 洛仁·戈尔德纳. 虚拟资本与资本主义终结［J］. 谷明淑，姜伟，译. 国外理论动态，2008（6）：16–22.

⑥ Law S. H.，Singh N. Does too much Finance Harm Economic Growth?［J］. Journal of Banking & Finance，2014，41：36–44.

（Demetriades and Rousseau，2016）通过对多国家的证据进行分析发现，金融深化不再是长期增长的决定因素，金融系统的固化将抑制经济增长。相反，证据表明某些金融改革具有巨大的增长效应，提高银行的监管水平有助于经济增长。[①] 妮可等（Nicole et al.，2019）认为银行是金融化的微观基础，美国银行不断打破大萧条时期对其规模、活动和市场的限制，导致一个以大型银行为中心的影子银行体系的崛起，这个体系现在塑造了当前的全球金融架构，简而言之，大到无法管理的超级银行是当今经济脆弱和不稳定的核心。[②]

2.4.2 经济金融化对企业实业资本积累的影响

经济金融化过程是金融部门地位上升、实体经济部门积累放缓甚至被挤出的过程。众多学者对经济金融化与企业实物资本积累的关系进行了研究，文献涉及的领域较为广泛，为了使研究内容更加系统、突出，本书从以下三个方面进行梳理。

1. 关于金融资本积累与实物资本积累在经济中的地位

罗宾逊（1979）认为金融发展的目的是为实物资本积累提供金融服务，因此"企业领先于金融"。[③] 在帕特里克（1966）的研究中，他将真实资本积累诱发的金融体系扩张现象称为"需求追随"，将金融体系扩张速度领先真实资本积累称为"供给领先"，他乐观地认为随着经济发展，"供给领先"会逐步让位于"需求追随"。[④] 托宾（1997）则

① Demetriades P. O. , Rousseau P. L. The Changing Face of Financial Development [J]. Economics Letters，2016，141：87-90.

② Nicole C. V. , Hasan C. , Carmela D. , et al. Too Big to Manage：US Megabanks' Competition by Innovation and the Microfoundations of Financialization [J]. Cambridge Journal of Economics，2019，43（4）：4.

③ Robinson J. The Generalisation of the General Theory and Other Essays [M]. London：Palgrave Macmillan，1979.

④ Patrick H. T. Financial Development and Economic Growth in Underdeveloped Countries [J]. Economic Development and Cultural Change，1966，14（2）：174-189.

认为尽管金融投资对实物投资有重要影响，但是金融投资不能取代实物投资。[①] 托宾的研究看到了实物投资的重要性，但是用股票市场的虚拟价值代替实物资本的真实价值，这就为企业实业投资的增长设定一个前提，必须维持股票市场的整体稳定或者上扬。在金融市场剧烈波动的情况下，无疑增加了企业投资成本。

2. 关于经济金融化对实体企业资本积累的挤出效应

拉佐尼克和奥沙利文（2000）指出金融公司与其工业时代的前身不同的是，其业务的财务收益不会再投资于公司的生产设施，而是通过股息支付和股票回购分配给股东。[②] 克罗蒂（2003）认为金融不稳定使企业投资更具投机性，被迫配置大量风险更高的资本。[③] 斯托克哈默（2004）使用美国、英国、法国和德国总体商业投资数据实证检验了资本积累与金融化之间的关系，结果发现经济金融化对资本积累具有显著的负面影响。[④] 奥尔汉加齐（2008）发现金融支付和长期债务对美国非金融公司部门（NFCs）的积累产生了负面影响，而财务收入对投资的影响取决于公司的规模和部门，对较大的公司存在显著的挤出效应，却对非耐用品行业中较小公司产生积极影响。[⑤] 德米尔（2009）研究发现，相对于固定资产，金融资产收益的增加减少了阿根廷、墨西哥和土耳其 NFCs 的积累。[⑥] 约翰·福斯特发现，1957 年美国制造业

① Tobin J. The Macroeconomics of Savings, Finance and Investment. Comment [M]. Ann Arbor: University of Michigan Press, 1997.

② Lazonick, O'Sullivan. Maximizing Shareholder Value: A New Ideology for Corporate Governance [J]. Economy and Society, 2000, 29 (1): 13 – 15.

③ Crotty, James. The Neoliberal Paradox: The Impact of Destructive Product Market Competition and Impatient Finance on Nonfinancial Corporations in the Neoliberal Era [J]. Review of Radical Political Economics, 2003, 35 (3): 271 – 279.

④ Stockhammer E. Financialisation and the Slowdown of Accumulation [J]. Cambridge Journal of Economics, 2004, 28 (5): 719 – 741.

⑤ Orhangazi Ö. Financialisation and Capital Accumulation in the Non – Financial Corporate Sector: A Theoretical and Empirical Investigation on the US Economy: 1973 – 2003 [J]. Cambridge Journal of Economics, 2008, 32 (6): 863 – 886.

⑥ Demir F. Financial Liberalization, Private Investment and Portfolio Choice: Financialization of Real Sectors in Emerging Markets [J]. Journal of Development Economics, 2009, 88 (2): 314 – 324.

占 GDP 的比重为 27%，金融、保险以及房地产仅占 GDP 的 13%，而到了 2008 年，前者占比下降到 12%，后者占比却上升到 20%。结果表明，商品和服务领域的真实资本积累越来越让位于金融部门。[①] 托马斯·帕利（2010）认为金融化在宏观和微观两个层面对经济体系产生影响，主要体现在金融部门重要性提升、收入由实体部门转移到金融部门和加剧收入分配不平等三个方面，最终会导致实体经济增长放缓。[②] 迈克尔·赫德森（2010）研究发现当社会财富越来越以负债的形式存在，金融财富积累不但不能促进产业资本、公共设施和社会福利水平的改善，反而对产业资本进行洗劫，不断榨取社会经济剩余，阻碍社会发展。[③] 张慕濒和孙亚琼（2014）对中国金融资源的配置效率进行了研究，发现金融与实体经济之间存在错配关系，金融资源并未有效的配置到实体经济。[④] 邓超等（2017）通过对中国 A 股上市非金融企业的金融化影响因素分析，发现股东价值最大化经营理念显著提升了企业的金融化水平。[⑤] 托里和奥纳兰（Tori and Onaran，2018）利用 1985～2013 年期间上市非金融公司资产负债表的面板数据，估算了金融化对英国实物投资的影响。结果表明，金融支付（利息和股息）和财务收入都会对积累率产生不利影响。而在危机时期，这种负面影响尤其强烈。研究结果支持"金融化论断"，即非金融部门对金融活动的不断增长导致最终导致实物投资减少，从而导致增长停滞或增加经济脆弱性。[⑥] 钱浩（2018）采用动态面板回归模型检验金融化对企业实业投资效率的影响，发现金融化对企业实业投资存在显著的"挤

[①] 裴白莲，刘仁营. 资本积累的金融化 [J]. 国外理论动态，2011（9）：16–23.

[②] 托马斯·I. 帕利. 金融化：涵义和影响 [J]. 房广顺，车艳秋，徐明玉，译. 国外理论动态，2010（8）：8–20.

[③] 迈克尔·赫德森. 从马克思到高盛：虚拟资本的幻想和产业的金融化（上）[J]. 曹浩瀚，译. 国外理论动态，2010（9）：1–9.

[④] 张慕濒，孙亚琼. 金融资源配置效率与经济金融化的成因——基于中国上市公司的经验分析 [J]. 经济学家，2014（4）：81–90.

[⑤] 邓超，张梅，唐莹. 中国非金融企业金融化的影响因素分析 [J]. 财经理论与实践，2017，38（2）：2–8.

[⑥] Tori D, Onaran Ö. The Effects of Financialization on Investment：Evidence from Firm–Level Data for the UK [J]. Cambridge Journal of Economics，2018，42（5）：1393–1416.

出效应"。[①] 埃德温（Edwin，2018）认为1970年后非金融公司投资组合和融资行为发生变化，影响到企业固定投资行为，进而出现了非金融公司的金融化问题。同时，他指出股东价值规范性和的波动性是1970年后美国经济的主要特征，是NFCs投资率显著下降的主要原因。他还强股东价值的规范性主要影响大型非金融公司的投资行为，而波动性的上升对小型公司的影响最大。[②]

3. 关于经济金融化对实物资本积累的促进效应

洛夫（Love，2003）基于不同发展程度国家的企业数据展开研究，发现金融发展在缓解小企业的融资约束方面特别有效。[③] 王定祥（2006）从金融资本循环的视角研究金融对实业发展的作用，认为实体经济发展离不开金融系统的支持，融资有助于形成增加企业的资本实力，推动实体企业长远发展。[④] 米尔伯格（Milberg，2008）认为美国公司的生产全球化有助于维持美国非金融企业部门更高水平的金融化，这种金融化为美国领先企业降低成本和提高灵活性的海外生产创造了巨大动力。[⑤] 特乌里拉等（Theurillat et al.，2010）认为金融对提升资本流动性有所助益。[⑥] 宋军和陆旸（2015）通过对中国A股上市公司2007~2012年非金融公司金融化对经营收益的影响进行实证分析，发现低业绩企业和高业绩企业都倾向于持有大量金融资产，低业绩企业表现为替代效应，而高业绩企业表现为富余效应。[⑦] 刘笃池

① 钱浩. 经济金融化对中国实业投资的挤出效应研究 [D]. 蚌埠：安徽财经大学，2018.

② Edwin D. Financialization：The Economics of Finance Capital Domination [J]. Review of Political Economy，2018，30（1）：97-101.

③ Love I. Financial Development and Financing Constraints：International Evidence from the Structural Investment Model [J]. The Review of Financial Studies，2003，16（3）：765-791.

④ 王定祥. 金融产业资本循环理论与政策研究 [D]. 重庆：西南大学，2006.

⑤ Milberg W. Shifting Sources and Uses of Profits：Sustaining US Financialization with Global Value Chains [J]. Economy and Society，2008，37（3）：420-451.

⑥ Theurillat T, Corpataux J, Crevoisier O. Property Sector Financialization：The Case of Swiss Pension Funds（1992-2005）[J]. European Planning Studies，2010，18（2）：189-212.

⑦ 宋军，陆旸. 非货币金融资产和经营收益率的U形关系——来自我国上市非金融公司的金融化证据 [J]. 金融研究，2015（6）：111-127.

等（2016）等利用 2008～2014 年中国 A 股上市非金融类公司的数据进行实证分析，发现金融化对实体企业的全要素生产率有显著的抑制效应。[①]

4. 关于经济金融化与产业资本积累关系的马克思主义经济学分析

孙承叔（2010）从产业资本和金融资本关系的角度分析了金融危机产生的原因。他认为当前阶段，产业资本积累面临种种约束，而金融资本呈爆发式增长，产业资本不断转化为金融资本。这促使经济丧失物质基础，一旦金融资本资金链断裂，将导致金融危机。[②] 徐丹丹和王芮（2011）则从马克思生息资本利润索取权的角度说明了生息资本既有参与生产的意愿，也有分割剩余价值的需求。[③] 顾习龙（2012）强调要素的资本化过程，认为资本的形成有助于形成经济增长的一般基础。[④] 李璐（2013）与孙承叔的观点相似，她更强调金融资本的投机性、膨胀过程以及对产业资本的挤出效应。[⑤] 栾文莲等（2017）指出资本主义发展经历了从产业资本与金融资本融合再到分离的过程，时至今日，金融资本居于统治地位，主导资本主义世界资本积累新模式。[⑥] 何干强（2017）从社会扩大再生产的角度强调了货币积累和实际积累的平衡性问题。[⑦] 王守义（2018）根据马克思生产关系理论，对美国 1973～2017 年的经济金融化趋向进行了分析，发现信用的过度扩张增加了经济发展的不确定性，虚拟资本绕开产业资本的循环和增殖过程

① 刘笃池，贺玉平，王曦. 企业金融化对实体企业生产效率的影响研究 [J]. 上海经济研究，2016（8）：74–83.
② 孙承叔. 财富、资本与金融危机——马克思危机理论的哲学思考 [J]. 上海财经大学学报，2010，12（5）：3–9+49.
③ 徐丹丹，王芮. 产业资本金融化理论的国外研究述评 [J]. 国外理论动态，2011（4）：37–41.
④ 顾习龙. 马克思资本理论与社会主义市场经济 [D]. 苏州：苏州大学，2012，41–59.
⑤ 李璐. 产业资本和金融资本：马克思的金融危机理论 [D]. 扬州：扬州大学，2013.
⑥ 栾文莲等. 资本主义经济金融化与世界金融危机研究 [M]. 北京：中国社会科学出版社，2017.
⑦ 何干强. 货币流回规律和社会再生产的实现 [J]. 中国社会科学，2017，（11）：27–52.

加剧了宏观经济逐步"脱实向虚"。[①]

2.4.3 经济金融化对企业创新的影响

1. 经济金融化对研发投入的促进作用

经济金融化对企业创新的促进作用主要表现为"蓄水池功能"。塔德塞（Tadesse, 2002）研究发现，一方面，实体企业通过配置金融资产，获取大量投资收益，增加资金储备；另一方面，由于金融资产具有较强的变现能力，当企业经营面临资金缺口时，可以采用出售金融资产的方式为企业提供现金流。他同时强调，企业创新活动需要持续稳定的资金投入，而金融化为创新活动提供稳定化的资金支持。[②] 阿里扎拉等（Arizala et al. , 2013）利用 77 个国家和地区 1965～2003 年的 26 个制造业数据估算了金融发展对行业水平全要素生产率（TFP）增长的影响。研究发现，良好的金融系统能够为企业创新活动提供坚实的资金基础，从而促进全要素生产率的提高。[③] 刘贯春（2017）对我国 2007～2015 年上市非金融企业的数据进行了实证分析，发现企业的金融投资活动尽管在当期抑制了研发投入，但带来的现金流却在未来显著提高了企业的创新能力。[④] 哈恩（Hahn, 2019）提出股东价值、短期战略、季度财务报告和绩效薪酬是影响企业金融化的重要指标。在注重短期效率的金融化时代，创新能力和可持续创新能力能否保持下去则值得怀疑。他以德国成熟的工业公司为例，考察了金融化和金融市场参与者在多大程度上指导创新战略和实践。研究通过对公司、管

---

① 王守义. 经济金融化趋向及其对我国实体经济发展的启示——基于 1973～2017 年美国经济发展数据的分析 [J]. 马克思主义研究, 2018 (10): 62-73.

② Tadesse S. A. Financial Architecture and Economic Performance: International Evidence [J]. Journal of Financial Intermediation, 2002, 11 (4): 429-454.

③ Arizala F. , Cavallo E. , Galindo A. Financial Development and TFP Growth: Cross-Country and Industry-Level Evidence [J]. Applied Financial Economics, 2013, 23 (4-6): 433-448.

④ 刘贯春. 金融资产配置与企业研发创新："挤出"还是"挤入" [J]. 统计研究, 2017, 34 (7): 49-61.

理者和银行的深入访谈和对融资数据的审查发现，并不能揭示金融投资者对创新活动的直接影响。相反，公司的管理层仍然有权决定他们对公司创新实践的财务控制和标准化程度，德国公司的创新压力来自于它们强大的市场导向，而不是金融化。①

2. 金融化对研发投入产生抑制作用

所罗门（Solomon，2002）通过研究美国经济金融体系的架构（其市场导向程度）与实体部门的经济绩效之间的关系发现，美国企业中金融化现象已非常明显，严重挤出实体部门的经济绩效，抑制企业对创新的投资。② 谢家智等（2014）将研究着眼于中国制造业领域，认为当前存在过度金融化问题，加剧了经济"去工业化"，严重削弱了制造业发展基础。同时，他们采用系统广义矩估计方法（GMM）检验了企业过度金融化对技术创新的影响。结果表明企业过度金融化显著地降低了企业创新意愿。③ 尹兴和董金明（2016）指出当前资本积累日益金融化，将倒逼企业缩减对科技创新和人力资本培育方面的支出，对科技创新产生抑制效应。④ 许罡和朱卫东（2017）检验了金融资产的投资期限对创新的影响，发现长期投资型金融化比短期投机型金融化对研发投入的挤出效应更明显。⑤

2.5　本 章 小 结

国外学者就经济金融化的内涵、产生机制、运行过程以及严重后

---

① Hahn K. Innovation in Times of Financialization：Do Future – Oriented Innovation Strategies Suffer? Examples from German Industry ［J］. Research Policy，2019，48（4）：923 – 935.

② Solomon A. Tadesse. Financial Architecture and Economic Performance：International Evidence ［J］. Journal of Financial Intermediation，2002，11（4）：429 – 454.

③ 谢家智，王文涛，江源. 制造业金融化、政府控制与技术创新 ［J］. 经济学动态，2014（11）：78 – 88.

④ 尹兴，董金明. 当代垄断资本主义金融化分析 ［J］. 当代经济研究，2016（12）：62 – 69.

⑤ 许罡，朱卫东. 金融化方式、市场竞争与研发投资挤占——来自非金融上市公司的经验证据 ［J］. 科学学研究，2017，35（5）：709 – 719 + 728.

果进行了比较深入的探讨，其中以明斯基、帕利等为代表的"结构的凯恩斯主义学派"提出了金融不稳定理论；以斯威齐、福斯特为代表的"垄断资本学派"探讨了经济金融化与经济发展的一般关系；以大卫·科茨为代表的美国社会积累结构学派论述了经济金融化对社会结构冲击以及重构；以米歇尔·阿格利埃塔、阿兰·利比茨等为代表的法国调节学派，在一般利润率下降和资本过剩的基础上构建经济发展的长周期理论；等等。国内学者对经济金融化问题也有所涉及，但主要是对欧美国家金融化问题的再思考，结合中国特定经济制度和问题的研究较少。总体上看，学术界尚未对经济金融化的内涵特征形成统一认识，也缺乏对广大发展中国家经济金融化问题的考察。但是，学者们从不同视角研究经济金融化现象，特别是有关金融化对企业发展影响的思考，为本书的写作提供了丰富经验材料，也有重要的理论指导意义。

第3章 经济金融化的理论基础

经济金融化是当代资本主义的重要特征，在马克思生活的年代，并不存在当前意义上的经济金融化问题，但这并不妨碍马克思主义研究方法及其资本理论对剖析经济金融化问题的根本性指引。而以希法亭、凯恩斯以及大卫·哈维为代表的西方学者，也各自给出了较为全面的金融发展理论，为分析经济金融化问题提供多维视角。本章对他们的相关理论进行系统归纳，为剖析经济金融化的发生机制奠定理论基础。

3.1 相关概念界定

3.1.1 经济金融化的定义

经济金融化趋势表现为金融资本主导的资本积累体系，逐渐从经济部门辐射到社会、政治、文化等其他领域的过程。前文从国家、企业以及个人三个视角对经济金融化的定义进行梳理。国家视域的经济金融化内涵虽然在总体上反映了资本积累模式的变化趋势，揭示出金融市场、金融资产与债务水平的急剧膨胀，但忽视了金融资本积累本质上是索取权的积累，是对剩余价值、工资以及税收等分割权的积累，其最终落脚点依然是产业资本。同时，这种定义也无法与20世纪初的金融资本统治阶段表现出的特征相区别。个人视域下的经济金融化定

义集中展现了资本主义金融膨胀的严重后果，即金融食利阶层不断壮
大，收入分配格局的被重塑，工人阶级由于被排斥在金融资本积累过
程之外而愈发贫困，劳资矛盾由产业资本主导时期资本积累规律演变
为经济金融化的资本积累方式。① 此外，也有学者把新自由主义、金融
势力地位提升等视为经济金融化的内涵特征，忽视对相关现象背后本
质的思考。

经济金融化问题是众多矛盾交织的产物，必须找到对其发展具有
决定性作用的主要矛盾。企业视域下的经济金融化内涵，不仅指出金
融资本积累越来越独立于现实资本积累的一般趋势，而且更深刻地揭
示经济金融化的内在驱动力量，即实体企业获取利润的方式相比以往
更加依赖于金融渠道；同时，也很好地与金融资本统治时期尽管金融
资本力量壮大，但产业资本积累依然主导金融资本积累的特征相区分。
因此，本书研究更倾向于企业视角的金融化定义，这也与马克思在
《资本论》中坚持产业资本主导资本积累体系、产业部门工人的活劳动
创造剩余价值、其他形式的资本参与利润分配的思想相一致。在此基
础上，本书把经济金融化定义为一种资本积累模式，即资本热衷于价
值分配而不是价值生产，由此导致产业资本积累逐步让位于金融资本
积累的长期过程。

3.1.2　实体经济与实体企业的内涵

本书在研究过程中会使用实体经济、实体企业以及上市非金融企
业等概念，那么怎么进行区分？

（1）实体经济概念。实体经济在使用过程中通常是一个宽泛的概
念，并不是专用术语。从广义上看，实体经济不仅指商品等有形产品
的生产，还包括精神和服务等无形产品生产的过程。2008 年美国金融
危机以后，美联储将房产市场也排除在实体经济之外。从狭义上看，
实体经济可定义为与商品生产有关的经济活动。实体经济是一国经济

---

① 肖斌. 金融化进程中的资本主义经济运行透视［D］. 成都：西南财经大学，2013.

运行最广泛的基础，通常与虚拟经济相对，而将金融服务业排除在外。我们通常所说的坚持把发展经济的着力点放在实体经济上，主要是指第二产业，包括制造业、采矿业、建筑业等，当前，还包括以人工智能、云计算、大数据、区块链、量子信息等新兴技术为代表的产业部门。

（2）实体企业概念。实体企业是指以营利为目的，使用各种生产要素，向市场提供商品或服务的社会经济组织。新型实体企业一般有两个特点：一是立足于实体企业，为实体企业服务，实现实体企业更好的发展；二是具有数字技术能力，通过数据技术为上下游企业提供完整的解决方案，以提升实体企业的核心竞争力。与实体企业内涵不同，克里普纳（2005）提出泛金融部门的概念，把房地产行业与传统金融行业全部排除在实体企业之外。[①] 笔者所研究的实体企业是将金融、房地产排除在外的生产性企业。

（3）上市非金融企业。上市公司是指在证券交易所取得证券上市资格的股份有限公司，而上市非金融类企业是指已经取得上市资格的但不包括金融和房地产部门的企业。[②]

从三种概念的定义来看，实体经济的范围大于实体企业，实体企业的范围大于上市非金融企业。笔者梳理文献发现，大部分学者在研究过程中并未将实体企业与实体经济概念进行区分，在某种意义上实体经济就是对实体企业集合的统称。本书做出区分，是因为实体经济的主体不仅包括企业组织，还包括个人、非营利组织，做出简化是为了便于从资本积累角度进行研究。此外，对实体企业与上市非金融企业做出区分，是基于数据的可得性。要分析经济金融化在微观领域对实体企业发展的具体影响过程，就要选择一定的研究对象。一般而言，上市公司相对于非上市股份公司对财务披露有更为严格的要求。同时，上市公司具备一定的规模和利润水平，在中国实体企业中具有代表性。

---

① Krippner, G. R. The Financialization of the American Economy [J]. Socio – Economic Review, 2005, 3 (2): 173 – 208.

② 张成思，张步昙. 中国实业投资率下降之谜：经济金融化视角 [J]. 经济研究，2016, 51 (12): 32 – 46.

上市非金融企业的概念仅在第 7 章和第 8 章的实证过程中使用,而全书更强调宏观或中观的实体企业内涵,后文研究中不再赘述。

3.2 马克思主义资本理论

马克思主义资本理论有清晰的脉络:资本从本质上可以还原为抽象劳动,资本主义私有制必然造成劳动积累的异化,给工人阶级和整个人类带来灾难性后果。为了深刻揭示资本主义资本积累的特殊规律,他以商品生产为逻辑起点,探寻商品使用价值与价值的对立过程,进而指出货币固定充当一般等价物对解决商品交换矛盾的重要作用。他强调劳动力成为商品使货币转化为资本的前提,资本通过循环与周转,不断地获取剩余价值,通过剩余价值的资本化,实现资本主义扩大再生产,并根据资本的不同权属实现对剩余价值的分配。本节根据上述逻辑,先全面介绍马克思资本积累理论,再具体从产业资本积累角度回答剩余价值的来源,并对金融资本积累过程及其利润(剩余价值)获取进行溯源,最后揭示资本有机构成提高趋势和一般利润率下降趋势规律,从而为本书分析经济金融化问题奠定理论基础。

3.2.1 资本积累理论

马克思资本积累理论贯穿《资本论》三卷始终,是马克思主义政治经济学的重要组成部分。该理论对整个资本主义经济状况做了全面而深刻的剖析,是剩余价值理论的深化,主要包括资本的剩余价值转化过程、生产过程的连续性问题、资本主义生产关系再生产以及资本主义积累的一般规律等思想。在某种程度上,马克思主义资本积累理论可以被称为资本主义的经济发展理论。[1]

---

[1] 高峰.资本积累理论与现代资本主义——理论和实证的分析 [M].北京:社会科学文献出版社,2014:4.

马克思在阐述资本积累理论时，首先探讨资本的剩余价值转化过程，认为资本是劳动的结果，是"积蓄的劳动"，资本家成为资本的所有者，也就是拥有对劳动及其产品的支配权力。"把剩余价值当作资本使用，或者说，把剩余价值再转化为资本，叫作资本积累。"① 资本积累是资本作为独立力量而存在所十分必需的，是资本的自然趋向和必然结果，其本质是剩余价值的资本化。资本积累是一个动态过程，它要求资本的利润同资本的量成正比，也就决定了社会总资本在各个行业部门的积累比例。

在资本积累过程中，剩余价值被不断地创造出来，但经营资本家并不能获得全部利润，他们是剩余价值的第一个占有者，但绝不是剩余价值的最后所有者。这是因为，拥有劳动资料并把它们全部或部分地贷给经营资本家的人，要以利息的名义要求取得部分剩余价值，"地租、利息和产业利润不过是商品的剩余价值或商品中所包含的无偿劳动各个部分的不同名称，它们都是同样从这个泉源并且只是从这个泉源产生的"。② 其他职能资本家要获取利息、商业利润、地租等。就算废除地租和利息，也只是改变了剩余价值在不同资本家间的分配模式，工人并未获得利益，"而是保证工业资本家相对于食利者而获得利益"。③

同时，资本积累不仅是资本关系的再生产，也是劳动异化关系的不断积累过程。"资本的积累扩大分工，而分工则增加工人的人数；反过来，工人人数的增加扩大分工，而分工又增加资本的积累。"④ 工人日益依赖于一定的、极其片面的、机器般的劳动，在精神上和肉体上被贬低为机器。"工人在劳动中耗费的力量越多，他亲手创造出来反对自身的、异己的对象世界的力量就越强大"，⑤ 生产资本的扩大也就意味着资本的积累和积聚，然而，"生产资本越增加，分工和采用机器的范围就越扩大。分工和采用机器的范围越扩大，工人之间的竞争就越

① 马克思．资本论（第一卷）[M]．北京：人民出版社，2004：668.
② 马克思恩格斯文集（第三卷）[M]．北京：人民出版社，2009：62.
③ 马克思恩格斯文集（第三卷）[M]．北京：人民出版社，2009：266.
④ 马克思恩格斯文集（第一卷）[M]．北京：人民出版社，2009：120.
⑤ 马克思恩格斯文集（第一卷）[M]．北京：人民出版社，2009：157.

剧烈，他们的工资就越减少"。① 工人也就愈发贫困。

但资本积累要受到一定条件的约束，形成著名的"积累悖论"。资本家在资本逐利性的本能驱使下，不断谋求通过加速积累和扩大再生产的方式来获取更多的剩余价值，但这种价值积累建立在剩余价值可以无条件实现的基础上。马克思也指出："积累的第一个条件，是资本家能够卖掉自己的商品，并把由此得到的绝大部分货币再转化为资本。"② 但实际上，由于资本主义社会对抗性分配关系的存在，必然形成对消费能力的根本性抑制，导致商品使用价值的巨大堆积，剩余价值生产和实现矛盾变得更加尖锐。而利润率的下降进一步迫使资本家希望通过加速资本积累让资本积累速度超出利润下降速度，以保证利润获取。但相对过剩的人口或产业后备军同资本积累的规模和能力始终保持平衡的规律把工人钉在资本上，资本积累的同时是贫困积累，"这里是生产资料和产品过剩，那里是没有工作和没有生活资料的工人过剩"。③ 因此，在产业资本主导的资本体系中，已无法寻找破解"积累悖论"的方法，部分资本将视野扩大到金融流通领域，企图利用金融资本无限扩张的能力突破产业资本在空间和时间上的限制，获取超额利润。于是，"证券投机、金融诈骗、股份公司冒险行为盛极一时，而所有这一切通过对中等阶级的剥夺，导致资本的迅速集中"。④

3.2.2　产业资本理论

马克思强调了产业资本积累在所有资本积累模式中的主导地位，他指出尽管资本的商业形式和生息形式比产业资本更古老，但一旦资本主义在它的所有形式上发展起来，成了占统治地位的生产方式，生息资本就会从属产业资本，商业资本就会成为产业资本的一种派生形式。"资本主义生产越发展，它就越不能采用作为它早期阶段的特征的

---

① 马克思恩格斯文集（第一卷）［M］. 北京：人民出版社，2009：752.
② 马克思恩格斯文集（第五卷）［M］. 北京：人民出版社，2009：651.
③ 马克思恩格斯文集（第三卷）［M］. 北京：人民出版社，2009：566.
④ 马克思恩格斯文集（第三卷）［M］. 北京：人民出版社，2009：221.

那些小的哄骗和欺诈手段。"① "想把生息资本看作资本的主要形式，想把信贷制度的特殊应用，利息的表面上的废除，变为社会改造的基础，这就完全是小市民的幻想了。"② 产业资本借助机器生产出异常高的利润，不断把新生的并正在寻找新的投资场所的很大一部分社会追加资本吸引到生产领域。

马克思研究了产业资本的形态变化及其循环，他认为人类社会早期经济行为建立在物物交换的基础上，即 W—G—W（商品—货币—商品）的过程，交换的主体既是买者又是卖者，商品交换在时间和空间上是绝对一致的。但该交换模式以个人消费为出发点，而不以资本主义生产为出发点。资本主义生产的目的反映在资本流通公式中，即 G—W—G′（货币—商品—货币）的过程，深刻地揭示了资本主义剩余价值的获取过程。在这里，资本家不仅收回了预付资本，还获取了更多的货币，即 $G' = G + \Delta G$，ΔG 为价值增殖额。在流通领域，商品如果按照等价交换原则进行买卖则不会发生价值增殖，但资本总公式却表现出价值增殖特征，表明剩余价值不在流通中产生。同时，资本家购买劳动力这一特殊商品并使其进入生产过程，通过延长必要劳动时间创造了剩余价值，说明价值创造离不开生产过程。产业资本是生产过程顺利实现的基础，产业资本不仅具有流通职能，也具有生产职能，这决定了产业资本不同于商业资本和借贷资本的独特地位，只有产业资本生产过程才能形成剩余价值。

马克思指出，资本循环包括三个阶段。第一，货币资本循环阶段。货币资本是以货币形态存在的资本。货币资本在循环上表现为 G—W…P…W′—G′的过程，即资本家用货币资本买入生产资料和劳动力进入生产阶段，生产包含更多价值的商品，最后卖出商品获得更多货币。货币资本循环不创造价值。第二，生产资本循环阶段。生产资本是以劳动力和生产资料形式存在的资本。它的循环形式表现为 P…W′—G′G—W…P 的过程。即资本家通过生产资本生产出包含剩余价值的商品，然

---

① 马克思恩格斯文集（第一卷）［M］. 北京：人民出版社，2009：366.
② 马克思恩格斯文集（第三卷）［M］. 北京：人民出版社，2009：22.

后进入流通阶段，售出商品，获得包含剩余价值的货币，再购买生产资料和劳动力，最后再次进入生产过程。生产资本循环揭示剩余价值源泉。第三，商品资本循环阶段。商品资本是以商品形式存在的资本，它的循环过程为：W′—G′—W…P…W′，商品资本从包含剩余价值的资本开始，出卖商品获得更多的货币资本，再购买生产资料和劳动力进入生产过程，最后转化为包含剩余价值的商品资本。产业资本三种循环的共同点是价值增殖，这是资本主义生产的根本目的和动机，同时在空间上并存、时间上继起，任一循环中断，生产将不能持续，甚至产生危机。

3.2.3　金融资本理论

按照马克思的资本理论，社会总剩余价值将在执行不同职能的资本家间进行分割，其中土地所有者获得地租，产业资本家和商业资本家获得产业利润和贸易利润，货币资本家获取利息。以利息获取为基础形成金融资本理论包括两条线索：一条以借贷资本演化为线索，由一般的生息资本形式转变为职能资本中分化出来的借贷资本形式再到银行资本形式；另一条以信用为基础，由商业信用演变为虚拟资本。这里做出区分并不是说二者没有交集，前者强调与产业资本的密切关系，后者是金融资本膨胀发展的基础。

1. 生息资本与利润

马克思在考察了一般利润率和平均利润率之后，认为这个平均化过程还只是产业资本在不同生产部门的利润平均化。生息资本作为一种从职能资本中分离出来的独立的资本形态，也要参与利润分配。

那么，什么是生息资本？在马克思看来，生息资本也由货币发展而来。货币不管以货币的形式还是商品的形式存在，在资本主义生产方式下，都可以转化为资本。这是因为货币具有特殊性。货币除了作为货币本身的使用价值外，它还是一种特殊的商品，执行新的功能，可以转化资本。货币"由一个一定的价值变为一个自行增殖、自行增加的价值"。① 当货币资本家将其让渡给职能资本家，职能资本家生产出额外的剩余价值，并支付货币所有者一定的利润，这就是生息资本。生息资本具有"这样一种价值，这种价值具有创造剩余价值、创造利润的使用价值；它在运动中保存自己，并在执行职能以后，流回到原来的支出者手中，也就是流回到货币占有者手中"。②

生息资本运动具有独有的特征。货币资本家把货币转交给产业资本家时，并没有获得相应的等价物。对于货币资本家而言，借出资本并不是自身现实循环的过程，"而只是为这个要由产业资本家去完成的循环作了准备"。③ 在这里并没有交换发生，货币的所有权也未出让，所以无法得到等价物。而对于产业资本家，资本支出并不归其所有，所以资本回流也不归其所有。产业资本必须归还贷出者，"回流也不是表现为一定系列的经济行为的归宿和结果，而是表现为买者和卖者之间的一种特有的法律契约的结果"。④

在产业资本中，货币作为货币资本直接参与生产，生息资本的利润获取不同于产业资本，在生息资本中，货币只是获取利润的间接媒介。马克思首先考察了生息资本的一般流通形式：所有者将货币贷给使用者，资本的运动形式表现为 G—W—G′，货币作为 G′ = G + ΔG 回到所有者手中，ΔG 代表利息。在这里，资本一经贷出，货币似乎就会在流通中增加，货币所有者不断获取利息，货币资本也似乎拥有脱离生产自发增殖的能力。为了否定这一点，马克思进一步扩展了生息资本的运动的形式：G—G—W—G′—G′。马克思认为货币作为支出的资本和作为已经实现的资本要经历两次运动。在生息资本运动形式中，G 的第一次换位，表示货币资本家将货币资本转移给职能资本家，与货币资本的双重支出相对应，货币资本的回流也具有双向性。职能资本家把货币资本转化为生产资本并创造出剩余价值，然后在市场上卖出商品获取货币资本和利润。正如马克思所言："通过商品出售，它再转

---

① 马克思. 资本论（第三卷）[M]. 北京：人民出版社，2004：378.
② 马克思. 资本论（第三卷）[M]. 北京：人民出版社，2004：380.
③ 马克思. 资本论（第三卷）[M]. 北京：人民出版社，2004：388.
④ 马克思·资本论（第三卷）[M]. 北京：人民出版社，2004：390.

化为货币，并在这个形式上流回到那个最初以货币形式预付资本的资本家手中。"① 其中，利息 ΔG 就是利润的一部分。职能资本家将借来的货币资本 G 加上利息 ΔG 归还货币资本家，货币资本不再执行职能资本的功能，货币资本家只看到贷出和归还过程。最终，货币资本家获取利息，职能资本家获取部分利润。

2. 借贷资本和利润

马克思认为在广义上生息资本包括固定资本贷放和流动资本贷放，同时生息资本具有两种形式：借贷资本和高利贷资本。"在高利贷资本中，$G—W—G'$ 形式简化成没有中介的两极 $G—G'$，即交换成更多货币的货币"，② 然而，"高利贷资本有资本的剥削方式，但没有资本的生产方式"。③ 因此，马克思生在研究生息资本时，主要是指借贷资本。借贷资本不是职能资本，但又离不开职能资本，它是周期性闲置资本的进一步转化。

马克思具体阐述了借贷资本的来源。他认为借贷资本与产业资本循环有密切的关系，是产业资本的周期性游离，包括固定资本中的折旧费、闲置的流动资本以及尚未用于资本积累的剩余价值。闲置的资本不能带来剩余价值，对于资本家来说就是犯罪。而部分资本家却需要货币资本扩大生产，拥有闲置资本的资本家可以将货币资本借贷给需要补充货币资本的资本家，借入方需要在归还时以一定的利息作为报酬偿还贷方。

然而，利息具有本身的决定机制。利息只能是利润的一部分。"利润本身表现为利息的最高界限，达到这个最高界限，归执行职能的资本家的部分就会 $=0……$利息的最低界限则完全无法规定。"④ 由于职能资本家借入货币资本进行生产，仅能获取平均利润。因此，利息转化为平均利润的一部分。利息是由一般利息率确定的，借贷资本家也是

---

① 马克思·资本论（第三卷）[M]. 北京：人民出版社，2004：391.
② 马克思恩格斯文集（第五卷）[M]. 北京：人民出版社，2009：191.
③ 马克思恩格斯全集（第二十五卷）[M]. 北京：人民出版社，1974：676.
④ 马克思恩格斯文集（第五卷）[M]. 北京：人民出版社，2009：401.

按照利息率向产业资本家收取利息的。一般利息率用一定时期内利息总量与借贷资本总量的比率衡量，受一般利润率和市场供求关系影响。尽管"在生产过程开始以前，也就是在它的结果即总利润取得以前，已经当作预先确定的量了"，[①] 但实际上，利润率总是在一定范围内波动，利润率的最高界限不能高于产业部门形成的平均利润率。

3. 银行资本与利润

银行资本在借贷资本的基础上发展而来。随着大工业的发展，出现市场上的货币资本，会越来越不由个别资本家来代表，即越来越表现为一个集中的有组织的量，这个量和实际的生产完全不同，是受那些代表社会资本的银行家控制的。银行是专门经营货币资本的企业，银行的组织性、专业性提高了借贷资本服务产业资本的效率，促进了资本主义生产方式的快速扩张。

银行资本的蓬勃发展，扩大了借贷资本的范围。从形式上看，银行资本由两部分构成：现金和有价证券。现金的主要来源不仅包括产业资本家和商业资本家的存款准备金、闲置资本、借入资本，还包括工人的各种工资收入、小额货币资金、以个人信用为基础的直接贷款等。有价证券则包括商业证券和国债券、股票、地产抵押单等公共的有价证券。银行资本的最大部分纯粹是虚拟的，是由债券（汇票）、国债券（它代表过去的资本）和股票（对未来收益的支取凭证）构成的；从银行资本的所有权来看，其可分为银行自有资本和借入资本，借入资本是银行资本的主要部分。

银行资本的利润实际上也源自职能资本家剥削雇佣工人所创造的剩余价值的一部分，在形式上表现为存款利息和贷款利息的差额。银行资本家通过贷出货币获取贷款利息，同时向货币所有者支付存款利息，前者与后者之差是银行利润的来源，但是与个别借贷资本家不同，银行的正常运营还要雇佣员工、规范管理，因此，银行利润还要扣除业务费用。最终，银行资本家所获得的利润应与平均利润率大体相当。

---

①　马克思恩格斯文集（第七卷）［M］. 北京：人民出版社，2009：418.

4. 商业信用

马克思认为商业信用主要产生于商品生产领域。不同的商品生产者在买卖商品的过程中，并不能够每次交易都支付现金，完成结算，会以赊账的形式相互提供信用。商业信用是其他信用形式的基础。

商业信用需要一定的载体来确保债权人的利益免遭损失，那就是商业票据。商业票据的出现，为商品交易提供了便利，债务只需到期偿还即可。同时，债权人和债务人如果互相持有凭证，部分债务可以抵消。这对采用货币的商品交易来说，仅需支付差额部分，从而代替部分货币流通功能。

随着社会再生产的扩大和新市场的开辟，商业信用使用范围也在不断发展。从时间维度来看，短期信用行为不足以支持长期的商业行为，因此，信用在时间上得以延长。同时，在汇票到期前，所有者也可通过票据来买卖商品。虚拟资本在商业信用的基础上产生。

5. 虚拟资本和利润

虚拟资本通常以债券、汇票、股票、金融衍生品等形式存在。虚拟资本与货币资本、生产资本、商品资本等不同，虚拟资本本身不具备价值，也不能直接参与生产过程，虚拟资本积累独立于现实资本积累。在马克思看来，虚拟资本是不包含任何内容的资本，仅是对生产资料的索取权，虚拟资本是真实资本的纸质副本，"人们把虚拟资本的形成叫作资本化"。[①] 虚拟资本的发展必须以真实资本为基础，没有发行股票、债券以及其他有价证券的资本实体，虚拟资本也就无法产生。

与其他资本形式一致，虚拟资本同样不创造价值，而是分割生产部门创造的剩余价值，虚拟资本的利润获取必须以真实资本为前提。虚拟资本作为索取权凭证，虽然以一定的面值发行，但其价格却是预期收益的资本化，是预期收益与平均利息率之比。平均利息率降低，虚拟资本的收益率也就相应提高。虚拟资本最明显的特征是可以与现

---

① 马克思．资本论（第三卷）[M].北京：人民出版社：2004：528.

实资本相分离，在市场上独立流通。虚拟资本的价格并不随真实资本的价格变动而变动，表现出脱离真实资本价格的趋势，获取独立的运动形式，如在股票市场上通过交易转让获取差价。

虚拟资本的产生与发展，是资本积累的客观要求，与实体经济相匹配的虚拟资本发展能够增加现实资本积累。但虚拟资本积累与真实资本积累的大幅偏离，也会制造经济泡沫，甚至引发经济危机。

3.2.4 资本有机构成理论

为了深入研究资本积累对资本主义发展的影响，马克思根据社会大生产中不变资本对可变资本的挤出现象，创造性地提出资本有机构成理论。为研究剩余价值的源泉，他将企业的预付资本分为不变资本和可变资本，不变资本是用来购买生产资料的资本，在生产过程中不会发生价值增殖，只转移原有价值。而可变资本是资本家用来购买劳动力的那部分资本，这部分资本在生产过程中发生变化，创造出超越自身所包含的价值，也即剩余价值。随着资本积累进程的加剧，社会劳动生产率的发展成为积累的最强有力的杠杆，生产技术条件随之发生变化，两部分资本在生产中的比例也会不断变动。

为了反映上述变动关系，马克思提出资本有机构成的两重含义：从价值形式来看，不变资本与可变资本之间的价值比例被称为资本的价值构成；从自然形式来看，由技术水平所决定的生产资料和劳动之间的比例被称为资本的技术构成。"要使可变资本起作用，就必须根据劳动过程的一定的技术性质，按相应的比例来预付不变资本。"[①] 一般来说，由资本技术构成决定的并能反映技术构成变化的资本价值构成的公式是 c（不变资本）/v（可变资本）。资本积累最初看起来只是资本的量的扩大，但实际上却是通过减少资本的可变部分来不断增加资本的不变部分而实现的。

在资本主义生产过程中，资本有机构成提高成为一般趋势。这是

---

① 马克思恩格斯文集（第五卷）［M］. 北京：人民出版社，2009：248.

由于资本主义生产的唯一动机和直接目的是获取剩余价值，为了达到这一目的，资本家不断改进技术，提高劳动生产率，资本积累也成为建立在一定技术基础上的积累。而资本不断的积累"又成为使资本构成发生新的变化的一个源泉，也就是成为使资本的可变组成部分和不变组成部分相比再次迅速减少的一个源泉"。① 因此，"资本主义积累不断地并且同它的能力和规模成比例地生产出相对的，即超过资本增殖的平均需要的，因而是过剩的或追加的工人人口。"②

资本有机构成上升趋势内在地推导出资本主义积累的绝对的、一般的规律，即："社会的财富即执行职能的资本越大，它的增长的规模和能力越大，从而无产阶级的绝对数量和他们的劳动生产力越大，产业后备军也就越大。可供支配的劳动力同资本的膨胀力一样，是由同一些原因发展起来的。因此，产业后备军的相对量和财富的力量一同增长。但是同现役劳动军相比，这种后备军越大，常备的过剩人口也就越多，他们的贫困同他们所受的劳动折磨成反比。最后，工人阶级中贫苦阶层和产业后备军越大，官方认为需要救济的贫民也就越多。"③

3.2.5　平均利润率下降规律

马克思提出计算利润率的一般公式。在资本主义经济中，商品的价值包含三部分：不变资本（c）、可变资本（v）和剩余价值（m），商品的全部价值等于物化劳动和活劳动的耗费，即 $c + v + m$，其中，剩余价值创造过程就是活劳动耗费过程，剩余价值率 $m' = $ 剩余价值/可变资本 $= m/v$。但是，资本家在计算利润率时，将不变资本和可变资本之和计为生产成本，剩余价值被看作全部所费资本的产物。剩余价值率公式也由此转变为利润率公式，利润率 $p' = m/C$，C 为全部预付资本，即 $C = c + v$。对于单个资本家而言，他唯一关心的是"剩余价值即他出售自己的商品时所得到的价值余额和生产商品时所预付的总资本的比率"，① 而试图掩盖价值余额与资本的各个特殊组成部分的特定关系。由于资本的一切部分都同样表现为超额价值（利润）的源泉，资本关系也就神秘化了。

马克思认为，利润率大小受剩余价值率、资本有机构成、资本周转速度和不变资本节约等因素影响。在其他因素相同的情况下，行业部门资本有机构成不同，势必导致利润率也不尽相同。但是等量的资本要求获取等量利润，资本和劳动就会从获利较少的部门转移到获利较多的部门，"直到一些工业部门的供给量上升到符合于增长了的需求量，而其他工业部门的供给量下降到符合于缩减了的需求量时才会停止"。② 平均利润率得以形成。

在马克思看来，平均利润率具有趋于下降的趋势，那么是由什么因素导致的？马克思指出随着社会生产力的发展，可变资本同不变资本相比，从而与被推动的总资本相比，会相对减少。而社会生产规模会迅速扩大，表现为商品的大量堆积。但消费却相对萎缩，"与生产力发展并进的、可变资本同不变资本相比的相对减少，刺激工人人口的增加，同时又不断地创造出人为的过剩人口"。③ 这势必加剧产品生产与实现的矛盾。

在这种情况下，一部分资本徘徊在生产之外，成为过剩资本。"所谓的资本过剩，实质上总是指利润率的下降不能由利润量的增加来抵消的那种资本——新形成的资本嫩芽总是这样——的过剩，或者是指那种自己不能独立行动而以信用形式交给大经营部门的指挥者去支配的资本的过剩。"④ 资本过剩并不能在产业资本内部得到解决，因为："资本更加迅速地增加和积聚，从而在每一个停滞的工业部门中都造成工人和资本的过剩，过剩的工人和资本在任何地方都用不上，因为同一过程也发生在所有其他工业部门。"⑤

---

① 马克思恩格斯文集（第七卷）[M]. 北京：人民出版社，2009：51.
② 马克思恩格斯文集（第三卷）[M]. 北京：人民出版社，2009：31.
③ 马克思恩格斯文集（第七卷）[M]. 北京：人民出版社，2009：278.
④ 马克思恩格斯文集（第七卷）[M]. 北京：人民出版社，2009：279.
⑤ 马克思恩格斯文集（第四卷）[M]. 北京：人民出版社，2009：342.

3.3　其他代表性金融资本理论

西方学者系统研究经济金融化问题的理论不多，但希法亭金融资本理论、凯恩斯金融发展理论以及大卫·哈维资本空间修复理论，都从不同视角阐述了资本积累结构演变的一般性规律，为本研究提供启发。因此，这里对上述代表性理论进行系统阐述。

3.3.1　希法亭金融资本理论

鲁道夫·希法亭是金融资本理论的集大成者，他的金融资本理论主要反映在《金融资本》一书中。该书创作于 20 世纪初，深刻揭示了资本主义发展的新特征，即金融资本积累逐渐主导产业资本积累的过程。正如他在序言中所描述的，"这一著作试图给资本主义最新发展的经济现象以科学的说明"。在此基础上，希法亭最早提出了金融资本的一般性定义，即："实际转化为产业资本的银行资本，称为金融资本。"[1] 他指出工业资本主义取代商业资本主义是历史的必然，而金融资本主义是工业资本主义矛盾发展的必然结果。

希法亭将资本区分为三个阶段：高利贷资本、银行资本、金融资本。金融资本是最高、最抽象的资本形态，它的出现意味着资本有了统一指挥者。"产业和银行的控制者结成紧密的私人联合。这种联合是建立在大规模的垄断兼并所导致的单个资本家之间的自由竞争被消除的基础上的，自然也包括资本家阶级和国家权力之间的关系的变化。"[2]

希法亭认为金融资本的出现有深刻的时代烙印。资本集中是金融资本得以形成的首要原因，卡特尔和托拉斯等垄断组织的出现，是对自由竞争的消除，只有银行资本和产业资本有机结合，才能完成垄断

---

① 鲁道夫·希法亭. 金融资本 ［M］. 北京：商务印书馆，1997：252.
② 鲁道夫·希法亭. 金融资本 ［M］. 北京：华夏出版社，2013：267.

性部门的基础性积累。他对金融资本的认知并不局限于垄断特征，而是深入垄断背后的驱动因素。他指出资本有机构成提高的必然结果，是资本一般利润率趋于下降。企业为阻止利润率下降，又不得不扩大企业规模。而随着企业固定资本在总资本中的比重上升，利润率进一步下降。同时，也将抑制资本流动性，增加资本退出难度。资本自然地向高利润率的部门流动。他还指出，银行资本为自身的利益，也会加强对企业的控制，并将企业的长远发展能力作为提供信用的前提条件。

希法亭还阐述了金融资本形成的两大杠杆：信用和股份制。信用的发展形式主要表现为三个方面：商业信用向银行信用的过渡、流通信用演化为资本信用、流动资本信用向固定资本信用发展。其中，银行所持有的货币资本在执行流动资本信用职能时，由于资本周转快，能够迅速收回贷出资本。而银行为企业提供固定资本信用，则受固定资本流动性慢的制约。在这种情况下，银行依然为企业提供固定资本信用，反映了银行与企业最直接的关系。随着资本有机构成提高，固定资本信用逐步占据主导地位。信用产生的银行资本并未改变利润的来源，利息依然是"一部分利润的特别名称"。当利息产生后，利润被分割为两部分：一部分作为利息支付给借贷资本家，另一部分归产业资本家所有。平均利润对利息率具有重要影响，利息只能是平均利润的一部分。希法亭在论述虚拟资本时阐述了概念，第一次提出"创业利润"的概念。股份公司资本包括实际资本和虚拟资本两部分：前者表现股东已经出让、不能收回的资本，如机器、厂房等；后者为获取证券收益所追加的资本。实际资本与虚拟资本在运动和数量上并不一致，这是由产生平均利润的资本和产生平均利息的资本间的差额导致的，形成了"创业利润"。创业利润归创业者所有，创业利润的高低受诸多因素影响。[1] 由于股票和证券的收益越来越归结为利息，创业利润有提高的趋势。

---

[1]　希法亭认为创业利润的高低，首先是由平均利润率决定的，其次是由利率决定的。平均利润减利息决定企业主收入，企业主收入按占统治地位的利息率资本化形成创业利润。

希法亭在注意到股份制和虚拟资本对资本集中的促进作用的同时，敏锐地觉察到了股份制的弊端。他认为股份制使部分企业家逐渐脱离生产，投放在企业的资本由生产属性向货币资本转变。企业家变得热衷于兼并改组企业，获取"创业利润"。银行家则充分利用企业股份制形式，以极少的资本额获取企业控股权，[①] 投机的盛行最终将导致经济虚拟化发展，加剧资本主义矛盾，形成经济危机。希法亭富有洞见性的认识，为研究经济金融化弊端提供大量有益思考。

希法亭金融资本理论为判断 20 世纪 80 年代以前是否存在持续性经济金融化问题提供了一定的依据。经济金融化是金融资本积累主导产业资本积累的过程。希法亭金融资本理论一方面认识到这种主导性；另一方面又认为为了维持稳定的利润率水平，必须实行联合制。信用和股份制以及二者的结合推动了联合制的发展。银行资本在企业中越来越发挥固定资本的功能，银行为获取长远收益，不得不屈从企业的要求。实际上，希法亭金融资本理论依然强调产业资本在"银行资本"和"产业资本"的联合形式中的主导作用，尽管他也提出在此过程中银行不会放弃对企业的监督和控制，银行一方面为企业提供信用，另一方面把自有资金转化为企业股票，既大大加速了产业资本的积累，也增加了银行对产业资本的支配权，等等。

3.3.2 凯恩斯主义金融发展理论

约翰·梅纳德·凯恩斯是 20 世纪西方国家最伟大的经济学家之一，研究经济金融化与实体经济发展问题离不开对其理论的借鉴与思考。凯恩斯货币理论的提出有着深厚的理论和时代背景。古典经济学坚持"自由市场、自由经营、自由竞争、自动调节、自动均衡"的原则，通常认为货币在某种意义上是中性的，资本主义社会的经济关系实质上是物物交换关系，供给会自动创造需求。然而

---

① 希法亭认为实际上控制股份公司的资本额比这还要小，通常只有资本额的 1/3、1/4，甚至还不到这个数。

1929 年经济危机却席卷了整个资本主义世界，对生产造成了前所未有的破坏，也形成了对古典货币理论巨大的挑战。凯恩斯货币理论便应运而生，其思想主要反映在《就业、利息和货币通论》一书中，金融理论占有十分重要的位置。凯恩斯与古典经济学的观点不同，他认为货币对经济发展影响特别大，因此，它在一定条件下不是中性的。

凯恩斯认为，货币本质上是一种符号或称号，本身是没有实质价值，却可以充当交换媒介和实现财富的积累。货币的供应由中央银行控制，受经济运行影响，但不受经济因素完全制约。整个经济对货币的需求量受流动性偏好制约，即愿意持有货币而不愿意持有其他缺乏流动性资产的欲望。具体而言，交易动机、预防动机和投机动机是影响人们货币持有量的关键因素。其中，交易动机是指人们为了处理日常商品交易而持有货币的动机，预防动机是指人们为了应对不时之需而持有货币的动机，投机动机是指人们根据市场利率变化持有货币以便满足从中投机获利的动机。

关于利息，凯恩斯认为由于人们对货币流动性偏好的存在，利息是在一定时期内放弃货币的灵活性而能够得到的报酬。凯恩斯把资产的储蓄分为货币和债券两类。当人们在货币的流动性和债券的收益之间进行选择时，由于对未来利率的变化无法确定，造成对债券价格的预测也是不确定的，从而导致证券市场的波动。

凯恩斯研究了金融对经济发展的作用，认为金融至少在以下几个方面挤出了实体经济：第一，基于利润率的挤出假说。资本本身没有投资偏好，既可以投资金融资产，也可以投向实体经济，主要取决于两者的利润率水平。当前者高于后者，资本流向金融部门，挤出实体经济，并通过货币乘数增加挤出效应。第二，金融主导假说。该假说强调金融部门对市场利率的形成起主导作用，实体经济部门通常被动地接受利率水平，因此，金融日益主导实体经济。第三，赌场假说。该理论强调金融市场的投机性。在金融泡沫的膨胀阶段，金融投机盛行，金融资产的价格并不能如实反映实际资本的价格，有变成赌场的危险。

3.3.3 大卫·哈维资本时空修复理论

大卫·哈维提出了著名的资本"时空修复理论",该理源于对马克思时空理论的系统思考,阐述了资本在时间和空间维度上的修复过程。

在资本积累过程中为什么要进行时空修复?大卫·哈维认为货物和服务的交换过程,是跨越空间的相互交换过程。资本主义活动造成了不均衡的地理发展,也导致资本积累的不均衡。因此,资本主义由此按照它自己的面貌建立和重建地理,实现空间生产。但在领土范围内,总存在资本剩余和劳动剩余,特定的地理系统在发展到一定的阶段后,也会存在过度积累问题,主要表现为劳动力过剩和资本过剩。劳动力过剩将导致失业率大幅上升,资本过剩意味着闲置生产能力的存在,如果得不到抑制,会产生积累危机。这就要求新空间的生产、全新的区域性劳动分工的组织、更便宜的新资源综合体的开发、作为资本积累动态空间的新地域不断被开拓。而开拓的关键在于不断的技术创新,技术进步尽管具有显著的时空压缩效应,但反过来空间障碍越小,资本对空间差异就越敏感,各地也就越有动机去打造差异来吸引资本。地区力量的崛起正是这种差异化发展的结果,将加剧边缘国家与中心国家的竞争关系。中心国家为维持霸权国家权力,利用非对称的交换关系、一系列的制度安排和金融垄断获取超额收益。

哈维的资本时空修复理论包含三级循环过程:在一级循环体系中,资本主要存在过度积累问题,表现为机器设备对工人的挤出过程。由于大量失业的存在,抑制社会消费,进而导致生产过剩,商品实现也变得极为困难。这时需要采取诸如改善生产环境、更新机器设备等手段来缓解过度积累问题。当一级循环无法改善过度积累问题时,资本进入二级循环模式,将资本投入到固定生产领域,或开展基础设施建设,占据一个有利的位置。三级循环是更高层次的循环,主要通过增加教育投入、社会福利等吸收剩余资本,三级循环有益于增加人力资本。

总体上看,三种循环只能缓解过剩资本问题,而无法在现有体系中解决过度积累问题，是矛盾由一个体系转移到另一个体系的过程。那么，怎么对过度积累进行吸收？哈维认为一方面要进行长期投资，增加社会支出，延迟资本的未来价值，达到资本转移的目的；另一方面要进行产品技术创新，并以此为载体，实现资本的空间转移，或者将两者结合。

3.4 本 章 小 结

本章系统构建了关于经济金融化的理论基础。其中，以马克思主义资本理论为根本指引，重点介绍马克思资本积累理论、产业资本理论、金融资本理论、资本有机构成理论和一般利润率下降规律，从理论上说明金融资本的利润源自产业资本创造的剩余价值，经济金融化利润的源泉同样为剩余价值，最终还原为抽象劳动。同时，随着资本有机构成的提高，资本过剩加剧，产业资本逐渐向金融资本转化。此外，由于经济金融化本身是一个广泛而又复杂的经济现象，本章还对经济学界关于资本积累的代表性理论进行介绍，如希法亭金融资本理论、凯恩斯金融发展理论以及大卫·哈维资本空间修复理论，以期拓宽本书的研究视野。这些原理是本书研究的基础，是贯穿全文的理论线索，是进行展开的理论前提，本书后续关于金融化发生机制及对企业发展影响的研究皆以本章为理论基础。

第4章　经济金融化的发生机制

制度经济学家康芒斯把资本主义分为三个阶段：商业资本主义、工业资本主义和金融资本主义，商业资本主义起于新市场的开拓，工业资本主义兴于技术革命的发生，而金融资本主义则源于信用的膨胀扩张。从资本的内在演绎逻辑上看，其反映了资本由商业资本到产业资本再到金融资本并依次占据统治地位的过程。经济金融化不仅是资本主义发展到新阶段矛盾的集中体现，而且伴随着经济全球化在世界范围内全面扩张。由于世界各国的国情并不一致，经济金融化的影响因素、程度以及对实体企业发展的作用结果也不尽相同，因此，有必要研究经济金融化的一般发生机制，本章从产业资本与金融资本积累的关系的角度展开探讨。

4.1　金融化起源与过程

经济金融化是经济发展到一定阶段的矛盾产物，是当代资本主义的主要特征。金融化问题尽管在 20 世纪七八十年代才得到前所未有的关注，但金融化的形式却经历了由偶然或者萌芽形式，向扩大的金融化形式，再到一般金融化形式转变的过程。金融化最终在一般形式中确立，并主导着全球经济模式的变化。

4.1.1　商业资本中偶然的金融化形式

偶然的金融化形式以简单的、个别的形态出现，尽管发生在不同的领域，但过程却表现出惊人的相似，最终都以价值投机的方式获取利润。偶然金融化形式的出现包含一定的必然性，15 世纪到 18 世纪中叶，正值西方社会处于商业资本主义时期，资本主义生产关系还没有最终确立，商业资本在众多资本中处于主导地位，商人意识到"放在钱柜里的资本是死的，而流通中的资本会不断增殖"，[1] 利润的获取源于商业活动，"占主要统治地位的商业资本，到处都代表着一种掠夺制度"，[2] 资本主义积累在贸易和掠夺中进行。其典型代表是 17 世纪 30 年代荷兰的"郁金香泡沫"事件、18 世纪 20 年代英国的"南海股灾"事件以及同时期法国的"密西西比股灾"事件。

　　根据对两种泡沫的描述可以发现，郁金香事件是偶然发生在流通领域中的价值投机，英国和法国的股票泡沫也不具有持续性，究其原因，资本主义生产方式还未确立，工场手工业不能为金融投机提供坚实的物质基础。但是一切金融化形式的秘密都隐藏在这些偶然的金融化形式中。投机改变了原有的交易机制，这与以商品交易为主要方式的经济模式相区别，尽管商品交易中也存在投机现象，但"这些市场的波动都没有像郁金香泡沫那样大，原因是郁金香市场的交易机制发生变化"。[3]"郁金香事件"中郁金香作为商品，本身并不短缺，相反供过于求，但是资本通过不同渠道流进郁金香市场，催生了资产泡沫。与之相对应的，此时的股票交易也没有实物载体，纯粹是利用财富幻想实现炒作。这些偶然的金融现象并不存在稳定的交易机制，泡沫破灭也就意味金融投机过程的中断。但矛盾的普遍性寓于特殊性之中并通过特殊性表现出来。其昭示了此后一切投机活动的共性：对财富的狂热追求、羊群效应以及理性的完全丧失，这也是过度金融化的普遍现象与后果。

　　由于简单的金融化形式存在于偶然的商品投机中，并未对其他资本形式特别是产业资本产生深刻的影响，"有资本的剥削，但没有资本

---

① 马克思恩格斯文集（第一卷）［M］. 北京：人民出版社，2009：56.

② 马克思. 资本论（第三卷）［M］. 北京：人民出版社，2004：369.

③ 张成思，刘泽豪，罗煜. 中国商品金融化分层与通货膨胀驱动机制［J］. 经济研究，2014，49（1）：140－154.

的生产方式"，① 高利贷资本和商业资本在不同的生产方式下都进行过剥削，但是它们并不创造生产方式，仅是一种金融化的萌芽形式。随着第一次工业革命的完成，资本主义由自由资本主义向垄断资本主义过渡，一种包含多种资本形式的金融资本出现，偶然的金融化形式向扩大的金融化形式演变。

4.1.2　产业资本主导下扩大的金融化形式

偶然的金融化形式向扩大的金融化形式转变有其历史的必然性，"大工业创造了交通工具和现代的世界市场，控制了商业，把所有的资本都变为工业资本"，② 金融服务实体经济发展的天职在这一时期发展到了极限。在扩大的金融阶段，金融资本不再偶然地表现为一种商业资本投机行为，而是经常地反映在一系列资本及其组合上。在自由资本主义时期，产业资本主导着一切资本形式，各种规则和秩序必须按照工业资本主义生产方式的要求设计，产业的发展要求更专业的资本形式为其提供高效服务，金融资本服务的范围由此得以拓展，其主要形式包括以商业资本为基础的商业信用、借贷资本中的银行资本、以信用为依据的虚拟资本等。尽管金融部门在整个经济中的比重有所上升，但该时期经济金融资本依旧在众多资本形式中处于弱势地位。

金融资本的快速扩张发生在资本主义步入垄断资本主义阶段。在众多加速金融资本积累的力量中，垄断起到关键推动作用。垄断最显著的特征就是集中，生产集中过程是资本积累的过程。在扩大的金融化形式中，资本家依然相信生产技术或者垄断在获取利润中的绝对优势，金融技术的创新相对不足，因此，不同资本组合的时间与空间拓展并不一致，尽管商业信用和虚拟资本在其后的金融化时期与金融技术深度结合而表现出更为快捷的资本积累优势，但垄断资本在此时最终选择与银行资本结合。银行在当时的金融市场环境中，不仅具有规

---

① 马克思恩格斯文集（第七卷）［M］. 北京：人民出版社，2004：676.
② 马克思恩格斯文集（第一卷）［M］. 北京：人民出版社，2009：566.

模优势还是一种先进的组织形式，其本身是产业资本的分化，与产业资本家有天然的联系。银行为寻求分散风险而把资本扩大到更多的企业，银行资本便与产业资本日益结合，金融资本也应运而生，传统"金融资本"也有了更高级、更抽象的资本形式。正如希法亭在《金融资本》一书中所阐述的："资本主义产业的发展产生了银行的集中，这个已经进化的银行制度本身，是达到作为资本主义集中的最高阶段的卡特尔和托拉斯的重要力量。"① 明显地，银行资本借产业资本扩张，资本主义对银行的依赖性增加。尽管产业资本依然处于主导地位，但是金融资本对整个资本主义经济的影响愈发明显。

然而扩大的金融化形式并未直接展现出经济金融化一般趋势。福斯特认为金融泡沫只是金融上层建筑范围内的资产价格迅速膨胀，并超越经济基础的短期现象，而经济金融化是一种长期趋势，是金融上层建筑的长期扩张。② 在 1929 年的全球经济危机中，信用关系和金融部门遭到严重破坏，人民生活水平骤降，农民收入锐减，很多人濒临破产，整个社会经济生活陷于混乱和瘫痪。为了应对危机，国家加强了对金融的管制，重建人们对银行的信心。从 20 世纪 50 年代初到 70 年代初，主要资本主义国家的实体经济快速增长，进入被西方经济学家称为战后资本主义经济的"黄金时代"。但如果把时间的维度拓展到 21 世纪，这一时期也可以被看作资本主义工业生产的"晚霞"，因为其后便是 70 年代的经济"滞胀"以及越发频繁的金融危机，资本主义步入金融资本主义阶段。

4.1.3　金融资本主导下一般金融化形式

经济金融化的一般形式首先表现为金融资本内涵的扩展上：金融部门和金融工具的扩张。希法亭认为金融资本是银行资本与产业资本的融合，强调银行资本要参与工业生产，并认识到在垄断资本主义时

---

① 鲁道夫·希法亭. 金融资本 [M]. 北京：华夏出版社，2013：256.
② 裴白莲，刘仁营. 资本积累的金融化 [J]. 国外理论动态，2011（9）：16－23.

期各种资本的非均衡发展，其中银行资本在这种新的资本积累模式中处于逐渐上升的趋势。自布雷顿森林体系解体以后，货币彻底摆脱价值形态的束缚。从 20 世纪 80 年代开始，各主要资本主义国家纷纷解除金融和资本管制，金融资本的概念被迅速扩大，"现代金融资本"的概念应运而生。非银行金融、融资非中介化、证券化迅猛发展，现代金融资本是众多资本形式膨胀式发展，不仅包括一般商业银行、证券、保险等机构的资本，也涵盖流转在金融衍生工具（如金融期货、金融期权、远期协议等）领域的资本。全球化与经济金融化既具有相互依存、促进共同发展的正效应，也具有萧条、波动与危机联动、互动的负效应。

一般金融化形式还表现为实体企业生产方式和获利方式的转变。实体经济与金融部门之间的关系被逆转，企业将资金投向金融市场，实现"货币资金—金融工具—货币资金"的直接转换，这部分资金并不参与实体企业的生产经营活动。尽管实体企业是现代生产和价值创造的核心，但生产性企业利润获取越来越依靠金融渠道，为经济金融化的持续深化提供了不竭动力。总之，资本主义积累体系中产业资本积累逐渐让位于金融资本积累，经济金融化的一般形式得以确立。

4.2 经济金融化发生机制：行业部门间的分析

本节将整个资本市场作为一个整体，从产业部门和金融部门各自资本积累分化过程对经济金融化进行分析。

4.2.1 资本的限度

资本在诞生的那一刻起，就蕴含着自相矛盾的规律，正如马克思所言，"资本主义生产的真正限制是资本自身"。[①] 具体来说包括三个层

---

① 马克思恩格斯文集（第七卷）［M］. 北京：人民出版社，2009：278.

面：第一，商品生产规律的矛盾。资本主义生产方式逻辑的起点是商品生产。商品在价值形式上表现为使用价值和价值的对立，在劳动层面表现为具体劳动与抽象劳动的对立，在劳动形式上表现为私人劳动和社会劳动的对立，在对待商品的态度上，表现为物的人格化和人格物化的对立，马克思分析了矛盾产生的原因。① 第二，资本积累规律的矛盾。本质上表现为剩余价值生产与剩余价值实现的永恒对立，现象上表现为资本的无限扩张和有限的经济地理空间的矛盾，具体则反映在资本无限"货殖"与平均利润率趋于下降的矛盾对立。究其原因，货币转化为资本必须以劳动力成为商品为前提，剩余价值生产受工作日长度与必要劳动时间限制，剩余价值实现受整个资本主义社会消费能力制约，"资本的发展程度越高，它就越是成为生产的界限，从而也越是成为消费的界限"。② 第三，资本主义社会的矛盾。其表现为企业内部生产有序化和整个社会生产无序化之间的对立，劳动者的相对贫困、有效需求不足与生产周期性过剩的对立，社会总产品的实现与补偿的对立。其实质反映了资本主义生产日益社会化与生产资料私人占有之间的矛盾，是商品矛盾与资本矛盾在更高层面上的演化。

由于资本各种限度的存在，资本积累要想在时空上存续，必须不断突破本身的限度。资本总是尝试各种途径突破限制。传统意义上，货币作为特殊商品产生，节约了交易成本，促进了一般商品价值的实现；劳动力成为商品，使货币转化为资本成为可能；资本加强剥削，剩余价值得以获取；资本加速积累，妄图打破一般利润率下降的规律。但是，新矛盾总在旧的限度被打破过程中产生，同时旧的限度并未消除，这就要求资本必须在更高生产力维度上尝试突破。然而随着资本有机构成的提高，资本越来越表现为"物化的劳动"，资本的本质（抽象劳动、活劳动）愈发被掩盖，新尝试加剧了旧危机。最终，资本

----

① 马克思将之归结为：（1）必要劳动是活劳动能力的交换价值的界限；（2）剩余价值是剩余劳动和生产力发展的界限；（3）货币是生产的界限；（4）使用价值的生产受交换价值的限制。马克思恩格斯全集（第三十卷）［M］. 北京：人民出版社，1995：297.

② 马克思恩格斯全集（第三十卷）［M］. 北京：人民出版社，2003：397.

"通过危机为自己开辟前进的道路"。①

经济金融化是在资本尝试直接解决商品实现危机、一般利润率下降危机、价值补偿危机等未取得显著成效的情况下的间接选择，希冀通过加剧资本积累的方式，实现资本自我循环，阻止利润率下降或者实现利润总量的增加，但是也无法回避资本的内在否定性。

4.2.2 资本积累的双轨制：产业资本积累与金融资本积累

马克思指出："把剩余价值当作资本使用，或者说，把剩余价值再转化为资本，叫作资本积累。"② 就资本积累的整体性而言，其可分为产业资本积累和金融资本积累。产业资本积累在本书中是一个扩大的概念，既包括传统意义上实物生产部门的资本积累，也包括服务性部门的真实资本积累。而金融资本积累指的是纯粹以借贷资本和虚拟资本为主要存在形式的资本积累。研究经济金融化有必要对资本积累双轨制的原因和过程进行分析。

首先，资本的周期性闲置为资本积累分化提供了条件。产业资本积累有两种途径：资本积聚和资本集中。资本积聚是剩余价值的资本化，马克思指出，"为了追求私人利润并把这种利润主要用于资本积累的生产方式所具有的无情的和不可抗拒的增长趋势"。③ 但要实现剩余价值的资本化，必须使它的积累达到一定的量才能投入生产。因此，生产过程中不可避免地产生了闲置资本。这首先表现在："已经实现的剩余价值虽然要资本化，但往往要经过若干次循环的反复，才能增长到（也就是积累到）它能实际执行追加资本的职能的规模，即能进入处在过程中的资本价值的循环的规模。因此，这个剩余价值凝结为贮藏货币，并在这一形式上形成潜在的货币资本。"④ 其次，已纳入产业

---

① 沈斐. 资本内在否定性：新方法与新典型 [M]. 天津：天津人民出版社，2016：9.

② 马克思恩格斯文集（第五卷）[M]. 北京：人民出版社，2009：668.

③ 欧内斯特·孟德尔.《资本论》新英译本导言 [M]. 仇启华，杜章智，译. 北京：中共中央党校出版社，1991：1-2.

④ 马克思恩格斯全集（第四十五卷）[M]. 北京：人民出版社，2003：91.

资本循环体系、资本化了的货币资本也存在闲置情况。"资本的一定部分，必须不断作为贮藏货币，作为可能的货币资本存在，这就是：购买手段的准备金，支付手段的准备金，一种在货币形式上等待使用的闲置的资本；而且资本的一部分不断以这种形式流回。"① 如果这些资本在闲置期内不能带来利润，对资本家而言就是一种原罪，资本家必须为这部分货币资本寻找出路。在工业资本主义时期，产业资本循环部分货币资本会游离出来，在获取一定利息的基础上出借给职能资本家，就演化为借贷资本。在借贷资本积累过程中，"创造新货币与信贷扩张之间的这样一种联系使货币本身变成了金融资本"。② 资本积累开始走上分化道路。

其次，资本有机构成提高从根本上推动资本积累分化。从资本的价值形态来看，由不变资本（c）和可变资本（v）构成，并且由资本的技术构成决定。而资本的技术构成决定了企业生产资料与劳动力的配置比例。随着企业技术水平的提高，在很大程度上缩短了必要劳动时间，提高了劳动生产率，单个劳动者所能使用的生产资料上升。这加速了流动资本与剩余价值的周转速度，与此同时，固定资本的积累也随之增加。但是，固定资本流动速度较慢，周转周期更长，一个周转周期要经历多个流动资本的周转周期。因此，随着资本有机构成不断提高，固定资本在总资本中的比例越来越大，企业需要的预付资本量迅速增加。③ 资本积聚受到剩余价值量绝对增长的限制，单独依靠产业资本家内部积累或者相互间提供信用已经不足以支撑产业资本的扩张，因而增长缓慢，而资本集中通过兼并或联合中小资本可以在短时间使企业集中大量资本，竞争和信用是资本集中的两个最强有力的杠杆。同时，个别资本家利用信用扩大了企业规模、提高了劳动生产率，由此获得超额利润，极大地刺激了整个产业部门对信用的需求。以信用为基础，新的积累模式呼之欲出。

---

① 马克思恩格斯全集（第四十六卷）[M]. 北京：人民出版社，2003：352.
② 弗朗索瓦·沙奈等. 金融全球化 [M]. 北京：中央编译出版社，2001：54.
③ 鲁道夫·希法亭. 金融资本 [M]. 北京：华夏出版社，2013：64.

再次，银行信用加剧资本积累分化过程。随着竞争的加剧和资本有机构成的提高，企业规模不断扩大，行业间产生的借贷资本已经难以满足再生产的要求，资本家的货币缺口也会越来越大。同时，行业内部的借贷面临信息不对称、交易成本高等诸多问题，部分借贷资本家还兼具产业资本家的身份，而借贷活动本身生产并无关系，这部分资本家需要投入大量的精力和劳动来兼顾生产和借贷活动。资本主义银行信用的产生，完美地解决了上述问题，主要表现在两个方面：一方面，资本主义早期以银行资本为代表的信用体系迅速地把闲置资本积累起来，并配置到职能部门，获取更多利润；另一方面，银行提供专业化服务，提高了资本的积累效率。但是，在资本主义早期，由于银行资本对流动性的要求，资金被配置在流动性更强的流动资本上。随着固定资本规模的扩大，资本家自身资本积累不能满足其需求，银行信用被要求突破原有范围，增加对固定资本供给。这迫使银行的关注点也不再局限于企业暂时经营状况，同时将企业未来发展潜力纳入考虑范围，只要符合银行内部风控标准的借贷活动，银行就会为其提供信用。这极大地改变了产业资本与银行信用的关系，在一定情况下，信用被拒绝也就意味着企业破产，产业资本的积累愈发依赖信用的积累。

最后，虚拟资本的快速发展推动金融资本独立化积累。虚拟资本积累过程与真实资本积累和货币资本积累不同，虚拟资本积累是索取权的积累过程。"这种索取权或权利证书本身的积累，既不同于它由以产生的现实积累，也不同于以贷放的货币为中介而实现的未来积累"。①而这种索取权是资本幻想价值的积累。在工业化的早期，产业资本扩大依赖虚拟资本的发展，助推了虚拟资本的膨胀，而随着现代计算机技术在金融领域的广泛应用，资本积累愈发虚拟化。金融资本可以脱离物质生产领域实现几何倍数价值增殖，由此加剧社会资本的流入，进一步提升虚拟化水平。

---

①　马克思. 资本论（第三卷）［M］. 北京：人民出版社，2004：575-576.

4.2.3　资本分利的双轨制：产业资本与金融资本利润分化机制

产业资本与金融资本积累的分化过程，反映了实体经济向金融化模式转变的运动过程，是资本积累方式变革的现象化。积累的双轨制自然而然地演绎出分利过程的双轨制，而造成这种分化的根本原因则需要基于资本的逐利性进行分析，在资本存量一定的条件下，选择何种积累模式决定了资本的盈利能力。从二者关系的角度来看，金融资本的积累以产业资本的积累为基础而又表现出脱离产业资本独立发展的趋势，金融利润获取也离不开产业资本利润创造，同样表现出脱离产业利润自行增殖的倾向。因此，对利润分化机制的研究有利于从更深层次上把握经济金融化趋势的内在动力。

第一，产业资本剩余价值实现及其阻碍。经济金融化的内涵是马克思产业资本理论在逻辑上的自然延伸。经济金融化的可能性蕴藏在资本主义生产之中，只有在产业资本主导的生产方式不断壮大的前提下，金融化才得以最终实现。因此，对金融化发生机制的研究要以产业资本价值实现为逻辑起点。马克思在其著作中指出资本主义生产的最终目的在于最大限度地获取剩余价值，这也是经济金融化的终极驱动力量。

资本积累必须以剩余价值的实现为条件，而剩余价值实现受诸多因素影响，如区域空间拓展、收入水平提升、产品质量改善等。随着企业技术水平的提高、管理水平的改善，企业经营者关注的重点已不是价值创造问题，而是价值实现状况。"投在生产上的资本的补偿，在很大程度上依赖于非生产阶级的消费能力；而工人的消费能力一方面受工资规律的限制，另一方面受以下事实的限制，就是他们只有在他们能够为资本家阶级带来利润时才能被雇用。"① 为了直观地研究企业

---

① 马克思恩格斯文集（第七卷）［M］. 北京：人民出版社，2009：548.

产品价值实现及其实物补偿过程，这里构建封闭经济体资本循环模型。① 假定在初始条件下，只存在企业和家庭两个部门，企业的全部收入用于扩大再生产，并提供全部商品；家庭的全部收入用于消费，并提供劳动力和其他生产资料，② 产品、劳动力与要素的相对价格不变。企业产品价值实现过程如图4-1所示。

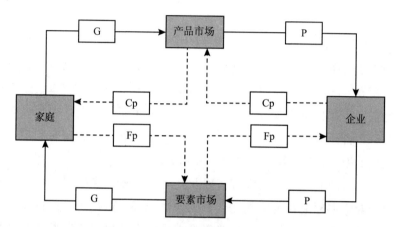

图4-1 产品价值实现及其实物补偿

实物资本积累和货币资本积累是资本积累的同一过程，但它们的运动方向和补偿方式恰好相反。在图4-1中，实线表示货币形态的资本循环过程，虚线表示实物形态的资本循环过程。货币作为特殊的商品，具有独立的价值表现形式，把整个商品体系日益分裂为使用价值与价值的矛盾对立。实现价值是扩大再生产的前提，生产使用价值是价值增殖的物质基础。在实际生产过程中，企业要想获取具有实际价值的要素（Fp），就必须通过要素市场向家庭支付货币（G），同时，企业要想获得货币资本（P），也不得不通过向家庭提供具有实际价值的产品（Cp）。纳入家庭部门的产品价值实现及其实物补偿包

---

① 李方. 金融泡沫论［M］. 上海：立信会计出版社，1998.
② 这里为了简化模型，假定家庭部门包括工人和资本家，在后续研究产品价值实现困难过程中，会对二者进行区分。

括三个循环过程：（1）货币资本的循环过程，即 P—Fp—G—Cp—P，在进行商品生产的社会中价值只能采取两种形式——商品形式和货币形式。企业为了维持生产，在要素市场上购买劳动力和生产资料（Fp），货币资本转化为货币（G）以收入形式流向家庭部门，家庭通过购买实物价值商品（Cp），使货币流向企业并再次转化为货币资本（P）；（2）企业生产资本循环过程，即 Fp—Cp—G—P—Fp，企业通过投入特殊商品劳动力和生产资料，生产出实际价值产品 Cp，在产品市场上，企业卖出商品获取用于积累的货币 G，货币流入企业重新转化为货币资本 P，并再次购买具有实际价值的劳动力和生产资料；（3）商品资本循环过程，即 Cp—G—P—Fp—Cp，企业在产品市场上卖出商品获取货币资金 G，并把货币资金重新投入生产领域，转化为货币资本 P，通过购买劳动力和生产资料，生产出实物形态的商品资本 Cp。

在两部门经济循环中，实物形态资本与货币形态资本循环顺利进行，首先必须使 P = G，即企业的货币资本积累与家庭部门的货币支出相一致，资本主义经济本质上是一种货币经济，正如马克思所言："在资本主义生产的基础上，货币是作为货币支出，还是作为资本预付，只是货币的不同用途。"[1] 其次，要使得 Fp = Cp = P = G，即在总量上，资本的货币形态必须与实物形态价值相一致。这首先表现为实物形态的资本是整个经济运行的基础，是货币资本（货币）的物质载体，决定着货币资本的规模、运动方式和性质。但是实物形态的资本循环离不开货币资本，生产和交换都以利润为导向，货币资本的规模将影响实物资本的实现。如果 G < Fp，企业支付的货币资本小于劳动力与生产资料的价值，则会导致人力资本再生产难以维持，生产资料所有者拒绝提供各种生产要素，从而影响整个社会扩大再生产的进行。而如果 P < Cp，家庭的消费支出小于企业提供的产品真实价值，则会导致整个社会生产过剩。家庭消费建立在收入水平的扩大基础上，然而资本主义生产关系的分配制度表现为对抗性分配关系，工人阶级的相

---

[1] 马克思恩格斯文集（第七卷）[M]. 北京：人民出版社，2009：398.

对贫困正日益成为扩大消费限制，① 企业产品价值不能实现，利润率水平必然下降，企业不能回收资本，产业资本的积累也无从谈起。

从两部门经济循环中，可以清楚地看到企业剩余价值实现过程，但是关于利润率下降的原因则需要进一步探讨。（1）资本有机构成提高是利润率下降的主要原因。随着新技术不断被创造，社会生产率不断提高，资本的有机构成也在上升。这意味着在生产过程中需要更多的不变资本，可变资本的比例相对降低，表现在图 4 – 1 中，是 P—Fp 的过程。在"要素市场"中，企业预付资本 P 的总额一定，购买生产资料的部分上升，则必然导致购买劳动力支付的工资相对降低。资本有机构成提高过程，也是财富不断集中、资本不断扩大和工人阶级日益贫困的过程。（2）贫富差距扩大直接导致了利润率下降。根据凯恩斯边际消费倾向理论，收入是影响消费的主要因素，但存在一个边际递减规律。一般而言，随着个人收入水平的提高，消费也会随之提升。但是收入的提高达到一定层次后，个人并不会将全部收入用于消费，消费的增加慢于收入的提升。边际消费倾向用公式 $MPC = \Delta C/\Delta Y$ 表示，ΔY 为收入的增加额，ΔC 为消费的增加额。根据边际消费倾向递减规律，随着消费者的收入的不断增加，MPC 会越来越小。这里有必要对图 4 – 1 的家庭部门进行区分，包括工人和资本家两个阶级。根据前面分析，工人获取的工资较之资本家部分相对减少，但是根据边际消费倾向递减规律，工人作为最大的消费群体，拥有较高的消费倾向，但是收入水平相对降低，而资本家占有绝大部分社会财富，但消费倾向不高。表现在 G—Cp 的过程，是长期的 G < Cp，企业商品过剩，利润率降低。

第二，金融资本分利过程及发展。从金融资本的分利过程来看，表现为金融资本分利的"合法化"。资本形态具有多样性，在资本的演变历程中，尽管商业资本、产业资本和金融资本都各自在资本主义不同发展时期发挥过关键性作用，但对剩余价值的获取始终是资本唯一

① 王旭琰. 从垄断资本到垄断金融资本的发展——评"每月评论"派论资本主义新阶段 [J]. 国外理论动态，2011（1）：38–43.

动机与目的。以借贷资本为例，以产业资本为基础的借贷资本本身并不创造剩余价值，那么，它是基于什么分享剩余价值的？是一种基于产权视角的索取权，资本主义生产方式的根本任务就是把这种分利机制不断"合法化"，表现为任何资本都有获取剩余价值的"权利"，并且提供了合理的依据——金融资本家出借资本的过程，就是把资本创造利润的机会让渡给职能资本家的过程，职能资本家借此获得利润，金融资本家同样拥有获取补偿的权利。产业资本家出于利润最大化动机，也乐于给予补偿。

　　事实上，根据分工理论，金融部门的产生建立在产业部门的需要基础上，产业部门在生产过程中，通常面临融资约束问题，职能资本家也缺乏精力去从事金融活动，而独立出来的金融部门能够提供更为专业的融资服务，提升产业部门融资效率。由于积累的虚拟性、运动的独立性，金融资本实际上通过各种杠杆手段不断扩充力量，而资本主义的本身局限并不能抑制资本的裂变式发展，这必然导致"分利主体"的无限扩大，突破真实价值积累的边界而引发危机。因此，如果把资本"权利"作为金融资本分利的根据，必然背离金融资本产生的本意。

　　从金融资本的分利的手段来看，金融资本获取利润方式具有特殊性。金融部门并不直接参与生产，而是通过支配它所持有的资本，主要包括自有资本和为扩大资本规模而产生的借入资本，以发放贷款、投资股票、投资汇市以及购买债券等方式获取收益。"利息对他来说只是表现为资本所有权的果实，表现为抽掉了资本再生产过程的资本自身的果实，即不进行'劳动'，不执行职能的资本的果实"。[①] 它们本质上都是债权和债务的形成过程，金融资本的利润根植于职能资本家所创造的剩余价值。那么，金融资本是怎么参与到现实资本的积累过程的？实体企业的生产资本同样包括两个部分：内部自有资本和外部借入资本。企业自有资本是权益类资本，是自身生产积累的结果，不需要偿还利息。但借入资本则不同，是企业通过负债形式获取的资金，

---

① 马克思恩格斯文集（第七卷）[M]. 北京：人民出版社，2009：420.

需要到期偿本付息。当企业处于扩张期，特别是固定资本的投资需求增加，企业借入资本在总资本中的比例显著提高。金融资本的运动方式恰好迎合了这种价值增殖的动机，加速了金融资本积累过程。因此，考察金融部门利润的获取过程，就必须考察不同金融资本的运动方式，探寻金融部门利润与平均利润的关系。

从金融资本分利的具体途径来看，金融资本主要通过银行资本和虚拟资本获取利润。金融资本首先以银行资本形式存在，金融资本的分利过程表现为后者的分利过程。银行资本由生息资本发展而来，是职能资本家互相间借贷资本的高级化。银行资本不仅以存款的形式吸收了产业资本中的游离部分，还利用准备金进行信用扩张，这种扩张具有脱离实物形态的倾向。具体来看，银行资本按其构成可分为货币和有价证券。有价证券具体包括短期有价证券（如商业票据、汇票、短期国债以及企业债券）和长期有价证券（如各种长期国债、国库券、各种股票以及抵押品等）。银行资本按其来源，可分为自有资本和借入资本。银行的借入资本主要是存款，占银行资本总资本的绝大部分比重，银行将这部分资本再贷出来获取利润，它们所分别支配、运营的资本规模，与各自的权益资本相比，比率高达十几倍、几十倍，甚至更高，并不罕见。银行资本本身包含部分虚拟资本，有价证券部分纯粹是虚拟资本，和虚拟资本一致，这部分所代表价值也是虚拟的，"是不以它们至少部分地代表的现实资本的价值为转移的"，[①] 如汇票是债务要求权凭证，国债券是现实资本所有权权证，股票是现实资本未来所有权凭证。

随着经济的发展，虚拟资本逐渐成为金融资本最重要的表现形式。虚拟资本通常以有价证券的形式存在。传统的虚拟资本包括公司股票、企业债券和国债等形式，而现代的虚拟还包括各种金融衍生品。虚拟资本的积累是金融资本的积累的重要表现形式，它本身不同于实物资本积累，也与货币资本的积累不一致。虚拟资本具有与现实资本积累相分离的特性，其本身不具备价值却可以作为资本商品交易的凭证。

---

① 马克思恩格斯全集（第二十五卷）[M]. 北京：人民出版社，1974：532.

正如马克思所描述的："这种索取权或权利证书本身的积累，既不同于它由以产生的现实积累，也不同于以贷放的货币为中介而实现的未来积累（新的生产过程）。"① 虚拟资本的利润或者积累公式可以用虚拟资本价格＝预期收益/平均利息率表示。在市场利息率一定的情况下，预期收益越高，虚拟资本的价格就越高，"因为它不是由现实的收入决定的，而是由预期得到的、预先计算的收入决定的"。② 而在市场收益预期一定的条件下，随着利息率降低，虚拟资本价格也存在上升趋势。随着平均利润率的下降，将带来利息率的降低，在此基础上，虚拟资本的价值积累在资本主义经济中有扩大的趋势。③

4.2.4　金融资本超额利润形成的原因分析

金融资本的分利过程，其结果表现为金融资本的无限扩张，而产业资本积累却出现停滞。究其原因，是金融资本获取了超额利润，而产业资本的一般利润率趋于下降。因此，有必要探寻金融超额利润的形成和维持机制。

1. 技术错配形成金融资本高利润的基础

技术创新是推动生产力进步的重要方式。20 世纪八九十年代的信息技术革命，不仅大大降低了信息传输与搜寻成本，解决了全球市场中信息不对称问题，也深刻地改变了企业的生产组织方式、分工协作方式，使传统的纵向一体化生产模式朝着横向网络化转变。同时，信息技术革命也为不同部门、不同技术之间的迅速融合提供了可能，柔性组织、虚拟企业应运而生。新技术的快速发展，理论上增强了经济增长的内生动力，带来企业利润率水平的复苏，而利润水平的提高将进一步增加企业对新技术的投入，从而形成一个良性的循环。但事实

---

① 马克思. 资本论（第三卷）［M］. 北京：人民出版社，2004：575 – 576.

② 马克思恩格斯全集（第四十六卷）［M］. 北京：人民出版社，1974：530.

③ 马锦生. 资本主义金融化与金融资本主义研究［D］. 天津：南开大学，2013.

上，主要资本主义国家（如美国）这一势头迅速被唾手可得的国际资本、企业融资以及股市的"财富效应"所打断。由此，技术与企业生产的深度融合过程快速让步于技术与金融的深度结合过程，逐步异化为技术的错配过程，且信息技术革命带来的一切便利成为金融技术超前发展的物质基础，直接软化一切阻碍金融资本运动的因素，提高了金融利润率。这种技术错配问题由来已久，就资本主义演进规律来看，既有现实的需要，也有主观的推动，主要表现在以下三个方面。

第一，技术在金融部门的错配源于分工，但分工不是以技术错配为目的的。金融部门的发展源于产业资本家生产的需要。在生产过程中，产业资本家既具有融资需求，又具有实现闲置货币资本保值增殖的强烈愿望。但是产业资本家本身从事生产经营，过分关注金融领域，不利于对生产经营活动的改善。在此基础上，需要众多机构组织来专门从事金融活动。于是，在产业资本系统中部分资本家开始专门从事资本的借贷活动，银行、证券公司、保险机构、投资银行等金融中介机构相继产生。专业化的金融机构提高了资源配置效率，节约了交易成本，从而收取一定的利息报酬。随着金融机构彼此之间往来业务的增加，日益形成一个庞大的金融系统，促进了金融业的膨胀式发展，这些为金融高利润形成了组织基础，而组织的运转依赖先进的科学技术，特别是信息技术。

第二，新技术被迅速应用到金融部门，在更高层次上打破了金融资本积累在时间和空间上的限制。随着金融资本积累的加速，以往服务于生产活动的技术创新活动逐步偏离生产领域，而与金融有机结合。特别是金融衍生品的出现，其复杂设计模式和定价模式必须依赖现代通信技术、计算机技术，而金融资本与技术的深度结合，为投机活动提供了便捷。金融资本不仅不需要流入生产领域，就能实现全球范围内的套利，而且可以通过各种定价模型，实现对未来剩余价值的"套现"，打破资本套利的时空限制。

第三，生产性企业热衷于独立开发金融技术，从根本上导致了技术错配的发生。随着资本有机构成的提高，企业的规模迅速扩大，越来越多的小企业合并为大企业，采取集团的形式参与生产。大型企业一方面拥有庞大的融资需求，另一方面也拥有巨额的"闲置资本"。在两者的共同作用下，其纷纷在组织内部增设金融部门，分工导致的金融与产业部门分离又再次实现复归。与市场上传统金融部门相比，集团内部的金融部门往往更具技术优势，这是因为企业在生产领域积累了大量的人力资源、技术储备。企业可以通过调整内部资源配置，实现金融技术创新，借助在产业层面上固有体系，更加方便地实现对中小企业和国际市场的掠夺。同时，金融技术创新软化了企业内部一切不利于资本流动的因素，从而加速了金融资本的周转速度，提升了金融利润水平。

2. 金融资本独立运动倾向使得利润率维持在较高水平

第一，金融资本具备独立化运动和积累的条件。与产业资本运行不同，金融资本可以脱离实物资本。马克思认为，就国债而言，当人们投出资本，则会反复按平均利息率取得收入。于是，这部分资本与资本的现实增殖过程就断了联系，"资本是一个自行增殖的自动机的观念就牢固地树立起来了"。[①] 而对于股票来说，它"不过是对这个资本所实现的剩余价值的一个相应部分的所有权证书"，[②] 它的市场价值部分地有投机的性质，因为它不是由现实的收入决定的，而是由预期得到的、预先计算的收入决定的，它的贬值或增殖同它们所代表的现实资本的价值变动无关。因此，所有有价证券实际上只是代表已积累的对于未来生产的索取权或权利证书。随着信用制度的发展，"一切资本好像都会增加一倍，有时甚至增加两倍，因为有各种方式使同一资本，甚至同一债权在各种不同的人手里以各种不同的形式出现"。[③] 这为金融资本独立地运动和快速积累提供便利。

第二，金融资本独立化运动为金融投机提供了可能。根据弗里德曼的理论，投机是一种稳定的因素：当市场价格偏离要素基础价值时，资本可以通过买入或卖出获取投资收益，使价格回归基础水平上。但

---

①②　马克思恩格斯文集（第七卷）［M］. 北京：人民出版社，2009：529.

③　马克思恩格斯文集（第七卷）［M］. 北京：人民出版社，2009：533.

事实上，金融投机的目标多为获取短期收益，任何资产价格发生波动，都能为资本投机创造机会。金融资本越来越明显的自我循环过程，增加了金融市场的波动性，为金融投机提供可能。投机者可通过买空卖空和套利交易制造虚假供求，这加剧了市场行情波动。特别是银行信用的进入，引起信用扩张和收缩，引起行情暴涨暴跌，从中获取高额利润。

3. 资本全球化和金融资本的国际流动是金融资本获取超额利润的必要补充

实际上，在经济全球化背景下，金融资本在一国范围内实现高额利润面临困境，是发展中国家的产业资本低利润成就了发达国家金融资本的高利润。

第一，发达国家的金融高利润根源于有利于其价值分配的全球价值链。如马克思所言，金融资本本身并不创造价值。在资本主义国家资本过度积累已无法在本国生产领域榨取更多剩余价值以后，那么，其源源不断的利润从何处而来？从资本主义发展史的角度，国际市场的形成主要以商品为纽带。商品从生产到价值实现，依次经历购买原材料、产品制造、产品销售以及消费等阶段。在经济全球化背景下，资本主义国家由于资本的率先积累，形成了在各个阶段的绝对优势，特别是技术优势，这导致了生产的等级化。于是，有利于资本主义分配的全球价值链体系迅速形成，在这个体系中，发达国家处于价值链的顶端，而边缘国家处于微笑曲线的底部，商品的国际价值不断向中心国家流动，资本实现对边缘国家劳动的剥削。这种全球价值链体系看似是基于资源禀赋的价值分配，其实质是不等价交换的外在表现，是对不平等交换关系和国际分工体系的掩盖，为发达国家金融化提供了"坚实"的、源源不断的价值基础，实现了金融资本的高利润。

第二，国际金融资本流动是发达国家金融高利润的直接原因。国际金融市场是资本主义国内金融市场的延伸，其获利方式与一般金融资本的获利方式相似，同时又具有新特点。随着资本积累的过剩以及国内金融部门竞争的加剧，一国范围内的金融资本有演化为国际金融资本的趋势，在此过程中，国际金融资本与国家权力深度结合，形成金融霸权，为国际金融资本获取高额利润形成权力保障。同时，这种权力通过不断倡导新自由主义等思想，促使发展中国家实现资本市场的快速开放。由于资本短缺，发展中国家不得不开放资本市场。然而，由于不平等的国际金融关系存在，谋求经济发展借入资本需要偿付更多的利息。更重要的，发达国家资本从货币（如汇率市场）发展为金融投资（如股票市场）甚至投机（如衍生品市场），以汇率波动直接引导资本跨国流动，对发展中国家股市或房地产部门投资获得资产溢价，通过金融衍生品交易投机等方式获取利润，而发展中国家缺乏相关的制度建设、人才储备和技术支持。因此，在经济金融化的推动下，发达国家更多的资本或杠杆资金流向金融领域，国内金融资本转化为国际金融资本，不断获得国际资本流动带来的高利润。

4.2.5　金融资本主导下的积累模式：从产业资本积累到金融资本积累

在资本主义体系中，资本剩余价值生产与剩余价值实现是一对永恒的矛盾。随着产能过剩和生产性投资机会的匮乏，实体经济利润率趋于下降，部分无法通过生产的形式实现增殖的资本就会闲置下来，形成过剩资本。正如马克思所言，"所谓的资本过剩，实质上总是指利润率的下降不能由利润量的增加来抵消的那种资本——新形成的资本嫩芽总是这样——的过剩，或者是指那种自己不能独立行动而以信用形式交给大经营部门的指挥者去支配的资本的过剩"。[①] 巴兰和斯威齐认为马克思的"利润率下降趋势规律"已经被"剩余上升趋势规律"所代替，并不是剩余如何生产而是剩余如何被利用和吸收成为了垄断资本主义的主要矛盾。[②]

由于资本主义生产方式的局限，当产业资本不能内部消化过剩资

---

① 马克思恩格斯文集（第七卷）[M]. 北京：人民出版社，2009：279.
② 巴兰，斯威齐. 垄断资本：论美国的经济和社会秩序 [M]. 商务印书馆，1977.

本时，资本家总是寻找其他投资方式获取利润。"要是资本不最大限度地展开自己的活动，它就经不住其他资本的竞争。"① 产业资本大规模转化为金融资本有其必然性，随着金融资本与技术的深度结合，金融资本的利润在时间和空间上得以扩展，资本由产业资本形式逐步转化为金融资本形式，这改变了金融部门服务产业发展的基本职能，转向为自身扩张融资，一种新的资本积累模式形成。资本金融化积累模式指的是金融主导的资本积累模式，集中表现为资本积累的方式越来越通过金融渠道，并主导产业资本循环积累以及金融资本积累的独立化倾向。"工业资本主义的伟大成就就是使生息资本从属于资本主义生产方式的条件和要求。"② 而金融资本主义则与之相反，金融资本开始主导一切资本积累，经济金融化趋势得以形成。

资本的金融化积累改变了一国的资本结构。从整个国民经济体系来看，其主要由金融资本和产业资本构成。在封闭模型中或外国资本流入量一定时，存量资本的可能性边界也就给定。如图 4-2 所示，宏观金融化必然是资本组合 A 点向 B 点移动的过程，代表着经济活动的重心从产业部门（甚而从诸多正在扩大中的服务业部门）转向金融部门。随着金融部门获取利润的效率增强，在整个社会中日益形成有利于金融部门或者金融资本的分配结构，金融利润在社会总利润中分配份额显著提升。

资本的金融化积累也改变了单个企业的资本结构。企业的资本包括自有资本和借入资本两部分，通常情况下，企业的自有资本在总量上一定，而借入资本主要依靠外源融资的增加。在借入资本给定的情况下，企业产业资本和金融资本的组合结构与一国资本的组合结构存在相似性，只是在微观层面上的组合。企业金融化过程也是从 A 点向 B 点移动的过程，表明企业把资源特别是资本越来越多地分配到金融投资领域，企业的生产性特征演变为投资性、金融性。在此过程中，企业利润的获取越来越依赖金融途径，代替了传统的商品生产和贸易渠道，抑制了企业的生产可能性边界的扩大。

---

① 马克思恩格斯文集（第一卷）［M］. 北京：人民出版社，2009：77.
② 江涌. 道路之争——工业化还是金融化［M］. 北京：中国人民大学出版社，2015：6.

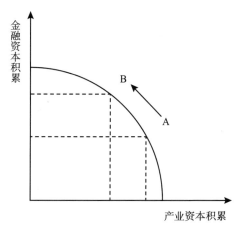

图 4 - 2　金融化背景下的产业资本与金融资本积累

4.3　金融资本主导下的产业资本循环与挤出过程：部门内部的分析

经济金融化是资本积累的动态演绎过程，这决定其与价值运动的密切关系，而产业资本的循环正是剩余价值的创造和实现过程。在金融资本主导的积累体系中，产业资本积累一个不断被"弱化"的过程，表现为剩余价值的创造减少与实现困难的交替进行。产业资本循环包括货币资本循环、生产资本循环和商品资本循环三个阶段，货币资本和商品资本循环发生在流通领域，与价值实现密切相关，而生产资本发生在生产领域，与价值创造密切联系。产业资本积累被弱化的过程就是资本从三次资本循环中被挤出的过程，是企业金融化行为的起点。

4.3.1　货币资本的循环

经济金融化改变产业资本的循环状态，企业管理者偏好货币资本的积累。货币资本应有的循环公式是 G—W…P…W′—G′。在工业资本主义时期，企业要想获取 G′，必须购买劳动和生产资料，再进入生产过程，通过销售商品，从而获得预付资本和剩余价值。随着经济金融化的加深，商品资本实现困难已成为常态，企业利润难以保障；另外，随着资本有机构成的提高，企业固定资本部分在总资本中的比重上升，企业增加这部分投资，必然降低资本循环的速度。因此，企业更愿意持有货币资本，以获取更多的投资机会，资本的循环公式于是简化为 G—G′的过程。正如克里普纳（2005）所描述的：企业日益通过金融途径而非贸易和商品生产途径获取利润。[①]

经济金融化阻碍了企业货币资本向生产资本形态的转化。尽管企业通过各种金融手段占有大量的货币资本，但是这些货币资本并不全部（相反越来越小的）进入到生产资料和劳动力购买阶段，另外相当大的部分以借贷资本、虚拟资本的形式进入金融领域自行增殖。这是因为一旦资本由货币资本形态转化为生产资本形态，资本就会固定在生产资料上，短时间内难以变现。然而通过金融工具借入的资本需要承担巨大的融资成本，迫切要求资本快速增殖变现以获得高额利润，积累的资本自然地又回到了金融领域自行繁衍。

经济金融化中货币资本积累进一步掩盖了剩余价值的真正来源。因为在货币资本循环中，生产过程表现为两个流通阶段的中间环节，因此就造成一种假象：似乎价值增殖是在流通过程产生的，好像是货币本身具有的能力。但事实上生产依然存在，然而金融化直接弱化或"简化掉"生产过程，对剩余价值生产具有实质性阻碍。这导致严重的后果：一方面企业的生产设备难以得到维护更新，产品不能满足人民日益增长的新需求；另一方面工人的工资性收入相对减少，限制了总需求的增长。产业结构性矛盾日益凸显。

4.3.2 生产资本循环

经济金融化内在地排斥生产资本循环。生产是一个社会的核心，

---

① Krippner G. R. The Financialization of the American Economy [J]. Socio – Economic Review, 2005, 3 (2): 173 – 208.

处于生产资本形态的资本实现了生产资料和劳动力的结合，生产了剩余价值。生产资本循环是以生产资本在生产过程发挥职能作用为出发点，依次通过生产、销售和购买三个阶段，又回到生产资本的过程，用公式表示就是：$P\cdots W'—G'.\ G—W\cdots P$。

生产资本循环相对较慢与其构成有关密切相关。生产资本以劳动力和生产资料的形式存在，资本有机构成的提高要求不变资本不断增加，特别是固定资本比重持续提高，这既成为生产资本转化为金融资本的阻碍，又内在地要求增加金融资本积累，实现利润修复。其阻碍过程具体是由于不变资本的转移特性决定的。不变资本由固定资本和一部分流动资本构成。而用于购买原材料、燃料等劳动资料的那部分流动资本，它们的物质形态在一次生产过程中全部消费掉，转变为新产品，其价值是一次全部转移到产品上。第三次工业革命以来，生产技术得到飞速发展，固定资本在总资本中的比重也不断提高。生产资本受生产过程的束缚，特别是固定资本部分一旦投入生产过程，其物质形态几乎排除了流动的可能性。尽管劳动工具的大规模应用，劳动者在同一劳动时间内使用的生产资料的数量会不断增加，不变资本在资本家全部资本中所占比重会不断提高，但是在劳动资料转化为商品获取货币之前，其依然缺乏流动性。同时，由于两者的增加，可变资本部分相对上升，这必然在整体上限制生产资本的周转，而给资本家增殖价值的可变资本部分的比重则相对减少，也抑制劳动者收入提高。社会潜在的消费水平达不到，企业利润率随之降低，企业通过"软化"生产资本，实现其向金融资本的转移。经济金融化促使企业管理者利用各种渠道软化固定资本。一方面加速固定资本折旧，另一方面实现生产资料证券资产化，造成偏离实体经济的资产泡沫化。

生产资本向金融资本的转移，产生了严重的后果，特别是抑制了创新。长期以来，个别资本家通过提高技术水平获得相对剩余价值，科技创新在这个过程中发挥着关键作用。但科技创新具有高投入、长周期、高风险的特征，经济金融化发生以后，资本家不再关注科学技术的初始创新，而是通过证券市场、风险投资手段迅速拥有创新企业的所有权或者新科技的专利权，并利用金融市场迅速积累资本的优势，快速地实现新技术的应用与生产，以获得超额利润。资本促进创新的功能演变为寻找创新，转移了创新的各种风险、成本，占有最终的创新成果。这种创新模式严重阻碍了科技进步，阻碍了生产力的发展。而且一旦更多的资本进入到该创新领域，生产迅速扩大，过剩的产能被生产出来，造成了巨大的资源浪费。

4.3.3　商品资本循环

经济金融化过程是与商品资本实现相反运动的过程。商品资本的循环形式为 W′—G′G—W…P…W′，商品资本的职能是通过商品出售，收回预付资本的价值和实现剩余价值。企业商品能够顺利卖出，就能保证商品资本循环的顺利进行，吸引金融资本向产业资本转化，而企业产品堆积、生产过剩，利润率不断下降，商品资本循环就会断裂，商品资本向金融资本转化。

金融资本的积累过程还与未来商品资本的实现相反运动。"生产资本一旦转化为商品资本，它就必须投到市场上去，作为商品来出售。"①商品价值的实现就是剩余价值的实现。在产业资本支配时期，商品资本转化为货币资本代表当期资本索取权的实现，但在经济金融化的情况下，还包括对未来产品的索取权，而未来产品的生产又依靠当期产品的实现情况。一旦当期商品不能完成"惊险的跳跃"，商品资本不能转化为货币资本，商品市场不仅表现为当期产品的堆积，还表现为未来产品的堆积，从而改变资本所有者关于未来收益的预期。

相对剩余价值在生产的同时，也不断生产出大量的相对剩余人口，无产阶级的收入在社会总资本中的份额不断降低，导致相对贫困甚至绝对贫困的产生，从而抑制社会消费能力的提高。但随着社会总产出的增加，生产出现结构性过剩，产品剩余价值的实现不得不依靠增加非生产性支出，随着其增加，利润率会随之降低。资本的增殖性就会促使资本撤离商品生产，而由金融杠杆支撑起的商品生产也会像多米

---

① 马克思恩格斯文集（第七卷）［M］. 北京：人民出版社，2009：382.

诺骨牌一样崩塌。

4.4　经济金融化体系中金融资本独立循环

经济过度金融化阶段，金融资本完全脱离产业资本这一物质基础，以其独特的方式进行自我循环积累。那么，它的运动方式和内在驱动机制是什么呢？

4.4.1　金融资本的独立运动

马克思认为，资本是"积蓄的劳动"，资本和劳动在最初是同一个东西。只是在"生产过程中立刻又变成了劳动的基质、劳动的材料"，[①]与劳动有了短暂的分离，但这种分离很快在两者的统一中消失。"由私有制造成的资本和劳动的分裂，不外是与这种分裂状态相应的并从这种状态产生的劳动本身的分裂。"[②] 在产业资本主导的资本积累体系中，一方面，资本分为原有资本和利润；另一方面，利润又分裂为利息和本来意义上的利润。而利息的产生，使资本和劳动分裂的不合理性达到顶点，"资本如果没有劳动、没有运动就是虚无"。[③]

马克思进一步指出，货币转化为借贷资本，是一件比货币转化为生产资本简单得多的事情，真正货币资本的积累是扩大的再生产的标志，但借贷资本的增大并不都表示现实资本的积累或再生产过程的扩大，有可能是产业资本的收缩和萎靡不振造成的借贷资本过剩。在没有任何现实积累的情况下，借贷资本也可以通过各种纯技术性的手段实现积累。作为借贷货币资本，它们本身并不是再生产资本的量。同时，证券的积累只有当它表示铁路、矿山、汽船等等的真实积累时，才代表现实再生产过程的扩大。作为纸制复本，证券价值额的涨落与它们有权代表的现

①② 马克思恩格斯文集（第一卷）［M］. 北京：人民出版社，2009：70.
③　马克思恩格斯文集（第一卷）［M］. 北京：人民出版社，2009：71.

实资本的价值变动完全无关。资本总公式中反映了资本独立循环的诉求，货币资本试图跳出 G—W—G′ 的流通模式，而以 G—G′ 的形式存在，本质上是对商品生产过程的否定，反映了货币创造货币的投机倾向。

资本主义金融化作为资本积累的新模式体现为资本积累的金融化，即金融资本试图与产业资本的运动相分离，并发展自身独立的积累模式。一方面，产业部门过剩的货币、经营中断的商业资本以及资本家积累的货币财富等为了实现保值增殖，都会转化为金融资本；另一方面，实体经济部门中产业资本由于利润水平低，自发地转化为金融资本。前者并不会减少真实资本，削弱实体经济发展的物质基础，但后者却是产业部门真实资本的流出，严重影响实体经济部门扩大再生产。当二者完成"汇流"，资本就抛开产业资本的具体形式，而表现为生息资本、借贷资本和虚拟资本的抽象形式，其增殖独立于生产过程，独立于使用价值和剩余价值的生产。

这种独立性在形式上，以银行票据承兑、信托理财等表外业作为资金空转的主要承载形式，并通过"再证券化"脱离实体经济部门，使资金停留在金融部门账户；在空间上，资本可以以双重甚至多重的方式存在，比如，金融同业、银行理财、资产管理等业务普遍存在杠杆高、链条长、嵌套多等问题。最终导致资金在金融体系内部空转、叠加杠杆、循环膨胀，推动影子银行规模扩张，割裂了金融与实体经济之间的内在联系，埋下金融掠夺与资金空转的隐患。从 20 世纪 80 年代开始，实体经济与金融部门之间的关系被逆转，实体经济围绕金融运转，金融业跻身所有行业的顶端，成为现代经济的"血液"和核心，经济运行方式呈现类似金融运动的特征，金融机构则陷入"获取高利润—从事证券化、衍生化产品交易—推出金融创新产品"的循环中。但无论金融工具与市场如何在表现形式和实质内容上演化，其利润来源都离不开由实体经济生产性劳动创造并被资本家无偿占有的剩余价值。

4.4.2　金融资本独立运动的驱动机制

金融资本独立运动的驱动机制，既包含一般资本运动的驱动因素，也有其特殊动力因素。

第一，资本的逐利性不仅是产业资本向金融资本转化的驱动机制，也是金融资本独立循环的内在驱动机制。金融资本离开物质约束，表现出更高的资本周转速度，在不同市场、不同行业乃至不同所有人之间实现自由切换，以最短的时间攫取高额利润，包括利息、股息以及资本利得等形式，金融部门正常的"让渡利润"异化为"剥夺利润"。以美国为例，在 2008 年金融危机前，政府通过各种手段放松对金融市场的监管，并创造巨额信用使债券，股票以及房地产等资产价格迅速膨胀起来。但在此过程中，获利的主要是金融部门，对于广大债务人来说只不过是凭借它们作为更高贷款的抵押品，更多债务被创造出来。金融资本所有者可以借此在不参与生产性投资的情况下以几何级数的方式榨取社会经济剩余。

第二，资本联合是资本独立运动的重要助推。个别的、分散的金融资本并不能实现金融高利润，资本主义金融资本积累就其最深刻的实质而言，是一种扩张的制度，它既有向内的扩张，也有向外的扩张，信用成为金融资本扩张的重要杠杆。希法亭较早地研究了金融资本循环的驱动机制，他认为金融资本就是指归银行支配的和由产业资本家使用的资本，"生产的集中；从集中生长起来的垄断；银行和工业日益融合或者说长合在一起，——这就是金融资本产生的历史和这一概念的内容"，① 垄断推动金融资本势力范围的不断上升。与希法亭产业资本主导的生产垄断不同，经济金融化条件下，金融资本不仅表现为金融资本与产业资本的联合，还表现为各种金融势力共同构建的庞大金融体系，不断软化和消除民族国家、价值链体系、产业内部的一切壁垒，共同推动金融资本在国内和国际的独立循环，榨取高额利润。

第三，产业资本家逐步转为金融资本家，为金融资本独立运动提供独特保障。分工促使产业资本家与金融资本家的分离，提升了职能资本家的经营效率，但金融高利润促使产业资本家放弃生产而只持有货币。"这种想象的货币财产，不仅构成私人货币财产的很大的部分，

---

① 列宁选集（第二卷）［M］. 北京：人民出版社，1995：613.

并且正如我们讲过的，也构成银行家资本的很大的部分。"① 随着股份制公司成为市场中最为主要的企业组织形式，产业资本家再次向金融资本家分化或者说是企业金融功能的回归。由于股份制公司经营权与所有权的分离，所有者要想获取最大化的股东利益，必须对管理层进行激励，而最好的激励方式就是股权激励。当职业经理人持有更多的金融资产，将大部分精力自发地关注金融市场特别是股票交易的波动，脱离实际生产经营的趋势更为明显。此外，随着企业规模的扩大，在集团化经营和跨国企业内部，设立独立的金融部门也成为主流。企业将大量的人力资本、实业资本转化为金融资本，金融利润的获取对企业发展的贡献也越来越大，金融部门逐渐支配整个集团内部的经营策略和投资策略，进一步促使金融资本的独立化运动。

金融资本的独立循环也存在自身的限度，金融部门无论如何脱离实体经济自由空转，都必须在产业资本循环中攫取劳动者创造的剩余价值，都必须回归价值创造的本源。一旦产业资本创造的剩余价值枯竭，金融资本的独立循环体系将会破灭，导致金融危机。

4.5　经济金融化进程中的生产过程异化

4.5.1　金融资本主导下企业生产行为异化

金融资本本身并不能直接创造价值，而是通过为实体经济提供服务，将资金配置到最能创造价值、产生效益的地方去，让实体部门更有效地创造价值。但是，由于经济金融化过程是企业金融资本加速积累的过程，而实体经济中不同部门的产业资本在时间价值和空间价值的实现上并不一致，低价值实现效率的资本家真实资本积累意愿较低，而高价值实现能力的资本家积累意愿较高，前者更有动力通过寻找新

---

① 马克思恩格斯文集（第七卷）[M]. 北京：人民出版社，2009：541.

的投资领域实现资本增殖。同时，随着资本有机构成的提高，整个社会在固定资本投资上投资比例过高，限制了资本在空间和时间上的流通速度，削弱了资本攫取利润的能力。经济金融化的蓬勃发展，较好地解决了这些问题。它通过提供投资机会，使产业资本不用固守在实体经济领域；通过取得对总剩余价值的分配决定权，帮助金融资本获取最大利润；通过"软化"阻碍资本高速流动的各种要素，加速资本在时间和空间上的"优化配置"。

由于金融投资收益远高于实体企业投资收益，企业更有动机将生产性资金转投到金融领域，产业资本家不再通过剩余价值资本化的方式进行资本积累，而是采用金融化手段加速资本积累，打破了实体企业原有的资金周转方式，金融投资成为金融资本获利的主要领域，甚至出现了"不少企业将大量属于资本份额的盈利放在银行里不做任何事情的情况"。① 金融资本通过复杂渠道回流至金融机构，造成"资金空转"，割裂了金融与实体经济之间的内在联系。此外，企业金融化过程通常伴随着企业的债务水平上升。在金融资本主导的资本积累模式中，高负债水平与低经济增长相结合，创造了一个固有的不稳定体系，当社会有效需求减少时，企业主营业务收入的暂时下降会对企业产生广泛的影响，② 各债务主体往往需要通过资产抵押来实现资金获取，过高的债务和债息负担又需要由实体经济部门的经营收益来承担，引致实体产业空心化。

4.5.2 金融资本主导下政府行为异化

在金融资本主导的积累体系中，政府行为受到深刻的影响。一方面，表现为社会权力结构发生显著变化，政府成为金融资本的"代理人"。由于金融资本家取代产业资本家在社会经济中的领导地位，同时，相较于产业资本的积累，金融资本积累表现出更强的掠夺性，因

---

① Mishel L., Bivens J., Gould E., et al. The State of Working America [M]. Ithaca: Cornell University Press, 2012.

② Stockhammer E. Financialization, Income Distribution and the Crisis [J]. Investigación Económica, 2012, 71: 39 – 70.

此，单纯依靠市场或资本所有者较难实现掠夺式积累，国家权力成为这种积累方式的依托，通过参与或控制政府部门，将原有的公共资源私有化，来实现有利于资本的再分配。"金融资本以它自己的标准对生产过程进行重组，主导着企业的兼并和收购，并以所谓市场的力量迅速向社会和政府渗透，在逐步控制社会（舆论、大众）的同时，成功地把权力关进了由资本设计的制度笼子里。"① 金融资本集团在住房、教育、医疗、养老等基本的公共服务和社会保障上将自身利益捆绑政府、家庭和个人，政府的财政与货币政策受到金融资本的绝对影响。华尔街通过把竞选捐助转化为政治权力而操纵国家权力，政府对市场的调控功能减弱，放松对金融市场的监管，当金融泡沫破灭时，又利用各种权利，将损失转嫁给公众。在 2008 年美国金融危机期间，美国财政部就曾牺牲纳税人的利益为"赌场资本主义买单"。②

另一方面，经济政策制定愈发有利于金融资本膨胀式发展。从"新自由主义"开始，西方经济学研究在很大程度上成为放松金融监管、制造金融循环永动机的工具。低利率、高杠杆以及无限扩张的货币政策，不断提升资产价格，更高的价格必然导致社会负债水平的显著上升，增加金融危机风险。然而，政府对此却无能为力，政府本身运行也越发依赖负债维持。欧美国家应对金融危机的终极手段，不过是试图通过新的债务刺激资产价格的上涨。正如马克思所言："连债务积累也能表现为资本积累这一事实，清楚地表明那种在信用制度中发生的颠倒现象已经达到完成的地步。"③ 然而，这种方式只会陷入利息无限复利增长的陷阱。

4.5.3 金融资本主导下个人收入与消费行为异化

在金融化推动下，金融资本主导的积累模式有利于资本的分配。

---

① 江涌. 道路之争——工业化还是金融化 [M]. 北京：中国人民大学出版社，2015：6.

② 迈克尔·赫德森. 从马克思到高盛：虚拟资本的幻想和产业的金融化（上）[J]. 曹浩瀚，译. 国外理论动态，2010（9）：1-9.

③ 马克思恩格斯文集（第七卷）[M]. 北京：人民出版社，2009：540.

第一，金融天生内置财富转移机制，经济过度金融化滋生金融资产价格泡沫，而金融资产价格泡沫是一种变相的通胀，在富人买入资产、穷人只有支出、中产阶级买入他们以为是资产的负债的情境下，拥有大量资产的富人群体利用金融市场获取了远超穷人的正常利息与财富。第二，经济金融化条件下的金融服务会更有利于富人阶层，对各收入群体产生不同的"多级信贷约束"。高收入群体可凭借信用机制，以极低资金使用成本，不断地加杠杆获得更多金融资产，而低收入群体资金获取成本高昂，抑制其资本和财富积累。第三，经济金融化强化金融食利阶层中对资金的绝对支配权利，削弱工人议价能力，进一步扩大财富通过代际转移的差距。第四，金融部门的积累建立在信用制度上，而当前的信用体系与现代技术高度结合，高收入群体通常掌握知识与专业技术优势，利用金融资产的价格波动掠夺普通民众财富。经济金融化导致整个社会贫富差距的"马太效应"愈加显著。

少数富裕阶层占据着庞大的社会财富，通过资产增殖方式获取巨额资产收益，刺激了奢侈消费的快速增长。中产阶级则不得不通过不断负债应对诸如房地产等资产价格的快速增长，尽管也能从资产价格上升中获利，但较难实现资产变现，易受资产波动影响。低收入群体由于缺少资产、抵押品，只能依靠劳动获取工资性收益，一部分劳动力的价值也成为了资本增殖的源泉。因此，一旦金融资产价格膨胀增长，必然推动除富裕阶层外群体的负债水平。低收入群体家庭的收入与财富结构受到金融资本的严重侵蚀，个人的支出与消费行为也受到金融资本的剩余掠夺。福斯特（2007）分析提出，美国普通居民家庭工资水平不断下降而整体消费不断攀升的客观现实，必然导致家庭债务占整个非金融部门债务的比例逐年升高。统计数据显示，1990 年美国家庭债务占非金融部门总债务比例仅为32%，2007 年却高达43%。特别是信息通信技术（ICT）革命所催生的金融泡沫产生的"财富效应"使得美国家庭的消费不是建立在收入的基础上而是建立在信贷和资产价格膨胀的基础上。高负债显著制约了社会消费能力的提升，个人收入的金融化成为在资本积累内在矛盾的驱使下产生的"金融修复"的特殊形式。

4.5.4 金融资本主导下社会资本扩大再生产停滞

马克思把社会总产品的生产划分为两大部类，即生产生产资料的第一部类和生产消费资料的第二部类。社会总产品的实现则依靠两大部类间生产资料和消费资料交换的顺利进行。社会总资本简单再生产的基本实现条件必须满足：

$$v_1 + m_1 = c_2$$

这里 c、v、m 分别表示不变资本、可变资本、剩余价值，下标"1"和"2"分别表示第一部类和第二部类。本式的含义是在简单再生产情况下，第二部类不变资本的生产必须满足第一部类工人以及资本家的生活需要。

在社会总资本扩大再生情况下，其基本实现条件则需满足：

$$v_1 + (1 - \partial_1)s_1m_1 + (1 - s_1)m_1 = c_2 + \partial_2 s_2 m_2$$

这里 s 表示资本积累率，sm 表示新增资本，（1 - s）m 表示资本家的消费，∂ 表示各部类新增的不变资本份额，$1 - \partial$ 表示各部类新增的可变资本份额。上式的含义是扩大再生产必须使第二部类原有不变资本和追加的不变资本的生产必须满足第一部类原有工人和新增工人以及资本家的消费。

把上式变形可以得到：

$$s_1 = \frac{v_1 + m_1 - c_2}{\partial_1 m_1} - \frac{\partial_2 m_2}{\partial_1 m_1} s_2$$

第一部类的积累率必须随着第二部类积累率的改变而改变。经济金融化发生以后，总剩余中原本用于产业资本积累的剩余价值将分割出部分进入独立循环的金融体系。由于两大部类的有机构成并不一致，通常第一部类的资本有机构成高于第二部类，而金融资本要求更高的流动性。因此，第一部类资本家会从总剩余中拿出更多的剩余价值用于金融资本积累，而第二部类资本家拿出用于金融资本积累的剩余价值相对较少。受此影响，第一部类用于资本积累的剩余价值增长率将显著小于第二部类。这样导致两种结果：第一，部类间出现结构性失衡，社会资本扩大再生产不能有效扩大；第二，第二部类出现生活资料过剩，第一部类也因为积累率降低无法完成生产资料改进。这种失衡长期积累，会导致产业危机，进而引发经济危机。

4.6　本章小结

在马克思生活的年代，产业资本积累主导着资本积累的模式，金融资本处于被支配地位，经济大规模金融化还不具备条件。因此，有必要以马克思主义经济理论为基础，并结合当代关于资本积累的代表性研究，探讨经济金融化的发生机制。具体而言，本章研究由于资本固有矛盾的限制，资本要想在时空上得以发展延续，必须不断地突破自身的限度。但基于原有形态的矛盾解决手段和更高生产力维度的突破尝试，都难以逃脱资本自身的陷阱。因此，资本需要更多的途径实现利润修复，而资本积累模式中潜藏着"解决"问题的手段。资本积累可区分为产业资本积累和金融资本积累的双轨制，在此基础上，利润获取也存在双轨制。由于商品实现困难、资本有机构成提高等因素，产业资本一般利润率趋于下降，而金融资本却依靠现代金融科技手段，获取超额利润。产业资本积累逐渐被金融资本积累所取代，产业部门利润的来源越来越依靠金融投资而不是商品生产。金融资本重构了产业资本的循环与积累模式，并实现自身独立循环，这导致市场主体行为异化等一系列问题，但仍难克服资本固有矛盾。

第 5 章 "中心—边缘"国家去工业化与经济金融化的比较研究

纵观资本主义发展史,产业资本积累与金融资本积累对立统一于资本主义所有进程中,且每个阶段都由物质扩张和金融扩张组成。其中,物质扩张以工业化为基础,以产业资本的积累为支撑;而金融扩张,以金融化为方式,以金融资本积累为手段。20世纪80年代以来,资本积累模式发生深刻变革,金融资本积累逐渐取得了对产业资本积累的竞争优势,形成了"去工业化—经济金融化"问题,在世界范围内产生了广泛的影响。但是,处于"中心—边缘"资本主义国家的去工业化与经济金融化进程并不一致,有必要对其积累规律进行系统地归纳与总结。

本章对经济金融化一般性理论和发生机制在世界范围内进行具体比较与检验,是"抽象再上升到具体"的过程。本章主要包括中心国家去工业化与经济金融化的演变过程、中心国家去工业化与经济金融化向边缘国家的传导机制以及边缘国家的去工业化与经济金融化过程三个部分。本章研究能够为中国应对经济金融化问题、实现经济高质量发展提供借鉴。

5.1 资本主义中心国家去工业化与经济金融化

存在于中心国家的资本过剩通过"中心—边缘"的世界体系迅速

扩展到全世界,表现为中心国家的金融资本加速积累与边缘国家低层次的生产过剩。因此,中心国家和边缘国家的工业化—去工业化—金融化—再工业化进程有显著的区别。中心国家经历了完整资本积累形态转变过程,包括从商业资本主义到工业资本主义再到金融资本主义三种形态。中心国家奉行经济上"去工业化"和"金融化"政策,具有内生性特征,金融化促使其盈利能力的短暂恢复。由于历史的因素,边缘国家的工业化并未完成,但是也在经济上采取"去工业化"和"金融化"的发展方式,其"去工业化"可被称为"早熟去工业化","金融化"则更多表现为输入型金融化,过程具有外生性特征。

5.1.1 中心国家工业化进程中的资本积累

工业化是一个国家或地区社会经济发展的必经阶段,也是社会变革的核心力量,而产业资本资本积累则是工业化的推动力,深深地影响着经济结构的转型。目前西方学者主要从产业结构转变的角度对工业化的进行定义,具有代表性的内涵界定由库兹涅茨(Kuznets)在1989 年提出,他认为工业化是指社会发展由农业社会向工业社会转变的过程,具体表现在两个方面:一是指第二产业产值(主要是制造业)在 GDP 中的比重不断上升的过程;二是指第二产业就业人数在总就业人数中的比重不断提高的过程。[①] 然而,仅从经济结构转型、生产要素组合的角度定义工业化并不全面。工业化是一个动态过程,表现为物化的资本的积累过程,就资本的本质而言,其并不是物,而是隐藏在物上的各种生产关系,产业资本是资本主义条件下生产关系的基本形式。这就决定工业化内涵更为丰富,既是"产业序列、城乡结构和社会分层的变化",[②] 也是社会制度、意识文化的集中体现。在这种意义上,资本主义社会只有中心国家才完成了工业化。

---

① 西蒙·库兹涅茨. 现代经济增长:速度、结构与扩展 [M]. 戴睿,易诚,译. 北京:北京经济学院出版社,1989.

② 厉以宁. 工业化和制度调整:西欧经济史研究 [M]. 北京:商务印书馆,2015:11.

1. 工业化进程中的产业资本积累

工业化是对传统财富观的突破，使商业资本从属于产业资本。在西欧工业革命以前，积累财富主要依赖商业资本积累。商业资本是投机代表，土地或是房产才是最可靠的投资物。"在现代工业出现以前，建筑物和运输工具是已在使用的唯一固定资本货物"，而建筑物是消费资料不是生产资料，运输工具也属于商业不属于制造业。[①] 因此，商业资本没有自己的生产方式，它虽有促进旧制度解体的作用，却不能决定新制度的方向。商业资本的独立发展，意味着生产还没有从属于资本，而生产的落后状态，正是这种商人资本取得高额利润的条件。这一时期的财富观从根本上排斥产业资本，而偏好商业资本的积累，将其视为价值增殖的主要途径，商业资本转移不会对生产方式的扩散产生实质影响。但是，当资本主义条件逐步形成，商业资本逐步失去它的独立性，在产业资本的主导下进行运动。

马克思虽然在其著作中并未明确提及"工业化"的概念，但是他从分工的角度重点分析了资本主义生产过程。他认为资本主义原始积累推动生产方式由工场手工业向大机器生产转变，西欧国家工业化进程中产业资本的积累有三种途径。一是依靠掠夺海外财富。在工业化早期，资本主义国家的信用体系并不发达，由于信用的短缺，资本供给与货币供给在某种程度上是一致的，解决货币供给不足的手段就是海外掠夺，但是这种方式伴随着激烈的斗争，随着世界市场的逐步开辟，掠夺的方式也越来越隐蔽化。二是依靠剩余价值的资本化。产业资本家通过投资新式工业企业，生产商品并获取剩余价值，并将部分剩余价值资本化，用于追加投资，由于这一时期工业主要集中在棉纺织业，对固定资本的要求并不是很高，企业内部融资占据着主导地位。"利润再投资一直到十九世纪末期都是绝大多数英国投资的主要资金来源。"[②] 但是随着

---

① 希克斯. 经济史理论［M］. 厉以平，译. 北京：商务印书馆，1987：132.

② 奇波拉. 欧洲经济史（第四卷）［M］. 王铁生等，译. 北京：商务印书馆，1989：167.

大工业生产的发展,资本有机构成的提高,固定资本投资在企业预付资本中的比重逐步增加,依靠企业自身积累的模式已不能满足需要。三是依靠金融体系。关于金融对工业化过程中资本积累的影响,学术界存在较大分歧,但不可否认金融市场发展的推动作用。部分学者认为,在工业化早期,由于工业投资收益不稳定、借贷期限不确定以及金银汇兑波动较大等因素,金融资本对产业资本的注入较少,仅有的银行贷款也是短期信贷。"在英国、法国等地,大商人和银行家拥有的资本在相当长的时间内不介入工业"。① 直到 19 世纪中叶,工业企业通过生产获得超额利润,金融资本才真正与产业资本相融合。例如,德国德意志银行的成立,推动了德国工业企业的独立化发展,比利时股份制投资银行的成立把境内外的资本引入国内工业企业。而也有学者认为上述说法并不准确,希克斯(Hicks,1969)指出早在 18 世纪前半叶,英国金融市场就得以长足发展,金融分散风险的功能减少了企业家对长期投资的忧虑,进而把储蓄用于固定资本投资,从而加速现代工业发展。金融发展是工业革命产生的前提先决条件。②

2. 产业资本积累改变了生产方式

在资本主义初始阶段,产业资本由于其高利润,迅速改变了工业资本和商业资本组成的积累格局,商业资本由主导位置开始从属于工业资本积累,促进商业资本积累过程中的一切有利因素,都成为加速工业化的支持条件。因商业资本追逐利润开辟的世界市场,也在工业化的基础上得到前所未有的发展。工业化主导的全球体系与商业资本不同,它实现资本主义生产方式在世界范围内扩张。

在资本主义加速阶段,产业资本积累改变了工业资本和金融资本之间的关系。在工业化之前,高利贷资本是金融资本的主要存在形式,它以自身的寄生性不断榨取其他部门的经济价值。工业资本的出现改

---

① 厉以宁. 工业化和制度调整:西欧经济史研究 [M]. 北京:商务印书馆,2015:117.

② Hicks J. A Theory of Economic History [M]. Oxford:Oxford University Press,1969.

变了以高利贷资本为主的金融结构，使之发展成为产业资本服务的其他占据统治地位的资本形式，如银行资本等。后者为加速工业化和推动资本主义生产方式的全球扩张提供资本支持。正如马克思所倡导的，产业资本的历史使命之一是将社会从各种寄生资本中拯救出来，并使之为其服务。

产业资本的快速积累，改变了资本主义国家的产业结构，图 5 – 1 是德国 19 世纪中叶和 20 世纪初的资本积累结构分布图，可以清晰地看到，农业在总投资中的比重迅速下降，从先前的 21% 降到不足 10%，而工业资本积累迅速增长，由 16% 上升到 42%，产业资本积累加速了资本主义国家工业化进程。

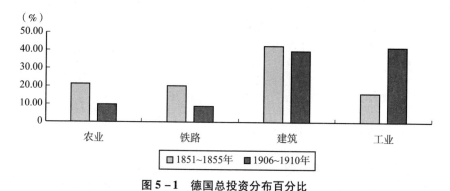

图 5 – 1　德国总投资分布百分比

资料来源：罗斯托. 由起飞进入持续增长的经济学［M］. 成都：四川人民出版社，2000：115.

加速阶段，产业资本积累改变了企业组织形式。在工业化初期，小企业与商业资本结合较为紧密，对市场的适应性更强，是创办新式工厂的主要参与者，"将近 2/3 的盈利生产单位雇用人数不足 50 人"。[①] 但是，随着工业化对基础设施等需求的增加，产权合一的小企业不能承担其巨额资金成本，"无论是修建铁路，建火车站，造轮

---

① 哈巴库克，波斯坦. 剑桥欧洲经济史（第六卷）［M］. 王春法等，译. 北京：经济科学出版社，2002：330.

船，修港口还是建仓库，无一不需要巨额固定资本投资"。[①] 同时，资本主义产业结构也在迅速调整：生产由从原材料加工到轻工业发展再到重工业占主导；从一国的价值链构建到全球价值链形成；从劳动密集型的产业模式发展为资本、技术密集型产业模式。这些转变都需要资本积累的新模式，从单个的分散经营向大资本集中生产方向发展。市场结构由完全竞争朝着垄断方向发展，这是产业资本积累演进的内在要求。

3. 产业资本积累还改变了国家的国际地位

从表 5-1 可以看出，一国的国际影响力是随着工业的强大而增加的。英国的工业霸主地位在 19 世纪末被美国所取代，其国际影响力也逐渐减弱。相反地，美国在 20 世纪由于强大的工业经济，一直主导着资本主义世界经济格局。正如马克思所说："一个工业民族，当它一般地达到它的历史高峰的时候，也就达到它的生产高峰。实际上，一个民族的工业高峰是这个民族的主要任务还不是维护利润，而是谋取利润的时候达到的。就这一点来说，美国人胜过英国人。"[②]

表 5-1　　　　　　　　　世界工业强国地位的变化

序列	19 世纪 60 年代	19 世纪 70 年代	19 世纪 80 年代	20 世纪头 10 年	20 世纪 70 年代
(1)	英国	英国	美国	美国	美国
(2)	法国	美国	英国	德国	苏联
(3)	美国	法国	德国	英国	日本
(4)	德国	德国	法国	法国	德国

资料来源：杨成林. 去工业化的发生机制及影响研究——兼论中国经济的去工业化问题及对策 [D]. 天津：南开大学，2012：101.

---

① 奇波拉. 欧洲经济史（第三卷）[M]. 王铁生等，译. 北京：商务印书馆，1989：64-65.

② 马克思恩格斯全集（第二卷）[M]. 北京：人民出版社，2012：686.

4. 产业资本主导下的金融资本分离趋势

产业资本积累本身蕴藏着否定自身的一切因素，并推动其朝着金融资本积累的方向发展，主要表现在两个方面：第一，随着资本有机构成的提高，固定资本在社会总资本中的比重不断上升，单个企业依靠资本集聚的内生积累模式已经难以满足资本主义大生产的需要，资本集聚朝着资本集中方向发展。信用是资本集中的一个有力杠杆，而高利贷资本主导的金融资本积累模式成为抑制企业发展的限制，工业发展要求能够提供更加专业化的服务的金融中介机构出现，银行资本或虚拟资本成为金融资本的主要形式。第二，在企业生产规模扩大的过程中，少量的资本难以实现产业规模的扩大，会产生资金的周期性闲置。资本家必须为这部分资本寻找出路，其通过流向金融部门获取利润，再由金融部门提供给资金需求方，从这种角度来看，产业资本尚未离开生产领域，反而提高了资源配置效率。但随着生产过剩的出现，产品实现困难加剧，投资机会减少，资本回流持续减少，并滞留在金融部门。

5.1.2 中心国家去工业化趋势

一直以来，西方发达国家处于产业资本积累的核心，但是从 20 世纪 50 年代开始，其工业经济特别是制造业在国际贸易中的份额逐渐下降，直接导致发达国家经济陷入长期"滞胀"阶段，罗斯福指出："他们应该投资于金融，而非实际的生产性资产。我认为，这正是年代的危机使经济再度陷于停滞后，他们开始以日益增长的规模所从事的活动。"[1] 因此，不得不在经济上推行"新自由主义"，放松对金融资本的监管，"去工业化"和"金融化"已成为维持经济增长的新途径。正如斯威齐（1997）概括的当代资本主义发展的三个重大趋势：增长

---

[1] Sweezy P. M. The Triumph of Financial Capital ［J］. Monthly Review，1994，46（2）：1 - 11.

疲软、垄断日益增强、资本积累过程的金融化。[①]

1. "去工业化"内涵

去工业化的最初目的是"使德国从依靠自身经济实力就可以发动战争的国家，变成一个必须能和世界经济协调发展的国家"。[②] 但是，随着经济结构的改变，去工业化的内涵和范围发生了根本性改变。部分学者认为去工业化是经济发展从工业社会向后工业社会演变的结果，是产品经济向服务经济进化的趋势，是经济由低级向高级发展的必然走向，其表现主要反映在制造业长期萎缩下降（Bazan and Thirlwall，1997）[③]、制造业就业的绝对下降（Alderson and Nielsen，2002）[④] 以及产业空洞化上。其中，产业空洞化对社会经济发展基础的破坏性最为严重，是制造业萎缩的终极表现。

在一定意义上，去工业化是经济结构调整的良性表现，是后工业社会的显著特征。但这种"去"并不是要完全否定工业发展的现实意义，而是强调发展的高质量和产业升级过程，是合理的、一定范围内的去工业化。而当前发生在发达国家的去工业化是"过度去工业化"，已超出去工业化的应有之义。

2. "去工业化"的表现

从20世纪80年代末开始，主要资本主义国家经济发展中就存在去工业化趋势。美国经济以及其他发达资本主义经济的图景具有象征意义，故本书选取美国、英国、德国与日本作为中心国家去工业化的代表，图5-2是工业增加值在GDP中的比重的示意图。1997～2017年，美国工业增加值在GDP中的比重由23%下降到17%，从走势上

① Sweezy P. M. More（or Less）on Globalization［J］. Monthly Review，1997，49（4）：1.
② 康拉德·布莱克：罗斯福传［M］. 张帆等，译. 北京：中信出版社，2005：390.
③ Bazen，Thirlwall. UK Industrialization and Deindustrialization［M］. Ithaca：Heinemann Educational，1997：15-19.
④ Alderson A S，Nielsen F. Globalization and the great U-turn：Income inequality trends in 16 OECD countries［J］. American Journal of Sociology，2002，107（5）：1244-1299.

看，这种下降趋势并尚未停止。英国工业增加值在 GDP 中的比重在这 20 年间的下降趋势与美国基本一致，也未出现逆转趋势。传统的工业强国德国和日本也存在去工业化趋势，进入 21 世纪，其工业增加值在 GDP 中的比重都不足 30%，日本最为明显，比重由 35% 下降到 25% 附近，德国最低点甚至不足 25%。但是从整体上看，尽管四国的工业增加值在 GDP 中的比重都呈下降趋势，但美国和英国去工业化更为明显，而德国和日本在 2009 年以后，工业生产有所恢复。

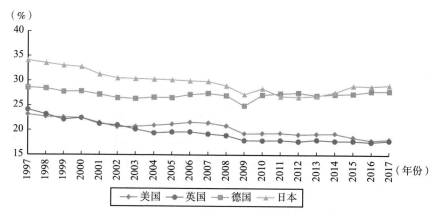

图 5 - 2 中心国家工业增加值占国内生产总值（GDP）的比重

资料来源：世界银行数据库。

3. 去工业化的原因分析

第一，利润率下降直接导致经济大幅去工业化。一方面，20 世纪 70 年代，由于国际石油危机，大幅提升了能源价格，同时劳动力工资水平上升，这些都导致制造业部门的生产成本大幅上升。另一方面，随着新技术在生产领域的快速应用，表现为使用价值的商品大量堆积，出现产能过剩问题。资本主义固有矛盾限制了国内市场的消费，而国际市场的开辟在空间上已经达到极致。因此，在供需结构上都显著降低了制造业资本回报率，资本有从生产领域流出的动力。第二，为了缓解经济"滞胀"问题，在 80 年代经济推行新自由主义，特别是放松了对金融市场的管制。一是价格自由化，即取消存款利率限制，放开汇率管制，取消证券交易中的固定佣金制度；二是扩大各类金融机构的业务范围和经营权力，使其公平竞争；三是改革金融市场，放松金融机构进入市场的限制，丰富金融工具和融资技术，加强和改善金融市场的管理；四是实行资本流动自由化，相继放宽外国资本、外国金融机构进入本国金融市场的限制，以及本国资本和金融机构进入国外市场的限制。金融高利润资本加速从制造业部门流向金融部门。

5.1.3 中心国家经济金融化趋势

与去工业化相反的是，金融资本一直处于上升趋势。由于制造业部门受到种种限制，而金融资本却不受资源、工资等成本上升影响，反而在成本上升中受益，金融资本满足资本追求收益复合增长的根本需求，金融资本积累愈发明显地主导着产业资本积累。随着中心国家各种金融工具的创新，迅速将市场主体中的政府、企业和个人纳入到自身循环体系，并要求这些主体按照资本金融化积累的模式设计内部规则。资本积累的重大变化深刻地改变了社会经济结构。

第一，金融业部门相对于非金融业部门日益膨胀。从 20 世纪 80 年代开始，美国整体经济的重心转移到金融领域，金融部门不仅包括银行、证券等传统部门，还包括投资银行、信用评级等各类中介机构，金融交易日益成为经济活动的中心。一是金融创新化。金融创新化是指证券市场上大量新的交易方式和金融工具的出现，以及银行国际业务中货币和利率的互换、票据发行便利和远期利率协议等新的交易技术和业务的发展。二是融资证券化。筹资者除向银行贷款外，更多的是通过发行各种有价证券、股票及其他商业票据等方式，在证券市场上直接向国际社会筹集资金，资金供应者在购进债券、票据后也可以随时把拥有的债权售出，转换为资金或其他资产。

金融部门在 GDP 中的产值也在不断提升。据统计，从 1950 年到 2006 年，美国的实体经济的总产值在 GDP 中的比重从 0.41 下降到

0.19，而金融部门的总产值却由0.08上升到0.2。① 而以金融相关率衡量的金融化水平，从19世纪末到20世纪90年代，美国、英国、德国、法国、日本分别从0.07、0.3～0.35、0.12～0.15、0.16～0.2、0.02发展到都大于1。② 虚拟经济取代实体经济成为中心国家的核心经济。而以股票交易总额占国内生产总值（GDP）的比重来衡量金融化水平（如图5-3所示），美国顶峰时期曾达到GDP的3倍，2008年金融危机以后，也一直维持在1.6倍以上。2007年，英国股票交易总额占国内生产总值的比重也超过1倍。制造业大国德国和日本，该比重在2008年超过1倍，尽管德国在金融危机后比重有所下降，但日本却长期维持在1倍以上。

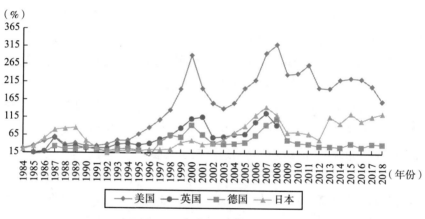

图5-3 中心国家股票交易总额占国内生产总值（GDP）的比重

资料来源：世界银行数据库，英国数据2008年以后有缺失。

第二，金融利润在总利润中的比重也在上升。以美国为例。从1965年到2015年（如图5-4所示），美国制造业利润在国内总利润中的比重由55%下降到20%左右，最低时仅为10%，但金融业利润在国内利润总额的比重自80年代中期以后迅速提高，金融利润的比重持续

① 高峰等. 当代资本主义经济研究 [M]. 北京：中国人民大学出版社，2012：313.
② 杨成林. 去工业化的发生机制及影响研究 [D]. 天津：南开大学，2012.

维持在 20% 以上,最高时期甚至超过 40% 。

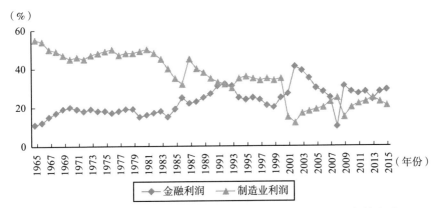

图 5 - 4   1965 ~ 2016 年美国金融和制造业的利润占国内总利润的比重

资料来源:美国经济分析局 (BEA),2018 年总统经济报告,表 B - 6。

第三,经济金融化在微观上主要表现为非金融企业持有金融资产的比例、金融利润比重和股东权利的上升。首先,实体企业持有的金融资产在总资产中的比重上升。据统计,从 20 世纪 60 年代到 2001 年,美国实体企业的金融资产持有比重由 25.3% 升至 41.1% 。[①] 其次,利润也越来越多地来自金融渠道。研究发现,在 2002 年,通用电气公司总收入为 1330 亿美元,其中金融收入就占 41% ,金融利润占总利润的比重也超过 40% 。而另一家公司,福特汽车 2007 年全部利润中金融业务所得超过 86% 。[②] 20 世纪 70 年代末,由于未能恢复美国制造业的国际竞争力,卡特政府最终加强了资本从实体经济中的流出,从而巩固了美国经济的去工业化。最后,股东权利上升。公司控制、新金融工具和机构投资者的出现形成了一个市场,使股东有权监督并在必要时惩罚管理层,同时管理层已接受追求股东价值的行为。机构投资者利用其在工业时代的大型企业集团中的持股,并利用股东权利对股东价

---

① 银锋 . 经济金融化趋向及其对我国金融发展的启示 [J]. 求索,2012 (10):43 -
45.

② 张彤玉等 . 当代资本主义经济的新特征 [M]. 北京:经济科学出版社,2013:224.

值进行重大调整。从那时起，股东价值就与一系列特定的商业行为相关联，包括引入财务业绩衡量指标（如股本回报率），采用国际会计准则，以及短期业务展望。①

第四，伴随着经济金融化趋势的加剧，中心国家的利润来源越来越依赖海外投资。首先，中心国家首先推动金融市场全球化，利用科技进步、金融创新及金融管理的自由化，使得各国金融市场与国际金融市场紧密连接，逐步形成一个相互依赖、相互作用的有机整体。其次，推动银行经营国际化。整个 20 世纪 80 年代，世界各大银行都致力于在世界各大洲、各个国家广设办事处、代表处和分行，建立海外附属行以及附属的金融机构，甚至建立非金融性质的分支机构，并与其他银行组成合资银行或国际银行集团。再次，推动金融业电子网络化。进入 20 世纪 90 年代，国际金融领域中的电子化、自动化、现代化的金融服务系统基本全面形成，银行活动将先进的电子科学技术广泛应用于存款、提款、转账、汇兑、查账、交换、控制、金融买卖交易和咨询等金融服务领域，并将银行和客户、银行与银行、客户与客户联结成一个电子网络。最后，美元体系权力化。布雷顿森林体系彻底瓦解后，由不能与黄金兑换的美元发挥关键货币功能，即形成了美元在国际贸易、投资计价结算中居主导地位，在全球官方储备和金融资产中居领先地位，在全球信用周转体系中居核心地位的国际货币体系，从而能够控制全球金融规则的制定权及其协调、实施机构，如国际货币基金组织（IMF）、世界银行等，配置全球资源。

根据马克思的资本循环理论，资本循环是货币资本、生产资本和商品资本三种形式的有机统一。尽管每种资本形态都有自身循环特征，但依次代表着金融、工业和商业三类经济活动。结合马克思的国际分工理论，以美国为例，美国当前的贸易结构主要表现为对货币资本、金融产品的生产，而将生产资本和商品资本置于其他国家进行。这决定了美国将在服务、资本和金融产品方面大量出口，而在实物消费品

---

① Widmer F. Institutional Investors, Corporate Elites and the Building of a Market for Corporate Control [J]. Socio – Economic Review, 2011, 9 (4): 671 – 697.

方面大量进口。长期以来，美国出口的产品主要是美元资本，利用资本的跨国流动，对边缘、半边缘国家进行直接或间接投资，在全球范围内赚取金融高利润。

5.1.4 中心国家再工业化与经济金融化

1. 关于再工业化的概念

"再工业化"是一个与"去工业化"相反的概念，最早是指复兴老工业基地，如德国鲁尔区。从 20 世纪 70 年代开始，概念发生变化，由去工业化导致的种种弊端逐渐被经济学家所关注，再工业化被认为是工业向高附加值、高科技产业的转型。2008 年美国金融危机以后，再工业化再次被强调，主要指经济应由虚拟经济向实体经济发展回归，特别是提升制造业的发展水平。

2. 关于再工业化的原因

根据上文分析，再工业化是一个与去工业化相对的概念，对中心国家而言，去工业化通常伴随产业结构的服务化和制造业向边缘国家的转移，导致制造业部门就业大量减少。经济缺乏物质基础，仅依靠服务业部门吸纳就业人口的设想能否成立？2008 年金融危机之后美国不断上升的失业率证伪了这一命题。同时，由于制造业通常具有较高的劳动生产率，过度去工业化使经济丧失发展的内生动力，造成经济的低效率。而新兴经济体不断在各自领域提升水平，对中心国家主导的价值链体系形成挑战。在新技术革命不断推进的背景下，中心国家抢占新兴产业战略高地的意图日趋明显，借此固化已有的全球价值链体系。最后，也是最为重要的一个原因，资本的金融化积累加剧了经济的脆弱性，金融危机后中心国家经济复苏缓慢，企图通过增加产业资本的积累的方式提振经济。各国面对金融灾难痛定思痛，几乎所有发达国家都认识到，制造业才是立国之本，必须将"去工业化"彻底扭转为"再工业化"。

3. 金融资本主导下的再工业化分析

中心国家从去工业化到金融化到再工业化的经济发展路径表明，再工业化并不是长期经济发展策略选择，只是对利润修复的一种产业复归。然而这种复归需要建立在制造业部门整体利润率水平改善的基础上，少量的垄断行业得到发展，并不能激发资本投资制造业的热情。从宏观层面来看，提振实体经济的货币政策更有利于推动金融部门的膨胀。后布雷顿森林体系时代美国无限信用扩张（量化宽松政策），使得商品"惊险的跳跃"在危急时刻变得愈发惊险，经济发展中虚实结构问题得不到改善，不可能实现实体经济走向复苏。诚如恩格斯所言："资本主义生产方式在它由于自己的起源而固有的矛盾的这两种表现形式中运动着，它毫无出路地进行着早已为傅立叶所发现的'恶性循环'"。[①] 20 世纪 90 年代的日本经济泡沫破灭、21 世纪初的互联网经济泡沫破灭、2008 年的国际金融危机，都是落入经济"虚拟化陷阱"的严重后果。

5.2 从中心国家到边缘国家的经济金融化

纵观资本主义发展史，金融资本与产业资本对立统一于资本主义发展进程中，且每个阶段都由物质扩张和金融扩张组成。对比发现，金融资本的扩张路径基本一致，新的扩张手段不过是以往方式的新组合或者高级化，而实体经济发展方式的转变才能从根本上影响人类的进程。同时，这些研究主要将以美国为中心的发达国家的金融化作为研究对象，忽略了发展中国家是否存在类似问题。

资本主义就其最深刻的实质而言，是一种扩张的制度，它既有向内的扩张，也有向外的扩张。经济金融化不是中心国家特有的产物，边缘国家也存在经济金融化现象，但呈现出区别于中心国家的新特征，

---

① 马克思恩格斯全集（第二十卷）[M]. 北京：人民出版社，1971：298.

边缘国家金融化是内外因共同作用的结果。部分国家受新自由主义和国际资本转移的影响,金融化表现出明显的外生性特征。

5.2.1 世界体系视角下的经济金融化过程

伊曼纽尔·沃勒斯坦是世界体系理论的代表人物。他在分析资本主义时,强调其发展的整体性。资本主义是一个全球性的历史架构,在这个体系中不同构件之间会存在各种互动过程。以往将国家或地区视为单独的、孤立的民族国家或地区的提法并不科学,资本主义是广泛的、互动的历史体系。

但在资本主义整体演进的历史过程中,会区分为整体体系和次级体系。次级体系要服从推动整体体系演进的矛盾变化。这就意味着次级体系中发生的经济结构变化由整体体系决定,也意味着整体体系的矛盾会传导到次级体系,但无论次级体系怎么变化,整体体系都决定了它的发展方向和历程。这并不完全否定次级体系的自主性,只是其难以发挥关键作用。基于此,他提出发达国家与发展中国家的"中心—边缘"理论。

那么,对于当前的资本主义世界体系,是什么因素驱动其建立的呢?沃勒斯坦认为资本的无限积累是推动世界体系形成的根本原因。这种体系并不是生产领域中资本与劳动的对立,而是在流通领域里实现资本在空间上的增殖,表现为全球价值链体系、全球资本体系等。

因此,根据沃勒斯坦的理论,边缘国家本身并不具备经济金融化的条件,不过是中心国家经济金融化的外溢。中心国家无论是产业资本积累还是金融资本积累都将深刻地影响边缘国家的社会经济结构,特别是资本积累结构。中心国家周期性的资本过剩,将依托发达的技术、跨国公司、垄断以及全球资本市场,实现向边缘国家的转移。而边缘国家存在技术水平低、资本稀缺、金融市场不健全等局限,为这种资本转移提供了套利的空间。同时,资本将边缘国家万物商品化、资本化,金融化在边缘国家表现为商品金融化、资产价格迅猛上升、金融市场大规模膨胀等,经济金融化由此产生。

在资本积累的金融化方式强化阶段，中心国家依托先进的金融科技，以金融化和全球化的方式，进一步固化了"中心—边缘"的世界体系，瓦解了民族国家内部既有的资本生产和积累体系，金融资本在世界范围内的扩张推动了新金融帝国主义的形成。

5.2.2　依附理论中的经济金融化倾向

依附理论与世界体系理论极为相似，主要研究边缘国家发展对中心国家政治经济的依附关系。劳尔·普雷维什根据对拉美国家的研究，最先提出该理论，他认为边缘国家在依附过程中，遭到各种剥削，经济剩余转移到中心国家。但费尔南多·卡多索持相反观点，他提出依附发展理论，认为存在于边缘与中心国家的依附关系，有助于国际资本向落后国家的转移，实现当地资本积累，加速工业化发展。

实际上，拉美国家的发展表明，依附发达国家尽管带来短期发展，但从长期来看，不过是国际资本和技术的附庸，对一国的产业发展并没有提振作用。多斯桑托斯提出三种依附关系：商业—出口依附关系、金融—工业依附关系以及技术—工业依附关系。在经济金融化背景下，这种依附关系被放大，产生于中心国家的资本过剩，以国际金融资本的形式流入边缘地区，催生其金融泡沫。边缘国家表现出中心国家的部分金融化特征，但这是一种极不稳定的特征关系，一旦国际资本撤离，极可能导致泡沫破灭。

5.2.3　金融抑制与新自由主义主导下的经济金融化过程

爱德华·肖和麦金农认为发展中国家存在不同程度的金融抑制问题，金融的完善程度与经济发展息息相关，实现金融深化有助于经济摆脱困境。那么什么是金融抑制，怎么实现金融深化？

麦金农通过研究部分发展中国家的金融发展状况，发现一个共性问题，那就是金融结构单一，依靠银行主导市场融资过程，政府对金融市场的过度干预严重制约社会资本积累。基于此，他提出"金融抑制论"。金融抑制首先表现为企业发展获取外部融资的困难，由于金融市场制度不完善导致信贷资金错配，收益率高的部门反而缺少信贷配给；其次，银行本身不能按市场定价的规则收取利息，而是政府分配信贷，难以反映市场对资本的真实需求，反而会阻碍资本积累；最后，银行系统覆盖面狭窄，部分区域和行业难以获取金融服务。因此，必须实现金融深化，表现在两个方面：一是政府放松金融管制，强化市场机制在交易定价中的决定性作用，尽可能多地发展金融中介机构；二是实现利率市场化，让市场化利率和自由化汇率决定资金供求。这样，有助于实现金融资源的合理配置，提高金融服务效率，促进经济增长。金融深化理论本质上就是实现经济发展的自由主义。

发生在20世纪80年代的新自由主义与其有着一脉相承的关系，具有以下几个特征：推行国有企业、公共服务等领域极端私有化；推动以金融资本自由流动为核心的全球化；削减政府提供社会福利的功能；以自由放任代替合作竞争；强化资本对劳动的统治关系。相较之下，新自由主义是发生在更多领域的自由主义。

这两种理论对发展中国家的经济发展产生了深刻的影响，部分边缘国家全盘接受了其思想，实行经济的自由化改革。新自由主义积累结构的实现，完成了金融化全球扩张的制度架构，为资本的跨国流动提供了便利。

正如罗莎·卢森堡所言，空间扩张是资本主义存在的前提条件，资本主义在产生之初就面临国内市场狭小的困境，周期性的生产过剩（商品过剩）只能依靠各种方式（贸易的或殖民的），不断拓展新的积累空间。一旦这些空间被填满，资本积累过剩的矛盾就会显现，危机也将产生。新自由主义是消除民族国家资本积累壁垒的终极手段，为经济金融化的积累模式在全球范围内扩张拓展空间条件。

总之，当前世界范围内资本积累的一般趋势是，金融化借助全球化和新自由主义，将物质—非物质的、经济的—非经济的、民族的—非民族的等一切形式的景观都纳入中心国家主导的资本积累体系中。经济金融化在全球范围内大拓展。

5.3 资本主义边缘国家去工业化与金融化

经济金融化与经济发展水平并无直接相关性。边缘国家尽管经济发展水平、层次较低，但是一旦偏离实体经济主线，依然会产生金融化问题，但这种金融化是否与经济发展阶段相匹配，则需要深入研究。

5.3.1 边缘国家积累阶段分析

积累在边缘国家社会发展中扮演着十分重要的作用，同样分为产业资本积累和金融资本积累。在当前阶段，部分边缘国家面临产业资本积累萎缩而金融资本膨胀发展的现实状况。在一国范围内，资本从产业资本向金融资本转移。这给边缘国家造成一种发展幻觉——可以绕过物质积累阶段，通过深化金融发展来增强国际竞争力，实现跨越式发展。那么，这种方式是否可行？

事实上，从时间维度来看，中心国家和边缘国家的资本积累进程并不一致。中心国家从 19 世纪后期就开始资本的正常积累，而 20 世纪 70 年代末才进入虚假积资本积累阶段，中间大概用 100 年时间在开展产业资本积累过程。而边缘国家在 20 世纪 70 年代之前，处于资本的被掠夺和原始资本积累阶段，工业化并未有效开展。20 世纪 70 年代边缘国家开始正常积累，但此时正值中心国家的资本虚假积累期，也即经济金融化时期（见表 5 - 2）。

表 5 - 2　　　　　　中心—外围国家资本积累的阶段对比分析

国家	19 世纪 70 年代	19 世纪 90 年代	20 世纪 70 年代
外围国家	被掠夺	原始积累	正常积累
中心国家	原始积累	正常积累	虚假积累

资料来源：转引杨成林. 去工业化的发生机制及影响研究——兼论中国经济的去工业化问题及对策 [D]. 天津：南开大学，2012：101.

从空间维度来看,这种全球资本积累周期的差异也十分明显。正常资本积累(现实资本积累)和虚假资本(虚拟资本)的分化导致资本积累过程的世界性分离。在中心国家主导的虚拟资本积累的扩张期,企图实现全球生产要素的资本化,软化资本进程中一切阻碍要素。但在区域范围内,边缘国家正处于真实资本积累的加速时期,金融资本的涌入导致资产价格迅速上升,产业发展的成本优势不断丧失。在全球范围内,表现为真实资本与虚假资本的对立。而边缘国家并不具备应对这种对立的现实条件,导致产业出现不同程度的空心化,打断真实资本积累进程。

5.3.2 边缘国家工业化与去工业化:以巴西为例

1. 边缘国家工业化:以巴西为例

巴西是拉美地区最重要的经济体,它的工业化过程代表着拉丁美洲一般性工业化进程。它的工业化过程从 20 世纪 30 年代开始,到 70 年代结束(主要开始去工业化),大体上可以分为两个阶段:以"进口替代"战略实现经济结构由农业向工业的转变(30 年代到 50 年代)阶段和以依靠国际债务融资的工业快速发展阶段(50 年代到 70 年代初期)。第一阶段工业以制造初级产品为主,第二阶段建立起相对完整的工业体系,如机械、化工、电子等,实现工业的起飞发展。

2. 边缘国家"去工业化":以巴西为例

马克思认为:"工业较发达的国家向工业较不发达的国家所显示的,只是后者未来的景象。"[1] 然而这种"未来的景象"在部分发展中国家却被去工业化所打断。相比发达国家的"去工业化",边缘国家的去工业化可被称为"早熟的去工业化"。[2] 其中,巴西早期发展背负繁

---

[1] 马克思恩格斯文集(第五卷)[M]. 北京:人民出版社,2009:8.

[2] 杨成林. 去工业化的发生机制及影响研究 [D]. 天津:南开大学,2012.

重的国际债务，承担巨额的利息负担，从 70 年代后期开始，经济陷入停滞，备受关注的"巴西奇迹"沦为"拉美陷阱"。

工业增加值占国内生产总值（GDP）的比重是反映去工业化与否的主要指标。统计发现，从 20 世纪 80 年代开始，巴西、阿根廷与哥伦比亚三国的工业增加值占 GDP 的比重就徘徊不前，特别是到了 90 年代，其比重呈断崖式下跌。巴西作为发展中国家的代表，自 2015 年开始，其工业增加值占 GDP 的比重已经不足 20%（见图 5 – 5），经济呈现出明显的去工业化趋势。

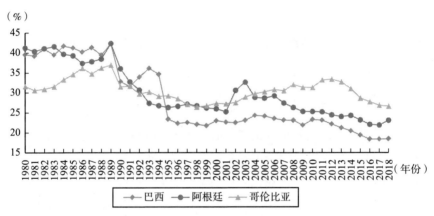

图 5 – 5　边缘国家工业增加值占国内生产总值（GDP）的比重

资料来源：世界银行数据库。

3. 巴西"早熟去工业化"的原因

巴西工业化并未完成，经济结构中却出现去工业化趋势，主要是因为：第一，"出口替代"的政策导向，难以实现制造业向高端迈进，处于全球价值链的低端，在国际市场上缺乏竞争力，同时也难以满足国内市场的消费需求，产能过剩导致产业资本的低利润，导致资本流向利润率水平更高的金融部门和大宗商品市场。第二，严重依赖国际借贷资本。国际资本流入为巴西工业化提供了金融支持，但是这也加剧了债务负担。国际汇率变动直接增加了工业生产的外部风险，汇率上行抑制了国际市场的产品需求，制造业出口难度增加，资本不断流出生产领域。第三，经济对能源、大宗商品的依赖加大。快速发展的能源、农副产品市场，吸引产业资本不断流入，导致资源诅咒的发生。

5.3.3　边缘国家经济金融化的发生

边缘国家实际上并不具备经济金融化的物质基础，但经济上却呈现出金融化的特征。尽管这种特征尚未持续较长时间，在一定期限内也具有繁荣经济的作用，但边缘国家并不具备控制风险的能力，一旦经济超出经济承受范围，将导致各种危机，如形成拉美陷阱、亚洲金融危机等。而通常风险来自于外部，与发达国家资本过剩催生的金融化不同，以拉美国家为例的边缘国家金融化具有外生性特征，主要表现为经济自由化，债券市场蓬勃发展、债务水平维持在较高水平以及大宗商品市场快速膨胀等方面。正如戈德史密斯所言，研究金融问题，只关注对金融中介或金融工具的类型划分将限制对现实问题的甄别和规律的发现，而把研究视野拓展到不同水平国家的金融比较研究，才是探寻金融结构与金融发展的真正意义。① 外生性的金融化形式主要由以下两个具体方面形成。

（1）边缘国家经济自由化为国际金融资本流入提供了便利，形成金融化一般条件。从 20 世纪 70 年代开始，中心国家就在世界范围内兜售金融抑制、金融深化理论，新自由主义的出现把这种自由化趋势推向高潮。在其主导下，不少国家先后实现贸易自由化、利率自由化以及金融市场自由化，国际资本通过贸易渠道、外汇市场、金融市场和大宗商品市场迅速流入，推升这些领域内的资产价格。但这些国际资本在初始阶段通常具备一定的隐蔽性，拉美国家大量借贷的一个主要原因就是相较于国内资本，国际资本具有更低的利率水平。而在经济发展形成对国际资本的依赖后，利率水平随之上升，资产负债率也

---

① 雷蒙德·W. 戈德史密斯. 金融结构与金融发展［M］. 周朔等，译. 上海：上海三联书店，上海人民出版社，1994.

显著提高。由于国内资本市场的畸形发展，经济难以寻找替代资本。

超前的经济自由化不仅改变了一国宏观经济运行，也深刻影响着微观企业发展。边缘国家企业发展越来越受外资支配，融资层面上表现为越来越依赖国际资本市场，一批优质的企业寻求在海外上市，国际金融市场的波动迅速传递到国内，影响企业生产决策。同时，边缘国家金融市场中的中介机构也逐渐丧失发展的独立性，表现为经营模式和资本积累与国际资本的深度结合，成为国际金融资本跨国套利的工具。资本市场的开放，在一定程度上背离了促进实体经济发展的初衷，而成为榨取经济剩余的工具。

（2）"早熟去工业化"丧失经济独立发展的基础，为经济金融化提供内在动力。边缘国家"早熟去工业化"固化了中心国家建立的全球价值链体系。在这个体系中，中心国家处于价值链顶端，生产各种技术密集型产品，享受高附加值带来的高利润，而边缘国家处于价值链底部，生产中心国家淘汰的工业制成品产品、高污染工业品，更有甚者生产原材料等初级产品，产品附加值极低。以中心国家为开始的生产过剩转移到边缘国家，表现为低端产品的产能过剩。而且，边缘国家国内市场狭窄，经济发展层次低，消费能力有待提升，难以对过剩产能形成有效化解。这些都导致制造业的低利润，产业资本基于逐利动机，不断流出生产领域，参与国际金融资本主导的金融化过程。去工业化表现出比快速经济自由化更深层次的破坏性。

5.3.4 边缘国家金融化具有深刻的经验教训

边缘国家经济金融化是主动性与被动性的结合。经济金融化并不是边缘国家推行新自由主义的初衷。由于经济水平低，边缘国家迫切需要参与到国际资本市场，达到通过推动金融发展进而促进经济发展的目的。但边缘国家的金融化又是被动的，因为它们并不是全球金融市场的主导者，因此，必须按照中心国家设计的交易规则展开金融活动。当一国的金融结构、金融开放水平与中心国家不一致，那么它的制度将被同化。从这种意义上讲，主动地寻求市场化、自由化的改革，不过是中心国家推行便利剩余资本获取国际价值的制度外溢。

从资本主义国家工业化与经济金融化的过程可以看出,过去一切金融扩张的特点是资本由衰落中心向新兴的中心流动,并以此获得新兴中心的力量积累起来。这种流动是大规模剩余资本流动的一种手段。而边缘国家的工业化实质只是中心国家的金融扩张的前置条件,摆脱不了中心国家的资本统治。阿瑞吉指出美国当前的金融扩张是对上述现象的完美诠释,他认为在现行金融扩张中,美国的经济行动从供给转向了需求,通过这种转化,美国政府不再与日益增长的私人流动性供应进行竞争,而是通过金融渠道为后者的积累创造旺盛的需求条件。

相较于中心国家工业化基础上的金融化,边缘国家经济金融化对一国经济发展具有更强的破坏性。边缘国家并不具备推行金融化的一般基础,"早熟去工业化"只会让经济失去内生增长动力。固化的全球价值链、超前的市场化改革以及日益成为国际金融资本附庸的金融机构,都将放大边缘国家的风险系数,加剧资本从生产领域的撤离,造成产业空洞化,阻碍产业升级。经济金融化对边缘国家来说不是机遇,而是陷阱,必须加以重视。

5.4 本章小结

在资本主义国家,工业化过程也是资本矛盾的积累过程,本身时刻生产着逆转自身的一切要素。对中心国家而言,其工业发展经历了工业化到去工业化再到谋求再工业化的过程,与之相对应的,产业资本积累表现为从加速积累到资本过剩、资本流出再到演变为金融资本的过程。而金融发展则与之相反,经历了服务产业资本、背离产业资本、主导产业资本循环的过程,金融资本积累同样经历缓慢积累、加速积累、金融化积累的过程。

如果将金融资本积累置于一国范围内,那么很难解释中心国家金融资本的高利润。在中心国家主导的世界体系中,中心国家通过制度输出、全球价值链固化,不断地榨取边缘国家的剩余价值,并将金融化输入到边缘国家。

边缘国家经济金融化对经济增长具有更强的破坏性，中心国家（如美国）即使存在去工业化行为，但是依然占据全球价值链的顶端，而边缘国家（如巴西）则陷入困境。因此，边缘国家并不能通过经济金融化实现经济跨越式发展，反而削弱经济增长的内生动力，必须予以重视。

第6章 中国经济"去工业化"与"经济金融化"的可能性分析

工业化是一国走向现代化的必经之路,但在金融资本主导的积累体系中,"中心—边缘"国家经济分别呈现出"去工业化"和"早熟去工业化"的特征,去工业化似乎成为经济发展的必经阶段。那么,中国经济是否存在去工业化与"经济金融化"的可能性?笔者认为"中国模式"本质上是中国积累模式的现实表现,这就决定了中国在当前阶段不存在上述特征中完全意义的去工业化和经济金融化问题,但这绝不意味着可以对经济中去工业化和经济金融化的现象放任不管,中国实体经济发展的结构性矛盾依然严重。为了说明问题,本章首先从实体经济本身阐述不同学者对中国工业化阶段的判断和中国实体企业发展面临的现实困境(主要是实体经济利润率趋于下降),分析我国去工业化的可能性。其次,把研究限定在金融本身,对我国宏观层面的经济金融化水平进行测度,并以国际资本转移和金融高利润的视角分析我国经济金融化的可能性。最后,综合考虑我国实体经济利润率趋于下降而金融资本高利润率的问题,阐述中国经济从"去工业化"走向"经济金融化"的现实可能性,并与"中心—边缘"对比分析,以说明当前研究和掌握中国经济金融化规律的必要性。

6.1 中国工业发展阶段及困境

如第5章所强调的,无论是中心发达国家还是边缘发展中国家,经济上去工业化似乎不可避免。那么，中国工业化进程处于什么阶段？是否存在去工业化问题？

6.1.1 关于中国工业化发展阶段的判断

关于工业化阶段的划分，学术界多采用钱纳里的经典理论，即区分为前工业化时期、工业化初期、工业化中期、工业化后期和后工业化时期。然而世界各国工业化进程并不一致，一国的工业化的开始可能正值他国工业化的完成阶段。目前，学术界尚未就中国工业化阶段划分问题形成广泛一致。

杨成林（2012）将中国工业化在时间上分为五个阶段，分别是1949~1957年的工业化奠定期、1958~1977年的工业波折调整期、1978~1991年的改革开放新局面、1992~2001年的市场转型高速发展期以及2002年至今的新型工业化道路。他根据钱纳里工业化阶段理论，认为从三次产业结构或工业结构的角度判断，中国目前处于工业化中期向后期转变阶段；而从就业结构判断，中国处在工业化中期阶段；从空间结构和经济发展水平判断，中国仅为工业化初期向中期过渡阶段。因此，他得出结论，认为中国大致处于工业化中期，甚至向后期转变的阶段。[①] 夏杰长和倪红福（2016）持有类似观点，认为中国处于工业化中后期阶段。[②]

胡鞍钢（2017）根据生命周期理论判断中国工业化阶段。他认为工业部门发展存在生命周期，要经历初步成长期到迅速成长期到高峰期再到下降期最后经历衰落期等几个阶段。他根据工业增加值占GDP的比重、工业增加值平均增长率、主要工业产品产量、工业生产者出厂价格指数、部分工业制成品出口量以及工业部门就业占全国就业比重等指标都趋于下降，得出中国已经进入后工业化时代的基本结论，

---

① 杨成林. 去工业化的发生机制及影响研究 [D]. 天津：南开大学，2012.

② 夏杰长，倪红福. 中国经济增长的主导产业：服务业还是工业？[J]. 南京大学学报（哲学·人文科学·社会科学），2016，53（3）：43–52.

但是他强调了走新型工业化道路的重要性。[①]

陶长琪等（2019）认为钱纳里关于工业化阶段的划分标准，主要参照 1950~1970 年部分国家和地区的经验数据，无法准确定位信息技术革命背景下的中国工业发展情况。他们指出中国工业化经历了蓄力期（1949~1977 年）、探索期（1978~1991 年）、加速发展期（1992~2001 年）、高速发展期（2001~2011 年）和换挡期（2012 年至今）五个阶段，"创新"和"协调"是中国工业未来发展的导向。[②] 陶长琪等的分析注重结合中国工业化道路的特殊性。经济换挡期的特征与胡鞍钢的后工业化时期的判断大体一致。

综上可以看出，学者们在研究过程中积极肯定了中国工业化的成就，认为工业发展呈现出工业化后期或后工业化时期的特征，但同时也意识到中国工业"大而不强"的现实问题，因此需要进一步推动实体企业的高质量发展。

6.1.2　去工业化的两种逻辑

在发达国家的工业化后期或后工业化时期，"去工业化"似乎成为经济发展的必经阶段。目前，学术界关于"去工业化"问题的研究有两个方向。第一种，从 20 世纪中叶开始，主流经济学根据发达国家的工业化发展情况，开始预测后工业化时代的来临，在此阶段经济活动由实物生产活动向服务业部门转移，表现为去工业化的过程。去工业化通常伴随劳动生产率提高和消费结构升级的特征，是社会经济内生增长的要求，是产业结构走向"高级化"的表现。从总体上看，去工业化是工业化后期或后工业化时代的阶段性特征。第二种，随着资本主义世界 20 世纪 70 年代资本盈利危机的出现，从 80 年代开始去工业化已经偏离了早先预想的轨道。在产业结构中，服务业固然发展迅速，

[①]　胡鞍钢. 中国进入后工业化时代 [J]. 北京交通大学学报（社会科学版），2017，16（1）：1-16.

[②]　陶长琪，陈伟，郭毅. 新中国成立 70 年中国工业化进程与经济发展 [J]. 数量经济技术经济研究，2019，36（8）：3-26.

但金融部门更是膨胀式发展。去工业化表现为金融资本积累对工业资本积累的替代过程，而不是服务业部门资本积累的替代过程。去工业化的产生机制也由产业结构升级逻辑演变为资本或产能过剩带来的低利润和金融部门的高利润主导下的资本转移逻辑。第二种去工业化越来越为经济学家所关注。

关于第一种意义上的去工业化。按照钱纳里工业化阶段的特征描述，工业产值占 GDP 的比重变动可以作为衡量工业化进程的一个重要指标。在工业化初期，工业产值占 GDP 的比重会缓慢上升，进入到中期以后，工业产值占比将迅速提升，而到工业化后期工业产值占比则出现峰值且呈缓慢下降的趋势。20 世纪 60 年代末，发达国家达到后工业化阶段，开始了去工业化历程。例如，英国、法国、美国、德国、日本与韩国工业产值在 GDP 中的比重分别在 60 年代末和 1991 年达到峰值，此后一直呈下降趋势（见图 6-1）。

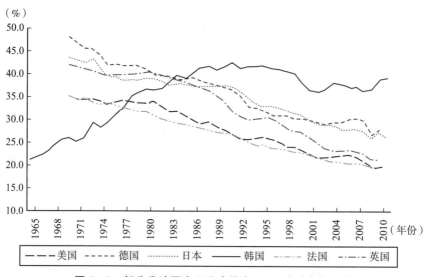

图 6-1 部分发达国家工业产值占 GDP 比重变化趋势

资料来源：世界银行数据库。

如果说 20 世纪 70 年代的去工业化以转移低端产业为主，被认为是经济结构的高级化倾向。那么 80 年代一些发达国家相继采取各种经济措施,如德国、日本在个别产业领域陆续推行"再工业化"政策,产业结构向高附加价值和知识密集型产业转型,工业发展出现一段水平波动的平稳期,则可被认为是第一种意义上的去工业化的预期效果。按照这种逻辑,80年代中后期开始并一直持续下去的工业产值占比下降趋势,也应是产业结构的持续优化过程。但在2008年全球金融危机的冲击下,主要发达国家相继发生严重的经济萧条,证实以往去工业化并未起到促进经济增长的预期效果,去工业化可能是其他原因导致的。

传统意义上的去工业化是经济内生增长的结果,无法对经济危机给出合理解释,而第二种去工业化则是产业部门利润率水平趋于下降导致的,盈利能力危机和长期经济停滞才是发达国家去工业化的重要原因,金融资本主导的去工业化,使经济发展丧失物质基础。由产业结构升级主导的去工业化转变为金融资本主导的去工业化,则是基于资本的逐利性。资本逐利在方式上主要分为两种:一是产业资本通过实业生产获取利润;二是通过金融资本参与利润分配。从20世纪80年代开始,主要发达国家制造业部门的利润率持续下降,而金融和房地产等部门的利润率维持在较高水平,资本绕过产业资本流入金融领域。在2008年全球金融危机之前,发达国家制造业增加值占GDP的比重持续降低,但危机之后如韩国、日本制造业产值有一定的恢复,美国、欧盟、俄罗斯也维持在稳定水平(见图6-2)。这是因为金融危机重创了发达国家金融资本的盈利能力,全球经济面临结构性的调整,为寻找新的产业均衡点和突破口,制造业被纳入新的产业结构,其重要性被再次强调,资本出现从虚拟经济向实体经济的暂时性回流。

尽管传统意义上的去工业化被称为经济的"高级化",但能否依靠产业结构的服务化来推动经济增长则值得商榷。根据莫勒等(Moller et al.,2003)的研究,去工业化将导致就业机会从制造业转向服务业,产生大量低收入群体。[①] 杜(Du,2005)实证分析了韩国去工业化对经济

---

① Moller S., Huber E., Stephens J. D., et al. Determinants of Relative Poverty in Advanced Capitalist Democracies [J]. American Sociological Review, 2003, 68 (1): 22-51.

增长的影响，去工业化不仅促使制造业部门劳动力向服务业部门转移，还降低了投资或资本需求，从而抑制了整体经济的投入和增长。[①] 而金融资本主导的去工业化更是为人诟病，部分学者认为这种去工业化在某种意义上不过是资本企图绕过产业资本来获取利润，本质上是经济金融化，与产业结构高级化的初衷相背离，反而导致产业结构面临失衡难题，宏观经济状况不断恶化。[②]

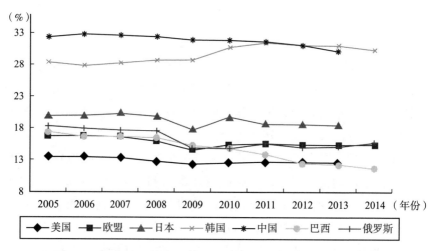

图 6 - 2 2005 ~ 2014 年主要经济体制造业增加值占 GDP 的比重

资料来源：世界银行数据库。

6.1.3 中国去工业化的可能性分析

本部分研究中国去工业化的可能性问题主要是分析第二种意义上的去工业化。就第一种意义的去工业化而言，国内学者通过不同的指标测算，认为中国当前已经处于工业化后期或后工业化时期。中国产业发展基本符合工业发展的一般演变规律，即第一产业在 GDP 中的比

① Yong Kang Du. Macroeconomic Consequence of Deindustrialization the Case of Korea in the 1990's [J]. Economic Papers，2004，7 (2)：144 - 164.

② 杨成林. 去工业化的发生机制及影响研究 [D]. 天津：南开大学，2012.

重不断下降、第二产业比重先上升再下降、第三产业比重不断上升的规律。从这个角度来说，中国工业发展呈现出去工业化特征，是工业部门生产效率提高的结果。虞晓庆（2015）认为中国目前尚未出现总量的去工业化现象，但是存在区域层面的去工业化问题。[①] 胡鞍钢（2017）提出，不能将中国处于后工业化时代狭隘地理解为去工业化或者放弃工业化，而应从推动我国工业发展向产业更高级、分工更优化以及结构更合理的方向发展的角度思考。[②]

中国经济发展也面临实体企业利润率下降问题，特别是制造业利润趋于下降，表现为产能的结构性过剩。利润率下降导致资本从实体经济部门转移，但并未被第三产业充分吸收，而是愈发明显地转移到金融部门。这种工业演变模式增加了中国经济在第二种意义上去工业化的风险。与传统去工业化相比，这种去工业化模式并不是技术进步、生产率提高的内生结果，不是产业结构升级的现实表现。因此，其对实体经济发展的破坏性更大，加剧实体经济萎缩。那么，是什么因素导致中国实体经济的利润率趋于下降？

从全球价值链的视角来看，随着中国等新兴经济体的崛起，原有的价值链体系必然受到冲击。以美国等发达国家主导的全球价值链体系在空间拓展上陷入困境。因为，这种价值分配通过专利产权等制度安排把当前的价值和未来的价值都纳入全球价值链体系中，已经走到极致，在时间上已经无法扩张，也无法延续；在空间上，全球价值链是国内价值链的外溢，资本的创造和使用从地方扩大到国家和全球范围，然而全球市场新的空间有限，资本和市场已基本分割完毕，经济全球化无法继续开拓空间，加之这是一种 "层级" 分明的体系，价值链上土地、劳动、资本、知识等创造的财富不是共赢的，产业分工建立在发达资本主义国家所塑造的经济格局和制度环境之下，现有的体制无力解决空间桎梏矛盾。此外，在现有的贸易模式下，资本会选择

---

① 虞晓庆. 中国去工业化及其经济增长效应研究 [D]. 南昌：江西财经大学，2015.

② 胡鞍钢. 中国进入后工业化时代 [J]. 北京交通大学学报（社会科学版），2017, 16 (1)：1-16.

全球产业链中利润率较高的行业，在全球产业链分工中主导了设计、研发、营销和售后服务等环节，通过维持在价值链"微笑曲线"两端获取大量附加值，在此导向下，发达国家热衷于通过固化当前的全球价值链体系和贸易保护主义来获取更多的时空价值，以缓解资本主义发展的内部矛盾。那么，其必然千方百计地阻碍中国产业向微笑曲线两端发展，阻碍中国产业升级，企图把中国限制在低利润的价值链底端，加剧中国实体经济的发展成本。

从需求侧来看，一方面，受全球金融危机影响，世界经济复苏缓慢，发达经济体经济矛盾层出，新兴经济体则分化加剧，全球对传统制造业的需求量持续疲弱，消费者信心指数持续走低。另一方面，市场消费多层次性发展，消费结构不断升级。消费群体日趋追求消费的个性化、体验性和多样化，以往单一的规模消费将逐渐被取代。

从供给侧来看，一方面，在国际上，全球制造业成本格局和分布格局正发生转变，制造业领域竞争愈发激烈。按照传统理论，美国、西欧、日本等是制造业高成本区，但随着这些国家劳动生产率不断提升、技术加快突破以及能源、物流等其他成本的下降，而低成本经济体劳动力成本快速上涨、劳动生产率的缓慢增长，发展中国家制造业成本优势逐步减弱，发达国家制造业优势进一步强化。因此，发达国家纷纷提出并实施"再工业化"战略，如美国"再工业化"、德国"工业4.0"愿景、日本"再兴战略"、法国"新工业法国计划"等。另一方面，中国实体企业发展越来越受到成本上升制约。一是丰富的劳动力资源是中国比较优势所在，但"人口红利"正在消退，已经达到或越过"刘易斯拐点"，低工资、高强度、低保障的劳动密集型增长方式难以为继。[1] 二是中国是能源和原材料进口大国，但是尚未取得大宗商品的定价权。目前，美欧发达经济体、以中国为代表的亚洲国家，以及中东、拉美等资源型经济体，成为全球大宗商品交易的主要参与者，但从交易影响力来

---

[1] 杨成林. 去工业化的发生机制及影响研究［D］. 天津：南开大学，2012.

看，纽约、芝加哥、伦敦为全球三大大宗商品定价中心。尽管亚洲地区大宗商品交易市场不断拓展，合约数量居首，但产品标准、交易规则、定价权等仍为欧美市场所掌控。中国在工业生产方面容易受到原材料价格上升的影响。三是受能源利用水平和环境约束明显。中国工业生产能耗偏高，能源资源利用水平偏低。据英国 BP 公司统计，中国单位 GDP 的能耗水平约为世界平均水平的 1.9 倍、美国的 2.4 倍、日本的 3.65 倍，同时高于巴西、墨西哥、印度等发展中国家和新兴经济体，但制造业发展对传统能源和资源的依存度依然很高。生态环境约束也日益趋紧，实体企业发展面临高昂的环境治理成本。

此外，中国实体企业生产的自主创新能力仍偏低，关键核心技术依然受制于人，国产手机、笔记本电脑、数控机床售价的 1/5 以上支付给了国外专利持有者。尽管我国研发投入在量上连年递增，但投入强度和世界制造强国相比还存在较大的差距。布莱恩约弗森和麦卡菲在《第二次机器革命》一书中认为，第一次机器时代以蒸汽机拓展人类的"肌肉能力"为特征，崇拜的是"金属力量"，而第二次机器时代以计算机的发明增强人类的"思维能力"为特征，崇尚的是"智慧力量"。移动互联网、云计算、大数据、物联网等在制造业领域加速创新应用，推动制造业生产方式向智能制造方向发展。机器人等智能设备将极大地解放和促进生产力发展，而智能化、专业化这种新的生产方式，能够促进新科技和新需求更快地对接，降低生产成本，生产适销对路的产品。但我国在这些领域的基础依然薄弱，这成为制约我国制造业由大变强的关键瓶颈。

综上，中国实体企业利润率既受发达国家主导的国际价值链体系和国际制造业新格局的制约，也受到人口资源环境、技术等因素影响。在供给侧和需求侧的共同作用下，我国经济正处于新旧动能转换、从高速增长向高质量发展转变的关键阶段，经济增速存在一定的下降趋势，如果这种趋势不能得到有效控制和扭转，我国经济第二种意义的去工业化将在时空上进一步拓展。

6.2 中国宏观经济金融化的
表现、原因及影响

前面从工业生产利润率下降的角度分析了我国去工业化的可能性，等量资本要求获取等量利润，产业资本有通过资本转移获取平均利润的需求。而与之相对应，金融领域的高利润会对实体经济生产产生"虹吸效应"和"挤出效应"。习近平总书记在2015年底的中央经济工作会议上指出："大量资金流向虚拟经济，使资产泡沫膨胀，金融风险逐步显现，社会再生产中的生产、流通、分配、消费整体循环不畅。"那么，我国是否存在经济金融化趋势？

6.2.1 中国宏观领域经济金融化的表现及测度

1. 金融机构的规模扩大

1978年改革开放以后，随着我国市场化改革的推进，各类金融机构相继产生，既包括传统的银行业，也成立发展了如证券、保险、信托、基金、租赁、担保和资产管理等金融行业，形成了较为完备的金融部门。根据《中国金融年鉴》，从2016~2017年各类金融机构数量及资产规模可以看出，如证券、保险、基金和财务公司的机构家数都在增加，持有或管理的资产规模也在不断上升（见表6-1）。

表6-1 各类金融机构数量及资产规模

机构类型	2016 年		2017 年	
	家数	资产（万亿元）	家数	资产（万亿元）
银行	2441	2322532.00	2431	2524040.00
证券公司	129	57900.00	131	61400.00
保险公司	213	153764.66	222	169377.32

续表

机构类型	2016 年		2017 年	
	家数	资产（万亿元）	家数	资产（万亿元）
基金公司	109	1346.32	113	—
信托公司	68	5569.96	68	6578.99
期货公司	149	5439.41	149	5232.82
财务公司	236	44570.74	247	—

资料来源：历年《中国金融年鉴》；Wind 数据库；中国银保监会网站。

2. 经济杠杆率上升

经济杠杆率上升，是我国经济金融化的一个显著特征。2008 年金融危机以后，我国为避免经济的"硬着陆"，实施了大规模的经济刺激计划，虽然保证了经济的持续发展，但也导致经济杠杆率大幅提升。为此，中国人民银行采用负债与 GDP 的比值计算测算了我国经济的宏观杠杆率，到 2012 年已达到 183%，其中非金融企业的杠杆率也达到 106%。[1] 到 2015 年，我国政府与家庭部门的杠杆率也上升到 40% 左右，但非金融部门的杠杆率却上升到 180%，超过了欧美发达国家的 70% ~ 110% 的杠杆区间，也大大超出同期的金砖国家 100% 左右的杠杆率。[2]

3. 中国经济金融化宏观趋势测度

第一，金融相关比率。该指标主要采用金融资产与国内生产总值之比来衡量金融发展水平。易纲和宋旺（2008）从金融相关比率的角度研究了我国的金融化趋势，发现 1991 ~ 2007 年，我国金融相关比率从 208.3% 上升到 456.4%，增加了 1 倍多，而且年均增幅比经济增长还要快，金融上层结构不断提升。[3] 第二，经济货币化率。据统计，尽

---

① 中国金融论坛课题组. 杠杆率结构、水平和金融稳定：理论与经验 [Z]. 中国人民银行工作论文，2017（2）.
② 毛振华. 去杠杆与金融风险防范 [J]. 中国金融，2016（10）：87 - 89.
③ 易纲，宋旺. 中国金融资产结构演进：1991—2007 [J]. 经济研究，2008（8）：4 - 15.

管我国广义货币增速趋于下降，但在存量上 2007 年 M2 为 40 万亿元，到 2018 年已达 180 万亿元，而 2007 年国内生产总值（GDP）为 24 万亿元，2018 年约为 90 万亿元，M2 与 GDP 中的比值由 1.67 倍上升到 2 倍，经济货币化程度提高。同时，2000 ~ 2017 年，我国信贷规模与 GDP 比值从 0.99 上升到 1.45，[①] 也处于上升趋势。第三，资产证券化率。从 2000 年到 2017 年，我国债券成交量由 3.5 万亿元提升到 96.7 万亿元，股票成交量由 6.1 万亿元上升到 12.8 万亿元，期货成交量由 0.8 万亿元上升到 39.1 万亿元。从存量上看，债券市场的交易量最大，而从增幅上看，期货市场发展最为迅速。从这些指标来看，我国经济存在金融化倾向。第四，金融部门增加值占 GDP 的比重大幅上升。1980 ~ 1989 年，对 GDP 贡献率从 1.9% 快速升至 6.3%；1990 ~ 2005 年，贡献率从 6.1% 缓慢降至 4%；2006 ~ 2016 年，对 GDP 贡献率从 4.5% 大幅升至 8.3%，已经显著超过美、英、日、德等发达市场国家水平。[②]

6.2.2 中国经济金融化趋势的原因分析

中国经济金融化现象的出现，是多种因素、内外因共同作用的结果。前文从去工业化的角度分析了由于生产力快速发展，造成使用价值的巨大堆积，但市场需求日益萎缩，进而引发实体经济投资回报率大幅下降的问题，就是对经济金融化原因的一个内生层面的思考。这里还将从其他两个方面进行阐述。

1. 受到新自由主义思潮的影响，加剧金融化趋势

中国经济金融化倾向具备一定的外生性特征。随着经济自由化的发展，国际资本可以在世界范围内流动。改革开放以来，我国资本市场逐步开放，国际资本可以通过合格境外机构投资者（QFII）、人民币

① 郝芮琳，陈享光. 我国金融化水平的度量与分析 [J]. 改革，2019 (5)：92 – 101.
② 廖士光. 警惕经济过度金融化 [R]. 上海：资本市场研究所，2017.

合格境外机构投资者（RQFII）、投资银行间债券市场、设立投资性公司、投资股权投资企业、投资金融租赁公司等渠道流入我国。外资可以通过影响资产价格获取金融利润，增加我国经济金融化的风险。例如，美国货币政策通过金融渠道的溢出速度快于实体经济渠道，且在开放资本账户的情况下，对我国金融政策形成冲击，货币政策的独立性遭到削弱。特别是国际热钱流向股市、房市等市场，可能推动资产市场的泡沫膨胀，加剧经济金融化风险。

2. 资本无序扩张提升经济金融化水平

一方面，随着市场经济的深入发展，资本无序扩张的现象日益盛行，导致金融垄断甚至寡头垄断问题，进而渗透到经济、政治和社会各个领域，形成具有统治地位的政治和经济力量。为追逐资本增殖，企业将盈利作为唯一衡量标准，不断进行金融创新，虽然并不必然导致资本无序扩张，但是如果缺乏有效监管，资本要素有可能打着创新的旗号无序扩张，甚至出现某些所谓的"金融衍生产品"，产生市场垄断甚至系统性垄断。例如，一些互联网平台企业、金融科技企业等，充分运用其自身掌握的技术和信息等占有优势，叠加资本要素趋利的盲目流动与无序扩张，正在加快形成资本与技术、数据等要素有机结合，容易产生更高级、更复杂、更隐蔽的资本垄断和市场垄断。另一方面，由于我国幅员辽阔，区域金融发展存在分布不均、地区政策不同、市场垄断、结构失衡等问题，为资本扩张套利提供了空间。市场化进程高的地区，金融部门具有天然优势，可以凭借本身熟悉各种市场交易规则、熟练利用各种杠杆资金的优势，在资本在流动过程中，形成资金优势，实现资金的跨区域、跨行业流动，获取高额利润。这些共同加速经济金融化趋势。

6.2.3 过度金融化对经济发展的影响

实体经济是经济社会发展的基石，是保障人民群众生活的物质基础，也是中国经济高韧性的核心要素。而经济一旦过度金融化，金融与实体经济间的服务关系则会演变为竞争关系，对经济发展产生深刻的影响。

第一，改变资本流向，加剧流动性错配风险。经济的稳定增长、产业结构升级、科技创新等都需要稳定的资金支持，货币政策作为国家提振实体经济的主要手段之一，不断向市场提供的流动性。但在经济金融化条件下，释放的流动性通常会流向金融部门，而真正需要资金的实体经济，却面临高昂的融资成本。特别是大量的中小微企业难以从正规金融渠道获得资金，面临前所未有的"融资难"问题，不得不转向"地下"借贷，致使其实际贷款利率高出法定基准利率的 5～8 倍，严重制约了实体经济的再投资，不断地加剧流动性错配风险。

第二，加速金融部门资本积累，增加金融风险。随着我国金融部门的膨胀，金融资本甚至能在工业企业净利润零增长、负增长的条件下保持较高的净利润增长率，特别是房地产的过热发展，各类金融机构利用杠杆资金赚取高额利润。金融部门的高利润率和实体经济部门的低利润率形成强烈反差，直接决定社会资本的流向，致使大量资金滞留在金融领域。金融资本表现出高度流动性、不稳定性、高投机性特征，炒作投机之风甚至蔓延到大宗商品、期市、汇市、古玩、艺术品等领域。投资虚拟经济的巨额回报率，使金融资本陷入过度自我循环与膨胀，导致"资金空转"，加剧金融风险积聚。

第三，抑制产业资本积累，加速产业"空心化"。在经济金融化的推动下，实体企业发展面临多重困境。一是大宗商品兼具商品与金融投资属性，其价格波动必然影响生产成本，大宗商品投机炒作势必导致企业原材料成本不断上升。二是地产炒作进入工业地产领域，开始推高中小制造业企业用地、用房成本，间接推高租金成本，导致企业利润"比刀片还薄"。三是实体企业主营业务盈利水平下降，不少上市公司偏离主业，企图依靠理财产品和房地产投资维持利润增长甚至实现扭亏为盈。实体企业在"副业"投入收益高、资金回流快的诱导下，对实体经济扩大再生产的信心严重不足，逐步放弃了对主营业务的坚守。不少实体企业"不务正业"，将实体平台获得的融资投入虚拟领域，青睐理财，热衷炒股、炒房，积极参控股金融机构，导致出现了

"一流企业做金融、二流企业做房产、三流企业做市场、四流企业做实业"的局面。这是当前中国实体企业运行的重要经济现象。金融与实体经济严重失衡，金融领域的"资产荒"与实体经济的"资金荒"形成矛盾体，减弱了科技创新动力、消磨了企业家精神，导致产能过剩，加速产业"空心化"。

6.3　中国与"中心—边缘"国家工业化和金融化问题的对比分析

不少学者认为中国已经完成工业化，处于"去工业化"阶段，事实上，中国工业化远未完成。中心国家完整经历物质扩张到金融扩张的两个阶段，而发展中国家直接过渡到金融扩张阶段，中国则在未完全实现工业化的情况下，步入金融扩张阶段。

6.3.1　中国相较"中心—边缘"国家工业化与去工业化的特殊性

钱纳里关于工业化阶段理论的标准模式主要参照 1950～1970 年部分国家和地区经验数据得来，无法准确描述具有渗透性、替代性、协同性的新一代信息技术革命背景下中国这个大国的发展情况。[①] 与发达国家和发展中国家比较，中国工业化具有自身特点：第一，中国工业化成本高昂。一是面临高昂的体制成本。体制成本不是个别生产者、消费者或个别厂商在竞争中为获利所自愿支付的成本，而是成体系的、即使行为个体不自愿也非承担不可的成本。经过几十年的改革探索，我国成功实现了从计划经济体制向社会主义市场经济体制的转轨，当前，改革已经步入深水区，进入攻坚阶段，经济活动中涉及产权界定、

---

① 蔡跃洲，陈楠. 新技术革命下人工智能与高质量增长、高质量就业 [J]. 数量经济技术经济研究，2019，36（5）：3－22.

合约纠纷、新产品开发与相关市场准入、政府专营范围变动、行政诉讼和民事案件审理等事务，都需要在直接生产成本之外另有耗费。二是承受高昂的环境成本。当前，迫切需要采取强有力的全球性措施来制止环境继续恶化，而中国由于其经济规模和温室气体排放规模，必须在气候行动中发挥核心作用，这无疑会加重工业化的环境成本。第二，中国工业化有量乏质。工业化从内涵上看，绝不能狭隘地理解为工业或者制造业的发展，工业发展是三次产业的有机结合，是经济社会全面的发展与转型。因此，中国工业化完成与否，不能以第二产业增加值在 GDP 中的比重来衡量，当前我国许多关键核心技术仍面临"卡脖子"危机，部分行业核心竞争力不足，长期处于全球产业链、价值链的中下游，高端和优质产品自给程度不高。

中国去工业化也具有自身特点：第一，与中心国家相比较，中国工业正处于劳动密集型向资本密集型和技术密集型转变阶段，一旦金融化将丧失物质基础，会致使知识资本积累中断。而中心国家金融化尽管抑制了实物资本积累，但依然牢牢掌控技术领域的领先地位。第二，与部分边缘国家相比，中国已经建立了相对完善的工业基础，处于工业化的后期。中国去工业化的现象是"新常态"阶段经济增速放缓的结果，也是经济结构转型、产业升级的要求。而部分边缘国家本身并未建立完善的工业基础，产业结构失衡，去工业化更多受国际资本影响。

6.3.2 中国相较"中心—边缘"国家金融化的特殊性

中国经济金融化也有其特殊性：第一，中国经济金融化问题同时兼具内生性和外生性特征，既是经济结构失衡的结果，也受经济自由化思想、国际金融资本影响。第二，与中心国家相比，中国金融资本与技术并未深度结合，金融的功能并不能高效地转化为科技力量。过度金融化只会加深经济的结构性矛盾，阻碍技术水平的提升。第三，与边缘国家相比，中国建立了比较完善的工业化体系，尽管存在去工业化趋势，但制造业依然处于主导地位，意味着产业资本依然占据优势，经济尚未全面金融化。第四，中国经济中存在制约经济金融化的制度优势。经济金融化之所以产生，其根本原因是生产的社会化与生产资料私人占有的矛盾，而我国坚持以公有制为主体、多种所有制经济共同发展的经济制度，能够激活公有制经济的活力，具有抑制经济金融化的制度优势。

6.3.3 中国实体经济发展的历史机遇

新时代新征程，以中国式现代化全面推进强国建设、民族复兴伟业，实现新型工业化是关键任务。要深刻把握新时代新征程推进新型工业化的基本规律，抓住实体经济发展的历史机遇。

第一，健"实"补"虚"强壮实体经济的政策力度大。实体经济是国家强盛的重要支柱，一个国家要实现强盛和崛起，必须拥有强大的实体经济作为支撑。实体经济不仅为国家提供了大量的税收和就业机会，还促进了科技进步和创新发展，推动了产业结构的优化和升级。同时，实体经济还具备抵御外部风险和挑战的能力，能够为国家安全和发展提供有力保障。我国长期高度重视实体经济的发展，政府通过制定和实施一系列战略规划，如《"十四五"规划纲要》等，明确将发展实体经济作为经济工作的重中之重。2017 年全国金融工作会议提出经济发展"回归本源、优化结构、强化监管、市场导向"的四大原则，以及"服务实体经济、防控金融风险、深化金融改革"三项任务。党的二十大报告提出，坚持把发展经济的着力点放在实体经济上，推进新型工业化，加快建设制造强国、质量强国、航天强国、交通强国、网络强国、数字中国。通过政策制定与引导、产业结构调整与升级、创新驱动发展、优化营商环境、金融服务实体经济以及关注中小微企业等具体方式，有力地推动了实体经济的发展和转型升级，为实体经济发展提供强力政策导向和重要机遇。

第二，工业数字化转型进入加速期。后疫情时代，数字经济飞速发展，作为传统产业与数字技术深度融合方，数字化转型已成为产业转型升级与高质量发展的关键和重要趋势。数字技术带来的新一轮产业变革正在重组全球要素资源，成为改变全球竞争格局的关键力量。应借助新技术有力"转"，推进传统产业数字化、网络化、智能化升级改造；瞄准高端前沿精准"育"，突破性培育发展数字经济、人工智能、量子技术等高端产业，抢占未来产业发展制高点，实现以科技创新为依托的高质量发展。通过深挖产业链，提高全要素生产率，助推数字化转型，释放数字经济对实体经济发展的叠加与倍增作用，进入工业发展新蓝海。

第三，以新型工业化塑造实体经济新优势。工业是一个国家综合国力的体现，是经济增长的主引擎，也是技术创新的主战场。我国新型工业化是促进数字经济和实体经济深度融合的工业化，也是加快绿色低碳发展的工业化；是依靠自主创新驱动的工业化，也是坚持高水平对外开放的工业化；是加快迈向全球价值链中高端的工业化，也是促进全体人民共同富裕的工业化，为中国式现代化构筑强大物质技术基础。

6.4　本章小结

尽管中心—边缘国家国情并不一致，但经济金融化现象却是普遍存在的，其中一些是内生的，一些是外生的，一些金融化开始得早，一些开始得晚，但金融化趋势愈发明显。中国经济也存在金融化趋势，与中心国家相比，中国工业化尚未完成，"去工业化"并不合理。与边缘国家相比，中国工业经济具有一定的优势，但面临经济结构失衡难题。因此，中国经济金融化同时具有内生性和外生性特征，中国基本经济制度对抑制经济金融化具有重要作用。中国正处于社会主义初级阶段，工业化并未完成，但是经济发展中却存在去工业化和金融化趋势。探索中国金融化问题的不同之处，对发挥中国特色社会主义市场经济优势、避免落入产业"空心化"陷阱具有重要现实意义。

第7章 经济金融化与实体企业投资

　　企业是最重要的市场主体，经济"高质量"发展归根到底是企业的"高质量"发展。本书对实体企业发展的定义不同于以往注重企业管理的研究，而遵循马克思生产资本积累的逻辑，认为企业发展首先反映在实业资本积累的"量"上。经济金融化在宏观上表现为金融资本积累与产业资本积累的分离过程，在微观上则表现为企业金融资本积累与生产资本积累的背离过程。以实体企业为代表的实业投资对推动国民经济"高质量"发展具有重要意义，但经济金融化却显著地破坏了经济发展的物质基础。本章首先对企业实业投资和金融化定义、表现、特征以及驱动因素进行一般性分析。接着，将金融划分为潜在金融化和实际金融化。潜在金融化是企业生产经营所面临的外部环境的可能选择，而实际金融化是实体企业的实际金融化过程，实际金融化寓于潜在金融化之中。在此基础上，构建实体企业在金融投资和主业发展间的行为选择模型，研究金融化对企业实业资本积累的具体影响机制。最后，采用计量的方法，实证研究经济金融化对企业实业资本的影响。研究遵循了由具体到抽象再到具体的演绎逻辑，坚持唯物辩证法的根本性指引作用，认为企业金融化行为不过是资本一般性矛盾的微观再现，解决企业金融化问题离不开对生产力的推动和对劳动的尊重。

7.1　企业实业投资

　　进入高质量发展新时代，体现经济发展的本真性质，对满足人民日益增长的美好生活需要的使用价值面即供给侧的关注，将变得尤为重要。企业处于现代社会经济的中心地位，是商品使用价值的主要提供者，也是经济社会发展的根本动力，更是供给侧结构性改革的主要参与者。企业的延续离不开生产，而实业投资是企业产业资本积累的重要方式，为企业可持续发展提供坚实的物质基础。马克思主义和凯恩斯主义理论都强调积累和投资对推动经济增长重要作用。

7.1.1　企业实业投资概述

实业投资是企业保持高成长的基石。实业投资又称为产业投资，是指为获取预期收益，以货币购买生产要素，从而将货币收入转化为产业资本，形成固定资产、流动资产和无形资产的经济活动。实业投资有别于股票投资、债券投资等金融投资，后者虽然也形成未来的收益，但仅仅是所有权的转移，而不是生产要素的投入。

马克思将资本积累分为真实资本积累和虚拟资本积累。实业投资是真实资本积累的现实表现，真实资本包括工厂库存、设备以及产品等形式，虚拟资本是真实资本所有权凭证所产生的金融结构。马克思对产业资本积累抱有高度的热情，他乐观地指出，产业资本积累将主导资本积累的一切形式，并将社会从食利资本的陷阱中拯救出来。

目前中国实体企业的投资形式主要有两类：一类是金融投资，具有高风险、高回报的特征；另一类是产业投资，主要是企业的主业投资，具有风险性较小、收益稳定的特点。金融投资取得的收益更多的是短期套现利益，产业投资追求的则是的是长期收益。

7.1.2　实业投资的影响因素及表现

1. 企业实业投资的影响因素

投资利润率是影响实业投资的首要因素。根据凯恩斯的观点，企业决定是否投资取决于两个因素：一是新投资预期收益率，二是利率。

在实业投资中，投资利润率是年利润与总投资的比值。投资利润率的净值越大，说明投资经济效益越高，企业投资动力越强。

资金来源是影响实业投资的重要因素。资金来源包括来源渠道和来源结构。企业在没有充足的资金来源时，不仅难以保障实业投资的成功，也容易影响企业本身的生产经营，使得内部运作捉襟见肘。

资本周转时间也在很大程度上影响企业生产性投资。资本周转时间也就是资本回收期，又称静态投资回收期，回收期能够直观地反映原始投资的返本期限。在一定情况下，回收期越短，投机经济效益好。此外，企业投资还会考虑产业政策与投资的地点选择。

2. 中国上市非金融企业实业投资现状

第一，实业投资利润率趋于下降。发达国家传统生产性行业利润率的长期下降是推动经济金融化的原动力。那么中国作为制造业大国，实体企业的利润率究竟如何？从图 7 - 1 可以看出，2007~2016 年，中国上市非金融类企业利润率也呈现出下降趋势，从 19% 下降到 6% 左右。实体企业利润率快速下滑，削弱了企业经营主业的动力。

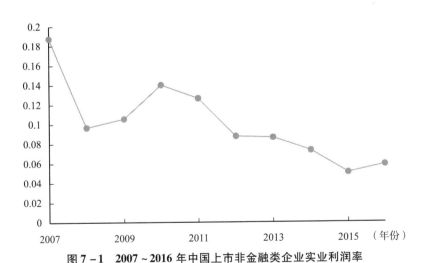

图 7 - 1　2007~2016 年中国上市非金融类企业实业利润率

注：根据张成思（2016）的计算，实业利润率 =（营业利润 - 金融利润）/（净营运资本 + 固定资产净额 + 无形资产净额）。

资料来源：同花顺数据库。

第二，实业投资率同样存在下降趋势。从图 7 - 2 可以看出，2007 ~ 2016 年，中国 A 股上市的实体企业投资率由不足 12% 下降到 5% ，实业投资率的持续下滑为产业结构升级、经济"高质量"发展带来困扰。

（%）

图 7 - 2　2007 ~ 2016 年中国上市非金融类企业实业投资率

注：企业实业投资率 = （当期投资于固定资产、无形资产和其他长期资产所支出的现金）/（当期固定资产、无形资产与其他长期资产的账面净值）。
资料来源：同花顺数据库。

7.1.3　实业投资、资本集聚与经济发展

企业实业投资的过程本质就是资本集聚的过程。根据马克思资本集聚理论，企业依靠生产创造剩余价值，同时把剩余价值再资本化，就是资本集聚。资本集聚可以增加社会总资本、提高企业的竞争力，对提高经济质量有实质性的促进作用。

企业实业投资同样也是利润的再资本化过程，是经济增长的内生力量。在宏观方面，实业投资影响经济发展的质量。进入新的发展阶段，由于经济质态的变化，发展的质量要求也会改变（提高），强调满足人民日益增长的美好生活的需要，也即对商品使用价值的强调。企业投资对提高产品质量具有重要意义。[1] 在微观方面，实业投资得当，除了能为企业赢得多年持续的、稳定的收益外，更有利于企业扩大生

---

[1]　金碚. 关于"高质量发展"的经济学研究 [J]. 中国工业经济，2018（4）：5 - 18.

产规模，对实现规模效益、提升技术水平、实现产品多元化有明显效果。[①] 对投资者而言，这无疑意味着股价的攀升和高额的回报。近些年，我国的经济运行虽然受到国外金融危机、债务危机等不利因素的影响，但依然保持了健康稳定的增长趋势，主要得益于对实体企业的重视。同时，固定资产投资是实业投资的重要组成部分，而固定资产投资是经济发展的物质基础。其投资数量、投资结构和投资质量直接影响着社会扩大再生产和经济增长。[②]

7.2　实体企业金融化

7.2.1　实体企业金融化内涵

实体企业金融化是经济金融化的主要表现形式，严重损害社会经济运行的基础。学术界在微观层面对金融化的界定多从非金融企业参与金融市场的程度的角度进行理解。当前，实体企业一方面通过购买股票、基金、衍生金融工具、债券、理财产品等获取金融收益，另一方面积极参与设立各种非金融类投资公司或进行投资性房地产投资，向金融中介方向发展。恩格斯对此做了形象的描述："土地占有或资本都比劳动强，因为工人要生活就得工作，而土地占有者可以靠地租过活，资本家可以靠利息过活，万不得已时，也可以靠资本或资本化了的土地占有过活。"[③] 这导致金融资产与实业资产配置产生结构性失衡问题。因此，实体企业金融化可定义为：实体企业越来越依靠金融投资或转向金融中介来获取投机收益而偏离主业的生产的现象。

---

① 曹春林. 实业投资研究 [J]. 吉林金融研究，2009 (3)：73 - 74.

② 王国刚. 中国金融70年：简要历程、辉煌成就和历史经验 [J]. 经济理论与经济管理，2019 (7)：4 - 28.

③ 马克思恩格斯文集（第一卷）[M]. 北京：人民出版社，2009：83.

7.2.2 实体企业金融化表现

由于金融业与房地产行业超额利润的存在，实体企业热衷于投资或者直接进入金融部门和房地产行业，成为典型的"套利型"企业，以产融共生为特征的实体企业金融化趋势越发凸显。

根据 CSMAR 数据统计，2017 年配置金融资产的实体上市公司数量为 2473 家，占企业总数量的比例为 91.97%，金融资产总规模为 26624.56 亿元，而 2007 年总规模仅为 2598.96 亿元，十年间增长超 10 倍。[①] 企业持有的金融资产在总资产中的比重维持在 20% 左右，近年来也呈上升态势（见图 7-3）。

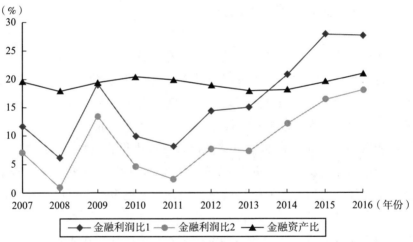

图 7-3 2007~2016 年中国上市非金融类企业金融资产持有率及金融利润率

注：金融利润率1＝金融利润/金融资产＝（投资净收益＋公允价值变动净收益＋汇兑净收益＋其他综合收益＋对联营企业和合营企业的投资收益）/（货币资金＋持有至到期投资＋交易性金融资产＋投资性房地产＋可供出售金融资产＋长期股权投资），金融利润率2扣除了对联营企业和合营企业的投资收益，金融资产占比＝金融资产/总资产。

资料来源：同花顺数据库。

<hr />

① 潘松剑. 实体企业金融化的动机、后果及其内在机理 [D]. 成都：西南财经大学，2020.

在 7.1.2 小节中已经表明实体企业利润率不断下降,那么金融利润率究竟怎样?图 7－3 显示,实体企业金融利润率处于明显的上升趋势。这里使用两种指标测算企业的金融利润率:扣除对联营企业的投资,金融利润率从 2007 年的 8% 上升到 2016 年的 18%;包含对联营与合营企业的投资收益,金融利润率在 2008 年只有 6%,而到 2016 年已大幅上升到 27%。实体企业通过配置金融资产进行金融套利成为弥补主业的重要方式和来源,实体企业的金融化特征越发明显。

7.2.3　企业金融化过程中的资本转移

传统理论大多认为金融发展和金融化对经济发展具有支持作用,然而 2008 年金融危机后,实体经济过度金融化对经济发展的负面影响再次引起学界广泛关注。早在 1917 年,福克斯韦尔就曾引用《泰晤士报》的内容形象地描绘了金融资本统治时期金融资本扩张对企业生产的抑制作用,"对他来说,一次成功的出逃比一个有益的企业更重要"。[①] 经济学家凯恩斯也强调,"当泡沫出现在企业运行稳定的情况下,投机者可能不会产生危害。但是,一旦企业成为投机漩涡中的泡沫,情况就严重了"。[②] 经济金融化的动力机制与产业资本的积累机制恰恰相反,它采取资产拆卖的方式偿付债权人,不断挤压产业资本的形成,腐蚀经济基础,表现为资本转移的过程。

企业资本转移较早体现在马克思平均利润理论中。他认为产业部门一般利润率的形成是部门间竞争的结果,不同的生产部门资本有机构成和周转速度不同,会有不同的利润率,为了获得更高的利润率,各部门资本家必然展开以资本转移为特征的部门之间的竞争,通过资本转移使各部门的供求关系发生变化,从而使价格涨落,引起利润率升降,使部门利润率趋势于平均,形成平均利润率。平均利润率是全

---

① 迈克尔·赫德森. 从马克思到高盛:虚拟资本的幻想和产业的金融化(下)[J]. 曹浩瀚,译. 国外理论动态,2010(10):39－48.

② 裘白莲,刘仁营. 资本积累的金融化[J]. 国外理论动态,2011(9):16－23.

社会的剩余价值总量和社会预付总资本的比率，一定量的预付资本按平均利润率获得的利润就是平均利润。各类金融资本也要参与产业资本的平均利润的分配，最终朝着等量资本获得等量利润的方向发展。

利润率差距是资本转移的根本原因。在经济金融化背景下，实体企业是增加实业资本积累还是金融资本积累，也是由资本的逐利性决定的，但包括两种情形。在企业资产结构给定的情况下：第一，企业会将自身个别利润率水平与金融部门的平均利润率水平进行比较。如果前者小于后者，企业倾向于配置金融资产，获取金融利润，表现为实业资本向金融资本的跨行业转移过程。假设企业的实业资本向金融资本转换不存在困难，实体企业最终会通过资产配置获取与金融部门相同的利润率水平，甚至实体企业完全变为金融企业，从这个意义上讲，企业与金融部门的利润率差异代表着实体企业潜在的金融化水平。第二，金融部门的高收益并不意味着企业投资金融资产获取同样的高额利润，实体企业还会对内部拥有实业资本和金融资本的利润率水平进行评估，即企业面临一个实业资本和金融资本的投资组合选择问题。如果企业持有金融资产的利润率高于持有实业资本，其必然减少对产业资本的配置。两种形式的资本利润率对实体企业来说，是已实现的利润水平，因此，可以认为是企业实际金融化水平。无论是潜在金融化还是实际金融化，都代表一种利润率变动趋势，表现为企业金融化动力的大小。

7.3 金融化影响企业实业投资的机制分析

在资本积累过程中，金融资本积累与产业资本积累存在密切的关系，现代企业发展的一个重要模式就是建立在产业资本与金融资本的深度而有序结合的基础上的。这种结合也可以在过往的资本主义工业化史中找到依据，从银行主导的融资模式到股权融资占据主流，推动了产业资本再生产的持续扩大。马克思曾对产业资本和金融资本的关系做过如下论述，"产业资本是在资产阶级社会占统治地位的资本主义关系的基本形式，其他一切形式都不过是从这个基本形式派生的，或者与它相比是次要的"。[①]

部分学者将企业金融化对产业资本积累的促进作用归结为"蓄水池"效应，而另一部分学者将"市场趋利"看作金融化对产业资本积累挤出效应的主要依据。本书认为企业金融化本身基于资本趋利动机，促进或者挤出效应仅为这种动机的结果。

7.3.1　企业金融化与资本集中

企业实业投资的过程就是资本集聚的过程，而金融化的过程则与资本集中密切相关。资本集中主要依靠两种方式实现：一是竞争，二是信用。信用既是企业资本积累的有力杠杆，也是经济金融化产生的前提条件。马克思在研究借贷资本的产生的过程中指出，借贷资本是职能资本中闲置的货币资本。随着资本有机构成提高，不变资本部分增加，少量的闲置资本无法实现扩大再生产，于是流出生产过程，成为借贷资本，但借贷资本要想获得利润，最终仍将流回生产领域，只是从一个企业到另一个生产性企业的过程。从这种意义上，信用对资本集中具有促进作用。

希法亭把转化为产业资本的银行资本称为金融资本，他认为随着市场垄断的程度的提升，单个企业在扩大生产规模方面已经力不从心，企业越发依赖银行信用实现资本集中。尽管他看到银行资本在资本体系中愈发明显的作用，部分银行家开始影响企业决策的方向，但依然强调银行资本对产业资本的服务功能。

但是在经济金融化时期，企业的行为发生变化。其与马克思所认为的金融发展只能是资本家把经营货币资本的功能转交给金融部门而专注于生产不同。企业金融化通过金融投资或设立投资机构，实现金融功能的回归。那么，这种回归对企业发展会产生怎样的作用？不外乎有两点：一方面，企业通过金融途径获得的收益如果回流生产过程，

---

① 马克思恩格斯全集（第二十六卷第三册）［M］. 北京：人民出版社，1974：518.

将产生"蓄水池"功能，有助于生产集中，但是不会增加社会总资本。另一方面，如果资本不再回到生产领域，则对生产产生严重的挤出作用。

7.3.2 金融化对企业实业投资的抑制作用

金融化对企业实业投资的抑制作用表现在以下几个方面。

1. 利润驱动下的挤出效应

马克思从商品流通的角度予以阐释，他的商品流通总公式 G—W—G′ 中形象地说明了资本主义生产与交换的最终目的在于获取更多剩余价值（货币收益），这也暗含了企业如果不能够获取更多利润将退出交换（生产）的思想。凯恩斯也明确指出，企业家本身对产量并不感兴趣，他们的唯一关注点就是能赚多少钱。如果增加产量就能提升收益，他们就会这么做。[①] 也就是说，企业所有者的根本目的在于赚钱，生产只是获取利润的一个手段，完全可以通过投资其他部门获取超额收益。实体企业金融化基于资本的逐利性，在竞争性市场上，等量的资本要求获取等量的收益。然而，中国金融行业长期处于垄断状态，获取了高额的垄断利润，[②] 金融属性渐强的房地产行业也违背了金融风险和收益相匹配的基本原则，导致社会资本的疯狂进入，从而牟取暴利。与之相反，实体企业的利润率却在下滑，实业利润率严重滞后于金融行业。随着中国市场化加深，金融行业市场准入的放开，企业管理者更偏好周期短、流动性强、利润率相对较高的金融投资，产业资本加速流入金融行业。[③] 其结果，尽管短期内通过金融收益获取了可观的现金流，弥补了企业主业的亏损，实现综合收益

---

① 裴白莲，刘仁营. 资本积累的金融化 [J]. 国外理论动态，2011（9）：16–23.

② 王红建，李茫茫，汤泰劼. 实体企业跨行业套利的驱动因素及其对创新的影响 [J]. 中国工业经济，2016（11）：73–89.

③ 文春晖，任国良. 虚拟经济与实体经济分离发展研究——来自中国上市公司 2006 ~ 2013 年的证据 [J]. 中国工业经济，2015（12）：115–129.

的提高，但在长期将导致企业行为与主业相背离。最终随着这一趋势的加深，企业实业利润率与金融利润率的非均衡性将迫使其不得不通过金融化手段来实现股东权益最大化。这些理论较为直观地阐述了企业生产投资内在驱动力，从利润最大化的角度，专注于主业并不是企业的必然选择。

2. 委托代理理论视角下的挤出效应

委托代理理论是现代公司治理的逻辑起点，对推动企业金融化有重要作用。该理论倡导企业所有权与经营权相分离，所有者保留剩余索取权，将经营权利让渡给职业经理人。代理双方目标在某些方面并不一致，委托人关注个人的收益最大化，而代理人则追求自身工资津贴收入、消费或闲暇时间的最大化。同时由于信息不对称、激励兼容性差等问题，设计科学而合理的激励方案是委托人实现自身利益的重要手段。

股权激励是当前解决代理问题的主要手段之一，是股东对经营层人力资本最直接的承认。企业经理层通过股权激励途径获取优先认股权，其薪资收入变得与公司股价息息相关，这促使管理层更关注提升企业短期股票价格，其经营管理积极性也会降低，为企业金融化埋下伏笔。

委托代理理论也符合金融市场的要求。对金融部门而言，生产性企业管理层与金融市场利益趋同的过程，也是其收益最大化的过程。金融市场行为显著地影响了企业投资与商业化决策，企业越来越受金融市场控制，表现为：一方面，企业变得迷信债务融资，而且通过加杠杆的方式强化融资功能，符合金融市场一般操作手法；另一方面，企业花费大量的财力物力用于回购公司股票，以提升股票价格，维护上市地位。这种模式与资本市场的资本收益直接相关，也是金融部门所倡导的"价值投资"。

3. 股东利益最大化视角下的挤出效应

在委托代理理论的基础上，形成了股东利益最大化理论，从两个层面上形成对企业金融化的影响。一方面，由于企业管理层与股东间契约关系的存在，长期低效益将会增加管理层被解雇的风险，管理层有义务而且有动力实现公司利润最大化。相较于实体经济部门，金融业和房地产业是拥有超额利润的两大暴利行业。管理层投资金融部门获取的金融投资收益将远远大于主业生产，将导致管理者的投资更加短视，忽视实体投资在企业发展中的基础性作用。另一方面，人力资本回报和资本回报关系错配。股东会在当期资本回报率较高时产生一种错觉，认为高利润是生产率提高的结果，而不是管理层经营目标的实现，进而在下期提高对管理层的要求。当管理层意识到完善管理带来的高收益仅是将来提高自己工作的标准时，会转而追求股权和资本回报最大化。这将严重损害企业的长远发展，出于对自身利益最大化的考量，股东会为管理层提供更多的股权和配置企业金融资产的自由抉择权。随着管理层权力的上升，企业逐步忽略金融市场的风险因素，丧失对金融投资的制约，对投资业绩也是"重奖轻罚"。企业依靠主业生产实现利润最大化的目标被金融投资所取代，股东和管理层在金融投资方面达成一致。管理层可轻易地将金融投资损失归咎于外部市场风险，由此进一步刺激了管理层的风险偏好。

4. 宏观环境的挤出效应

从国际经验来看，在金融自由化主导下的金融体制改革、对金融部门放松管控、对企业信息披露缺乏正确引导以及宽松的货币政策等宏观因素都会诱导或加剧企业金融化。根据海曼·明斯基的观点，现代经济体系存在两种定价模式：一是实际产出定价模式，二是金融资产定价模式。随着信用体系的扩张，投机性金融资产定价模式愈发决定实际产出的定价模式。[1] 实体企业不能主导实际产出的定价权，只能参与到金融资产的投机性定价结构中。

金融市场扩张提高经济效率，是基于完全市场假设下的分析，而

---

① Minsky H. Can it happen again？：Essays on instability and finance ［M］. London：Routledge，2016：28 – 29.

市场结构通常是不全的。企业通过杠杆手段持有大量金融资产无论是在投机繁荣阶段还是在金融低谷期，都会倍加地挤出实业资本投资。因为在繁荣阶段，企业会产生盲目的自信，不断地将用于生产性投资的现实资本转化为金融资本，甚至采用杠杆手段追加投资，必然地挤出产业资本积累。而在金融低谷期，为避免金融泡沫的破灭，政府通常会利用各种财政政策和货币政策支持金融部门，如消减印花税支持股票市场，降低房地产税避免所有者债务违约等。实行这些政策的直接后果是将救市成本转嫁给实体企业，每次金融危机都是金融资本对产业资本的胜利，金融化后的产业资本更是无力抵抗。

7.3.3　金融化对企业实业投资的促进作用

1. 缓解融资约束

第一，资本有机构成理论。随着企业资本有机构成的提高，企业资金用于投资固定资本的部分显著增加。企业在扩大生产规模过程中面临巨大的资金需求，单纯依靠内源融资较难实现，因此必须依托金融市场缓解融资约束。"信用的最大限度，等于产业资本的最充分的运用"。[①] 第二，预防性储蓄理论。企业资产中的固定资产具有投资期限长、折旧慢、变现差、流动性弱等特点。但企业经营却面临激烈的市场竞争、产业调整、利率上升、外汇波动等风险，企业发展必须留足资金储备，应对各种不确定性因素。相较之下，企业持有的金融资产具有变现能力强、周转速度快等特征。金融投资可以为企业生产带来持续、长效的资金，企业持有资产的动力提升，其对企业资本积累发挥类似"蓄水池"的作用。

2. 优化资源配置

传统经济理论认为金融市场扩张能提高经济效率。一方面，企业

---

① 马克思恩格斯文集（第七卷）[M]. 北京：人民出版社，2009：546.

持有金融资产，拥有对未来现金流的索取权。在此过程中，企业会根据各种潜在的投机机会提前配置资源，增加实物投资。另一方面，企业购买股票，将流动性从一个经济主体转移到另一个经济主体，可能从投资机会不好的公司转移到有良好机会的公司。因此，这样有利于企业的实业资本积累。

3. 优化企业治理结构

股权激励是当前解决代理问题的主要手段之一，是股东对经营层人力资本最直接的承认。企业经理层通过股权激励途径获取优先认股权，其薪资收入变得与公司股价息息相关。企业通过投资金融资产，获取可观的金融收益，将增加企业经理层的资本性收入，对优化企业治理结构有重要意义，进而有助于改善企业的经营状况，实现实业资本积累的扩大化。

7.4 金融化对企业实业投资影响的实证研究：基于上市公司的分析

7.4.1 计量模型构建

本书计量模型设定参考了张成思和张步昙（2016）[①] 的文章设计思路。其文章基于金融资产收益时变假设，建立了企业投资选择模型，用以分析金融资产与固定资产两者风险收益配比对企业投资决策的影响。该章选取实业投资率为被解释变量，而把金融化水平作为解释变量，检验对实业投资率的影响。

$$\text{invset}_{i,t} = \beta_0 + \beta_1 \text{sf}_{i,t-1} + \beta_2 \text{sf}_{i,t-1}^2 + \beta_3 \text{depend}_{i,t-1} + \beta_4 \text{pubsub}_{i,t-1}$$

---

① 张成思，张步昙. 中国实业投资率下降之谜：经济金融化视角 [J]. 经济研究，2016，51（12）：32-46.

$$+ \beta_5 m2_{i,t-1} + \beta_6 cfo_{i,t-1} + \beta_7 age_{i,t} + \beta_8 roa_{i,t-1} + \beta_9 aslbrt_{i,t-1}$$
$$+ \beta_{10} overseas_{i,t-1} + \beta_{11} board_i + \beta_{12} property_i + \beta_{13} location_i$$
$$+ \sum \rho_i industry + \sum \rho_j year + \varepsilon_{i,t} \tag{7-1}$$

$$invset_{i,t} = \beta_0 + \beta_1 ef_{i,t-1} + \beta_2 ef_{i,t-1}^2 + \beta_3 depend_{i,t-1} + \beta_4 pubsub_{i,t-1}$$
$$+ \beta_5 m2_{i,t-1} + \beta_6 cfo_{i,t-1} + \beta_7 age_{i,t} + \beta_8 roa_{i,t-1} + \beta_9 aslbrt_{i,t-1}$$
$$+ \beta_{10} overseas_{i,t-1} + \beta_{11} board_i + \beta_{12} property_i + \beta_{13} location_i$$
$$+ \sum \rho_i industry + \sum \rho_j year + \varepsilon_{i,t} \tag{7-2}$$

为减少内生性问题，对解释变量进行滞后一阶处理（各指标含义及计算参见指标说明）。本书重点关注 β_1 的系数，对于 sf，模型（7-1）中如果系数 β_1 显著，且大于 0，表示经济金融化显著挤出了企业实业投资。对于 ef，模型（7-2）中如果 β_1 显著且大于 0，表示企业金融化显著挤出了企业实业投资。

7.4.2 选取的变量数据说明

1. 样本选取

本书选择中国 A 股 2009～2016 年的上市企业为样本。之所以从 2009 年开始，是为了与第 8 章的研究数据在年度上保持一致性，第 8 章使用了研发投入和专利数据，而中国证监会自 2007 年要求上市公司需要对其研发投入数据进行披露，但数据收集过程发现 2007 年和 2008 年的数据质量比较低，故在实际检验过程中未纳入回归样本。同时，关于专利数据，笔者在数据收集过程中发现较为完善的统计数据仅更新到 2016 年。在此基础上，本书按照以下原则对样本进行筛选：（1）在计算实体企业利润率时剔除样本中金融类上市企业和房地产企业；（2）剔除 2012 年后上市的企业；（3）采用 winsorize 对变量进行 1% 分位及 99% 分位的缩尾处理。最终选取了 2268 家企业为样本。财务数据来自 iFinD 数据库，企业海外收入数据源自 Wind 数据库，M2 数据来源于中国经济信息网统计数据库。

2. 变量说明

（1）实业投资率。

实业投资率（invest）反映了企业的产业资本积累状况，根据张成思和张步昙（2016）[1] 的研究，本书的实业投资率 =（当期投资于固定资产 + 无形资产 + 其他长期资产所支出的现金）/（当期固定资产 + 无形资产 + 其他长期资产的账面净值）。

（2）金融化指标。

以往文献通常采用金融资产在总资产中的比重（Demir，2009[2]；宋军和陆旸，[3] 2015）、金融投资率（张成思和张步昙，2016）、[4] 金融利润在总利润中的占比等指标来衡量企业金融化程度。尽管这些指标反映了企业金融化的趋势，但不能揭示企业金融化的深层次动因及程度。本书则选取两种指标分别衡量企业金融化水平：潜在金融化（sf）和实际金融化（ef）。具体计算过程如下：①sf = 实体企业利润率 − 金融行业利润率 = 实体企业营业利润/实体企业营业成本 − 金融行业利润/金融行业成本，其中，实体企业营业利润和营业成本可直接获取，金融行业利润率 =（金融业利润 + 房地产营业利润）/（金融业成本 + 房地产成本）。sf 为正表示实体企业相对金融行业收益更高，企业获取金融利润的机会成本更高，企业跨行业套利动力更小。②ef = 实业利润率 − 金融利润率 = 实业利润/实业资产 − 金融利润/金融资产，其中实业利润率 =（营业利润 − 金融利润）/（净营运资本 + 固定资产净额 + 无形资产净额），金融利润率 =（投资净收益 + 公允价值变动净收益 + 汇兑净收益 + 其他综合收益 + 对联营企业和合营企业的投资收益）/（货币资金 + 持有至到期投资 + 交易性金融资产 + 投资性房地产 + 可供出售金融资

①④ 张成思，张步昙. 中国实业投资率下降之谜：经济金融化视角 [J]. 经济研究，2016，51（12）：32 – 46.

② Demir F. Financial Liberalization，Private Investment and Portfolio Choice：Financialization of Real Sectors in Emerging Markets [J]. Journal of Development Economics，2009，88（2）：314 – 324.

③ 宋军，陆旸. 非货币金融资产和经营收益率的 U 形关系——来自我国上市非金融公司的金融化证据 [J]. 金融研究，2015（6）：111 – 127.

产 + 长期股权投资）。ef 越大表示企业现有资产投资实业优于投资金融，金融化动力越小。

（3）资金依赖。

传统理论认为在市场不完美的情况下，企业内部和外部的融资成本并不一致，通常内部融资成本低于外部融资，拉詹和津加莱斯（1998）[①] 提出计算企业融资约束的经典算法：外部融资依赖 = （资本支出 − 营运现金）/资本支出，该指标反映企业自有资金不能满足需要时，对外部融资的依赖程度。本书纳入具体财务指标计算企业的资金依赖程度（depend），具体算法为：depend = （企业支出资金 − 企业营运现金）/企业支出现金 = （营业总成本 − 现金 × 365/现金循环周期）/营运总成本，depend 越大表示企业的资金缺口越大。

（4）控制变量。

本书还根据已有文献控制了企业的基本面数据，包括年龄（age）、资产净利润率（roa）、资产负债率（aslbrt）、现金流（cfo）、财政补贴（pubsub）、广义货币（m2）、海外收入（overseas）等，具体见表 7 − 1。

表 7 − 1　　　　　　　　　　变量定义及预期符号

变量	定义与计算
invest	企业实业投资率 = （当期投资于固定资产 + 无形资产 + 其他长期资产所支出的现金）/（当期固定资产 + 无形资产 + 其他长期资产的账面净值）
ef	企业实际金融化 = 实业利润率 − 金融利润率
sf	企业潜在金融化 = 实体企业利润率 − 金融行业利润率
depend	企业资金依赖 = （支出资金 − 营运现金）/支出现金
pubsub	企业获得的财政补贴
m2	企业面临的货币政策

[①]　Rajan R., Zingales L. Financial Dependence and Growth [J]. American Economic Review, 1998, 88（3）：559 − 586.

续表

变量	定义与计算
age	企业年龄
roa	资产净利润率
aslbrt	资产负债率
cfo	企业经营性现金流与总资产比率，反映融资约束
overseas	企业海外收益率，基于总资产做标准化
property	企业产权性质，外资企业取0，国企取1，私企取2
location	企业区域性质，西部为0，东部为1，中部为2
board	企业板块属性，创业板为0，上证为1，深证为2
industry	行业效应，控制行业差异
year	时间效应，控制时间冲击

7.4.3 实证结果分析

1. 描述性统计

由于缺失值的存在，本书最终得到18100多个观测值，为了描述观测值的基本属性，表7-2给出了变量的描述性统计结果。企业实业投资率均值为0.057，表明实体企业投资率并不高；企业潜在金融化（sf）均值为-0.3765，表明实体企业利润率与金融部门相比有较大差距。实际金融化（ef）均值为0.0278，说明目前实体企业实业资产较金融资产几乎不存在利润率优势。

表7-2　　　　　　　　　　　　描述性统计

变量名	观测个数	均值	标准差	最小值	最大值
invest	18142	0.0570	0.0505	0.0014	0.2083
rd	18142	0.0344	0.0772	0	0.3935
sf	18118	-0.3765	0.3116	-1.0427	0.8849

续表

变量名	观测个数	均值	标准差	最小值	最大值
ef	18142	0.0278	0.4020	-1.9775	1.1538
depend	18105	-0.6282	5.2747	-20.7973	14.1932
pubsub	18142	0.0062	0.0077	0	0.0342
m2	18144	0.1576	0.0536	0.113	0.2850
cfo	18144	0.2046	0.1521	0.0229	0.6480
aslbrtl	18144	0.4358	0.2145	0.0670	0.8714
roa	18142	0.0459	0.0563	-0.1012	0.1970
age	18144	2.4412	0.5250	1.6094	3.1781
overseas	18142	0.0783	0.1388	0	0.5907

2. 总体回归结果

为了检验实体企业金融化与实业投资的关系，我们对基准方程（7-1）、方程（7-2）进行最小二乘法和固定效应检验，结果报告在表7-3中。首先，考察潜在金融化（sf）对实体企业投资率的影响，结果在第（1）和第（3）列显示，sf的系数都显著为正，表明潜在金融化程度越高，越会降低实体企业的实业投资率，也意味着实体企业在面临金融部门高利润率水平时，其持有的资本有向金融部门转移的倾向。其次，检验企业实际金融化（ef）对实业投资率的影响。结果见在第（2）和第（4）列显示，ef的系数都显著为正，表明生产性企业实际金融化同样会显著降低实业投资率，抑制产业资本积累。企业持有的金融资产收益越高，企业实业资本越有向金融资本转化的动力。

表7-3　　　　实体企业金融化与实业投资的实证结果

变量	（1）invest（OLS）	（2）invest（OLS）	（3）invest（FE）	（4）invest（FE）
sf	0.00001 *** (0.0000)		0.00001 ** (0.0000)	

续表

变量	(1) invest（OLS）	(2) invest（OLS）	(3) invest（FE）	(4) invest（FE）
ef		0.0032 *** (0.0011)		0.0033 ** (0.0140)
depend	−0.0002 ** (0.0001)	−0.0002 ** (0.0001)	−0.0000 (0.0001)	−0.0000 (0.0001)
cfo	−0.0170 *** (0.0033)	−0.0163 *** (0.0034)	0.0679 *** (0.0052)	0.0675 *** (0.0056)
pubsub	−0.0768 (0.0557)	−0.0798 (0.0617)	−0.2347 *** (0.0919)	−0.2449 *** (0.0839)
M2	0.0067 (0.0078)	0.0060 (0.0082)	−0.0840 (0.0694)	−0.0840 (0.0753)
aslbrt	−0.0068 *** (0.0024)	−0.0066 *** (0.0025)	−0.0179 *** (0.0060)	−0.0178 *** (0.0060)
roa	0.0794 *** (0.0085)	0.0810 *** (0.0096)	0.1158 *** (0.0134)	0.1253 *** (0.0144)
overseas_revenue	0.0124 *** (0.0030)	0.0122 *** (0.0031)	0.0028 (0.0085)	0.0031 (0.0081)
age	−0.0187 *** (0.0009)	−0.0188 *** (0.0009)		
_cons	0.112 *** (0.0039)	0.113 *** (0.0041)	0.0716 *** (0.0119)	0.0719 *** (0.0121)
行业/时间效应	控制	控制	控制	控制
N	15805	15830	15805	15830
R^2	0.101	0.101	0.005	0.004
F			68.10	70.03

注：括号内为 t 统计量，***、**、* 分别代表在 1%、5% 和 10% 的水平上显著。

3. 分组讨论

为了检验金融化影响实业投资的异质性问题，本书首先考察企业产权异质性的不同影响，将企业划分为国有企业、民营企业和外资企业三组。一般的，国有企业在融资方面享有优势，能以较低的成本获取政府补贴和银行贷款。因此，国有企业金融化更多的是出于套利目的；而相较于国有企业，民营企业通常面临更紧的融资约束，对政府补贴和市场利率的敏感性也更高，所以，民企金融化倾向于"蓄水池"作用的发挥；外资企业本身具有资金和技术优势，更看重中国要素红利和市场规模，其金融化动机并不强。表 7 - 4 是根据产权性质进行分组回归结果。第（1）、第（2）、第（3）列分别为企业潜在金融化对国有企业、民营企业和外资企业对实业投资的影响。结果显示，国有企业和民营企业的 sf 系数显著为正，表明经济金融化对二者实业投资都有显著的抑制效应。同时，国有企业 sf 系数为 0.0069，大于民营企业 sf 系数 0.0043，表明潜在金融化对国有企业的实业投资率挤出效应更大，可能原因是国有企业更具规模优势，与金融市场联系更为紧密，金融化潜质更大。外资企业的 sf 系数也显著为正，说明外资企业在我国同样具有套利动机。第（4）、第（5）、第（6）列分别为国有企业、民营企业和外资企业实际金融化对实业投资率的影响。结果显示国有企业和民营企业的 ef 系数显著为正，表明实际金融化对实业投资同样具有显著的抑制效应。但此时国有企业 ef 系数为 0.0087，小于民营企业 ef 系数 0.0097，反映出民营企业较国有企业金融化对实业投资率有更大挤出效应。可能的原因是民营企业面临更紧的融资约束，缺少富余资本用来投资金融领域，民营企业热衷金融投资，会明显降低对主业的关注。外资企业的 ef 系数显著为正，表明外资企业金融化后也会减少对实业的投资，从一个侧面反映外资企业从关注产品市场到关注资本市场的转变。

表 7 - 4　　　　　实体企业金融化与实业投资——按企业产权性质分组

变量	（1） 国企 invest	（2） 民企 invest	（3） 外资企业 invest	（4） 国企 invest	（5） 民企 invest	（6） 外资企业 invest
sf	0.0069 *** (0.0020)	0.0043 ** (0.0020)	0.0105 *** (0.0051)			

续表

变量	(1) 国企 invest	(2) 民企 invest	(3) 外资企业 invest	(4) 国企 invest	(5) 民企 invest	(6) 外资企业 invest
ef				0.0087 *** (0.0016)	0.0097 *** (0.0015)	0.0193 *** (0.0546)
cs	控制	控制	控制	控制	控制	控制
行业/时间效应	控制	控制	控制	控制	控制	控制
_cons	0.0959 *** (0.0060)	0.120 *** (0.0051)	0.101 *** (0.0138)	0.0955 *** (0.0060)	0.119 *** (0.0047)	0.0997 *** (0.0138)
N	6243	8839	748	6243	8839	748
R^2	0.084	0.113	0.005	0.084	0.113	0.190

注：括号内为 t 统计量，*** 、** 、* 分别代表在 1% 、5% 和 10% 的水平上显著。

  除了企业性质，本书还考虑了区域差异背景下企业金融化对实业投资的不同影响。中国幅员辽阔，不同区域间市场化进程迥异，要素资源空间分布也不尽相同。一方面，市场化程度越高的地区，行业间利润差距越小，行业间的套利较为困难，企业套利空间缩小。表 7－5 是根据区域性质进行分组回归的结果。第（1）、第（2）、第（3）列分别为潜在金融化对东部、中部和西部企业实业投资的影响。结果显示对于东部和中部 sf 系数显著为正，表明潜在经济金融化对二者实业投资都有显著的抑制效应。同时，东部 sf 系数为 0.00001，中部和西部地区 sf 系数分别为 0.0007 和 0.0004，表明东部潜在金融化对实业投资的挤出效应更小，反映东部较中部市场化程度更高，行业间利润差距更小。另一方面，市场化较高的区域，企业拥有更多的金融投资选择，同时由于现代金融科技的发展，企业依然存在跨区域套利空间。第（4）、第（5）、第（6）列分别为东部、中部和西部企业实际金融化对实业投资率的影响。结果显示东部、中部和西部的 ef 系数都显著为正，表明企业实际金融化对实业投资都具有明显的挤出效应。同时中部地区的挤出效应最大，西部次之，东部最小。总体来看，实际金融化对中西部的实业投资挤出效应更大，可能的原因是区域产业结构不同。

目前，中部和西部逐步承接东部制造业转移过程，企业金融化不利于产业改造升级。

表 7 - 5　　　　　　实体企业金融化与实业投资——按企业区域差异分组

变量	(1) 东部 invest	(2) 中部 invest	(3) 西部 invest	(4) 东部 invest	(5) 中部 invest	(6) 西部 invest
sf	0.00001 *** (0.0000)	0.0007 *** (0.0002)	0.0004 *** (0.0001)			
ef				0.0094 *** (0.0014)	0.0109 *** (0.0025)	0.0098 *** (0.0031)
cs	控制	控制	控制	控制	控制	控制
行业/时间效应	控制	控制	控制	控制	控制	控制
_cons	0.0570 *** (0.0005)	0.0582 *** (0.0010)	0.0580 *** (0.0013)	0.0567 *** (0.0060)	0.0574 *** (0.0010)	0.0580 *** (0.0013)
N	10824	3021	2004	10841	3023	2009
R^2	0.000	0.002	0.000	0.005	0.006	0.005

注：括号内为 t 统计量，***、**、* 分别代表在 1%、5% 和 10% 的水平上显著。

7.4.4　稳健性检验

本书在对基准方程进行检验过程中，采用了最小二乘法（OLS）和固定效应（FE），检验结果一致。同时为了使结论更加稳健全面，本书还借鉴了张成思等的研究成果，在企业金融收益中剔除"合营与联营企业的投资收益与其他综合收益"一项。然后对本书模型进行重新检验，发现基准模型结果依然稳健，检验结果见表 7 - 6。

表 7 - 6　　　经济金融化与企业实业投资的实证结果（稳健性检验）

变量	(1) invest	(2) invest
sf	0.0148 *** (0.0019)	

续表

变量	（1） invest	（2） invest
ef		0.0201 *** （0.0018）
cs	控制	控制
行业/时间效应	控制	控制
_cons	0.0637 *** （0.0009）	0.0556 *** （0.0004）
N	15849	15873
R²	0.004	0.008

注：括号内为 t 统计量，*** 、** 、* 分别代表在 1% 、5% 和 10% 的水平上显著。

7.5　本章小结

金融化与实体企业发展之间的关系认识仍然存在较大争议：一方面，金融化能够缓解企业融资约束，降低交易成本，改善企业治理结构，增加实业资本积累；另一方面，金融部门的高利润又导致实体企业大量资本流入金融领域，挤占实体资本积累，导致其生产萎缩。统计结果表明：目前，中国实体企业实业利润率和实业投资率都趋于下降，而金融利润在总利润中的比重和金融资产收益率明显上升。总体上看，潜在金融化和实际金融化都对企业的实业投资具有显著的挤出效应，金融并没有发挥"蓄水池"效应。具体来看，潜在金融化对国有企业实业投资的挤出效应大于民营企业，但企业实际金融化对民营企业的抑制效应更加明显。就区域分组来看，无论是潜在金融化还是实际金融化，对中西部企业的实业投资的挤出效应都大于东部。未来经济发展，必须重视金融发展与产业发展的协调关系。

第8章　经济金融化与实体企业创新

"技术—经济"关系一直是学术界研究的重点。新古典经济学派认为技术进步对经济增长具有决定性作用。马克思主义政治经济学同样强调技术进步对推动社会生产力发展的重要意义。这些研究都以一定的历史条件为前提,即产业资本主导的资本积累模式。但在经济金融化过程中,资本积累模式发生深刻变化,发掘"技术—经济"背后隐含的力量变化显得尤为重要,由此引申出的"资本—技术"关系则需要进一步思考:资本寻求在更高生产力维度上破解积累困境,而生产力提高直接表现为创新,创新是资本积累的动态演绎。因此,本章将企业发展的另一个重要指标聚焦在创新这一"质"上,研究经济金融化对企业创新的重要影响。8.1 梳理企业技术创新的内涵和影响因素。8.2 在前文理论的基础上,结合相关创新理论,探索金融化对企业创新的利弊,并研究其内在传导机制。8.3 以企业潜在金融化和实际金融化为两个主要指标,分别检验对研发投入和专利产出的影响。结果表明潜在金融化对创新具有潜在的增长效应,但实际金融化严重异化了企业的创新行为,企业更注重创新投入所带来的"额外利益",而不关注专利产出的效率和质量。

8.1　企业创新与企业发展

本节回答为什么把企业创新作为衡量企业发展的另一个重要指标,在此之前,先对企业创新的概念进行定义。

8.1.1 企业创新的定义

创新涵盖政治、经济、文化等众多领域，本书的研究立足于经济领域。在国外学者的研究中，约瑟夫·熊彼特无疑是企业创新理论的先行者，他在《经济发展理论》一书里系统阐述了创新思想，将其称为"创造性毁灭"的过程。具体而言，创新包括五个方面：产品创新、方法创新、开辟新市场、使用新材料和产业组织创新。因此，他对创新的定义较为宽泛。相较之下，德国经济学家门施和美国经济学家曼斯菲尔德把创新定义聚焦在新产品或新技术的应用上，获得较为广泛的认可。国内学者舒畅认为，抛开日益复杂的形式，企业创新无非是经济领域中发生了一种区别于数量积累的改变或变革。① 本书在研究中侧重企业的研发投入和专利产出。

8.1.2 企业创新与实业资本积累

马克思主义政治经济学认为资本寻求在更高生产力维度上破解积累困境，而生产力提高直接表现为创新，创新是资本积累的动态演绎。物质资本和技能往往是互补的，技术进步必须体现在新机制中，资本积累很可能是以知识为基础的增长的先决条件。自由竞争学派的布伦纳（Brenner）则从竞争的角度研究了企业创新的重要性，他认为个别企业要想在竞争过程中不被淘汰，只能通过加强技术创新和增加对新产品、新材料等领域的投入。② 克罗蒂（Crotty）将产业资本积累按其模式分为广化型积累和深化型积累。在广化型积累模式中，企业无须提高技术构成，就能获取高额利润。但随着要素成本的提高，市场竞争的加剧，企业要避免被淘汰，必须将广化型积累转换为深化型积累，

---

① 舒畅. 马克思与熊彼特创新理论比较研究 [D]. 北京：中共中央党校，2012.

② Brenner, Robert. The Economics of Global Turbulence：The Advanced Capitalist Economies from Long Boom to Long Downturn, 1945 – 2005 [M]. London：Verso, 2006.

即提高资本技术构成，资本积累模式转变必然导致追加投资。[①]

技术创新与经济发展具有密切的关系。曼德尔在其资本主义长波理论中详细阐述了技术与经济发展的关系。他指出，在技术革命推进阶段，产业部门利润率提高，资本积累加速，闲置资本得到有效利用，经济加速发展；在技术创新衰退阶段，产业部门利润率显著下降，资本积累欲望降低，资本投资的限制条件增多，经济发展放缓。[②]

8.1.3 我国实体企业的创新现状

党的十九大提出，我国经济已由高速增长阶段转向高质量发展阶段，正处在转变发展方式、优化经济结构、转换增长动力的攻关期，建设现代化经济体系是跨越关口的迫切要求和我国发展的战略目标。要深化金融体制改革，增强金融服务实体经济能力，提高直接融资比重，促进多层次资本市场健康发展。健全货币政策和宏观审慎政策双支柱调控框架，深化利率和汇率市场化改革。健全金融监管体系，守住不发生系统性金融风险的底线。众所周知，创新驱动是从速度型转向质量型增长转变的关键，而金融发展则是推动企业技术创新的关键。事实表明，美国长期占据世界新经济主导地位依赖于其资本与技术的深度结合。[③]尽管世界知识产权组织报告显示，中国早在2011年就受理了52万件专利申请，超过美国50万件，成为全球第一大专利申请国，但大部分制造业依然因缺少核心技术处于全球价值链底端。受2018年中美贸易摩擦影响，部分企业也因创新不足陷入生产困境。由此可见，虽然中国创新规模显著增强，但创新水平有待提高。这不得不引发我们深思：创新本身是否存在高质量发展问题？

[①] Crotty, J. R. Rethinking Marxist Investment Theory: Keynesian – Minskyist Stability, Competitive Regime Shifts, and Coerced Investment [J]. Review of Radical Political Economics, 1993, 25 (1), 1–26.

[②] 欧内斯特·曼德尔. 资本主义发展的长波 [M]. 南开大学国际经济研究所译. 北京：商务印书馆，1998：18.

[③] 祁斌. 理解资本市场——《资本市场：中国经济的锋刃》 [J]. 经济导刊，2010 (8)：96.

　　针对中国资本与技术结合程度的问题，一个不可忽略的典型事实是：金融部门的规模日益膨胀，实体企业获取利润也越来越依靠金融投资手段，居高不下的金融利润对整个社会资源产生巨大的"虹吸效应"。行业间存在明显的套利行为，行业内部不同资产收益率差距也在扩大，这些都会降低资源配置效率，导致金融服务实体经济的低水平。对于实体企业管理者而言，既然可以轻易地通过金融投资手段获取利润，那么其自然会忽略对创新质量的管理。在此基础上，日益形成实体企业研发投入显著增加，但实质性专利产出不足的矛盾局面。显然，上述金融化现象抑制了金融促进实体企业高质量创新的应有效果，致使资本与技术相背离。

　　为了更加直观地描述上述现象，图8-1刻画了2007~2016年中国上市非金融企业金融利润占比、研发投入占比和发明专利占比的变化情况。由图8-1可以看出，实体企业越来越依靠金融渠道获取利润，金融利润占比率由10%左右上升到30%附近，并且这种上升态势并没有因金融周期而改变。同样地，实体企业的研发投入占比也处于上升趋势，但发明专利数在总专利数中的比重却在45%左右徘徊，表明研发投入的增加并没有带来创新结构的改变。那么，我们进一步提出，中国实体企业金融化与创新水平之间究竟怎样的关联？

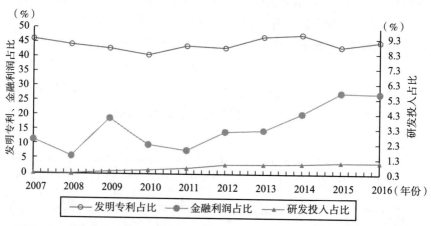

图8-1　中国上市实体企业金融利润占比、研发投入占比与发明专利占比情况

资料来源：中国研究数据服务平台（CNRDS）、同花顺数据库（iFinD），经笔者处理所得。

8.2　金融化影响企业创新的机制分析及研究假设

8.2.1　金融化背景下的企业创新分类：实质性创新与策略型创新

熊彼特创新思想反映了企业"实质性创新"的一般性特征——"创造性毁灭"过程。创新通过创造出新技术和新行业部门，进而削弱旧部门和旧技术的经济地位。在创新初始阶段，率先采用新技术的企业能获取超额利润，并推动社会资源向这些部门集聚。随着竞争水平的提高，高额利润趋于降低，但是新的创新会随之出现，经济始终处于良性发展过程。在经济金融化背景下，实体企业具有"数量型"创新的特征。主流经济学理论认为，在竞争型市场中个别企业要想获取超额利润，主要依靠不断的技术创新。强烈的创新意愿和动力能为企业赢得市场份额，使其走在行业前沿。但是，除了推动企业技术进步和营造竞争优势的创新行为以外，还存在谋求其他利益的创新活动。因此，从动机上角度可以把企业创新活动分为两类，其中：追求企业技术进步的研发活动，本书称为"实质性创新"，而谋求其他利益最大化的创新活动，本书称为"策略性创新"。前者追求创新的"高质量"，后者更多地追求"高数量"，甚至是只注重创新的投资行为本身带来的额外收益而非产出结果。此外，管理者也会响应国家的产业政策，实现既定数量的创新"目标"。[①]

8.2.2　融资对企业创新的影响

企业实现技术创新受诸多因素影响，尤其是融资对企业创新的顺

---

① 黎文靖，郑曼妮. 实质性创新还是策略性创新？——宏观产业政策对微观企业创新的影响 [J]. 经济研究，2016，51 (4)：60－73.

利实现起关键作用。技术创新过程是产业资本追加投入的过程，一个部门创新的成功，离不开金融资本的参与，"控制资金的能力是创新扩大过程的一个有力杠杆"。[①] 库兹涅茨把技术创新分为四个阶段，并分别阐述了每个阶段的融资需求：第一，预想阶段，该阶段是技术创新的准备期，企业需要一定的融资，但是融资需求较小，金融机构一般不会为企业提供较多的资金支持，因为此时创新面临较大的风险；第二，初步应用阶段，该阶段为是新技术在商业上的首次成功应用，此时企业有一定的资金需求，但是资金需求量也不大，金融机构此时持谨慎态度，并不会为新技术提供大量融资帮助；第三，扩散阶段，在这一阶段，新技术转化在市场上完成试错，并迅速转化为产品，企业对资金的需求量剧增，由于新产品利润率较高而且稳定，金融机构也会对新技术推广进行大量投资，资本与技术加速融合；第四，过时阶段，这一阶段，技术潜力已经耗尽，企业走向衰落，金融机构大量减少对夕阳产业的融资供给。[②] 库兹涅茨从较为宏观的角度详细描述了技术创新每个阶段的融资需求和金融供给情况，为一国制定合理的产业政策、推动创新发展提供依据。但是，他认为企业在初始创新阶段融资需求量较小则值得商榷，随着企业创新难度的提升，依靠企业内源融资显然不能实现金融资源的有效供给。佩蕾丝（2007）同样认为金融资本在推动技术革命的过程中发挥巨大作用，其将技术革命分为技术导入期和展开期。在导入期，生产部门通过金融市场为新技术发明和推广提供大规模融资，但这种融资会在狂热期加剧生产资本与金融资本的分离，融资过程转化为金融资本投机的过程。在展开期，产业资本与金融资本重新融合，但这种融合也会在成熟期再次发生分离。金融资本对技术创新有周期性作用。[③]

---

① 约翰·伊特韦尔等. 新帕尔雷格雷夫经济学大词典（第四卷）[M]. 北京：经济科学出版社，1992：811.

② Kuznets S. S. Growth, Population, and Income Distribution: Selected Essays [M]. New York: Norton, 1979.

③ 佩蕾丝. 技术革命与金融资本——泡沫与黄金时代的动力学 [M]. 田方萌等, 译. 北京：中国人民大学出版社，2007：43 - 48.

技术创新的本身并不是同时发生，不同部门的创新发生的时间和空间并不一致，一些部门处于创新的预想阶段，而一些部门已经处于过时阶段，这就决定不同产业部门的融资需求量也不一致。新兴产业部门总是对风险投资有较大的需求，但是与之不匹配的是，金融资本通常厌恶风险，拒绝流入这些部门。而相对成熟的产业部门，或者夕阳产业，存在并长期滞留较多的金融资源，这制约创新企业的发展。同时，不同国家、不同产业部门的创新具有联动性，随着金融市场的快速发展，不同产业部门之间存在着或多或少的金融关联，"技术创新又同融资和资本投入之间有密切的关系，所以只要金融方面有什么波动，很快地就会影响有关地区和部门"。[①]

对于金融机构而言，为创新企业提供融资活动也有其自身的特点，而这些特征与企业的预期存在诸多矛盾。金融机构提供融资的对象可能是业绩好、创新绩效高的企业，也可能是处于过时阶段、零创新的淘汰企业，还有可能是借创新之名获取资金进行其他投资的企业。因此，可以看出企业创新具有自身规律，而金融运行也有独特的运行模式，把金融资源供给有效的纳入企业创新体系中，是一个复杂的过程。

解决这个复杂过程的最好方式，不外乎把企业创新与融资的过程加入一个历史的维度。我们发现，在工业化早期，企业技术创新的资金主要为自身利润的积累转化，同时辅以民间信贷，而较少地依赖金融机构。这一方面是由于金融市场不健全导致的，另一方面也反映出在资本有机构成较低阶段内源融资对创新的高效性。但是随着工业化进程的加速，企业创新对外部资金的依赖性增强，新技术的发明与应用不再是单个企业所能承担的，银行便承担起为创新企业提供资金的任务。由于银行资本具有一定的抗风险性，同时比民间信贷更具专业性，产业资本便与银行的资本深度融合，共同推动创新发展。但是，这种创新活动更多地表现在大企业方面，在较长时间内，小企业并不具备创新优势，因此很难获得银行资本的融资青睐，证券市场由此发

---

① 厉以宁. 工业化和制度调整：西欧经济史研究 [M]. 北京：商务印书馆，2015：183.

展壮大。证券市场能将企业创新活动带来的风险转移并分散到众多的投资者身上，并迅速积累创新资本。小企业也由此扩大了融资渠道，降低了资本成本，同时增强了创新活动的时效性，也促使企业加大对创新活动的投入，[①] 从而催生了一批极具潜力的创新企业。

8.2.3　金融化影响企业创新的机制分析

创新是企业发展的不竭动力，但企业较难开展创新活动。一方面，创新通常具有投资周期长、投资金额大、产出不确定性高的特点，这就要求企业对创新活动进行大规模、长期稳定的资金投入，企业仅依靠内源融资很难满足这一点。因此，企业创新活动通常面临较为严重的融资约束。另一方面，企业依赖债务融资也较难实现创新投入。债务融资不仅增加了企业的融资成本，而且面临资金链断裂的风险，增加了创新的不确定性。同时，以银行为主导的金融体系，在面对企业创新时，出于风险收益不对等和谨慎性原则考虑，也不会轻易为企业创新提供资金支持。

经济金融化的出现，虽然为企业创新提供了资金，但也促使企业热衷金融投资进而偏离创新轨道。通过文献梳理发现，金融化对创新具有"挤进效应"和"挤出效应"两种效应。一方面，大量文献研究表明实体企业金融化对创新具有"挤进效应"：由于创新本身伴随着高投入、长周期及高风险的特征，[②] 单个企业或者投资者很难评估创新价值并完成投资，[③] 而金融发展则有助于企业管理者发现并评估创新价值。[④] 但在

---

① 张劲帆，李汉涯，何晖. 企业上市与企业创新——基于中国企业专利申请的研究 [J]. 金融研究，2017（5）：160 – 175.

② 贾俊生，伦晓波，林树. 金融发展、微观企业创新产出与经济增长——基于上市公司专利视角的实证分析 [J]. 金融研究，2017（1）：99 – 113.

③ Allen, F. & Gale, D. Diversity of Opinion and Financing of New Technologies [J]. Journal of Financial Intermediation，1999，8（1）：68 – 89.

④ Chowdhury, R. & Maung M. Financial Market Development and the Effectiveness of R&D Investment：Evidence from Developed and Emerging Countries [J]. Research in International Business and Finance，2012，26（2）：258 – 272.

实际创新过程中通常面临偏紧的融资约束,^① 企业家会因害怕丧失关键抵押品而阻碍债务融资。在此情况下,企业金融化能获取充沛的现金流,并实现富余资金的保值增殖,有效地缓解融资约束,为创新获取稳定的资金支持。同时,企业也在金融化过程中提升了自身金融专业化水平,提高了金融资源的配置效率,进而增进了创新效率。另一方面,关于"挤出效应"方面的文献认为,实体企业金融化改变了公司治理模式,管理者必须满足所有者权益,坚持股东价值导向。研发创新具有高风险、收益不稳定等特点,而金融投资通常伴随高资本回报率,企业管理者为规避风险并满足股东权益通常会选择后者。在企业现金流一定的情况下,投资金融资产就会造成对研发投入的挤占,从而抑制企业创新发展。

8.2.4　研究假设

结合以上分析可以发现,企业创新行为面临诸多风险因素制约,尤其受资金约束影响。金融化尽管挤占了企业的内部资源,但同样带来了可观的现金收入,就此而言,金融化对创新具有"挤进"和"挤出"两种相反的效应。"挤进效应"主要体现在内源融资方面。内源融资是企业资本积累的主要手段,具有成本低、原始性、自主性和抗风险性等优点,是企业可持续发展的重要保障,现有文献通常把企业金融化看作内源融资的重要手段。企业将富余资金投向金融市场,实现增殖,为创新带来稳定的现金流,从而推动创新持续发展。"挤出效应"强调,企业的创新资源具有高度的稀缺性,进行金融投资势必造成对创新资源的挤占;同时,金融投资的高收益也严重削弱了企业的意愿和能力。因此,实体企业金融化是否推动创新发展理论上取决于二者效应的大小。^②

---

① 卢馨,郑阳飞,李建明. 融资约束对企业 R&D 投资的影响研究——来自中国高新技术上市公司的经验证据 [J]. 会计研究, 2013 (5): 51 - 58 + 96.

② 杜勇,张欢,陈建英. 金融化对实体企业未来主业发展的影响:促进还是抑制 [J]. 中国工业经济, 2017 (12): 113 - 131.

为了考察潜在金融化水平是否对真实金融化具有诱导性，本书将企业金融化区分为潜在金融化和实际金融化两种类型。潜在金融化主要发生在行业间，是指当前存在市场套利情况下，[①] 实体企业理论上可以达到的金融化水平，反映对创新的潜在影响。根据法马（Fama，1965）提出的有效市场假说，在信息对称和投资者理性的情况下，各种资产价格均与其真实价值相符合，资本市场起降低交易成本、将有限的资本配置到优质需求方的作用。[②] 企业管理者在金融化过程中理性地评估创新价值，即使个别管理者在金融化过程中选择放弃创新，也不会改变市场上众多管理者对创新价值的理性判断。因此，实体企业潜在金融化作为一种发展趋势，实际上对潜在创新水平并不存在明显的"挤出效应"，并且高金融利润与高实业利润对创新的"挤进效应"是一致的，都增加了研发投入和专利产出。基于上述分析，本书提出：

待检假设 H1：实体企业潜在金融化与创新投入存在"U"形关系，对创新质量有正向影响。

若潜在金融化增加了实体企业研发投入，且提高了创新产出，则在理论上支持企业进行实质性金融化，即实际金融化过程，代表企业实际金融化程度，反映对创新的真实影响。为进一步确定实体企业实际金融化与创新之间的关系，需要从"挤进效应"和"挤出效应"两个角度探讨微观作用机制。一般地，主业业绩不同的实体企业，金融化对创新的"挤进效应"和"挤出效应"发生机制并不一致：对于高业绩的企业更多地表现为正面的"挤进效应"。企业利用富余资金进行金融投资，可获取大量的金融收益。当企业创新面临紧的资金约束时，通过变现金融资产，弥补创新资金缺口，进而达到促进创新投资的目的。对于低业绩的企业，金融化在影响创新投入方面也表现为"挤进效应"，这与以往研究认为金融化显著抑制研发投入相区别。究其原因，低业绩企业希望增加对新经济、新领域的研发投入，达到博取市

---

① 王红建，曹瑜强，杨庆，杨筝. 实体企业金融化促进还是抑制了企业创新——基于中国制造业上市公司的经验研究 [J]. 南开管理评论，2017，20（1）：155 – 166.

② Fama, E. F. The Behavior of Stock - Market Prices [J]. Journal of Business, 1965, 38（1）：34 – 105.

场关注，进而获得外部融资，或者有助于通过减持股份的方式谋求大股东收益最大化的目的。因此，金融化对实体企业研发投入的"挤进效应"被强化，"挤出效应"被弱化，出现企业实业业绩高，研发投入增加与企业业绩低，金融化水平高，研发投入也增加的现象。显然，高业绩企业金融化对专利产出具有实质性提升，而低业绩企业金融化对专利产出具有抑制作用。基于以上分析，本书提出：

待检假设 H2：实体企业实际金融化与研发投入存在"U"形关系，对创新质量有负向影响。

8.3　金融化对企业创新影响的实证研究：基于上市公司的分析

8.3.1　计量模型构建

为探讨实体企业金融化对创新行为的影响，检验假说 H1 和假说 H2，本书参考张成思和张步昙（2016）、[①] 王红建等（2017）[②] 的方法设定基准方程如下：

$$rd_{i,t}(p_{i,t}) = \beta_0 + \beta_1 sf_{i,t-1} + \beta_2 sf_{i,t-1}^2 + \beta_3 depend_{i,t-1} + \beta_4 pubsub_{i,t-1}$$
$$+ \beta_5 m2_{i,t-1} + \beta_6 cfo_{i,t-1} + \beta_7 age_{i,t} + \beta_8 roa_{i,t-1} + \beta_9 aslbrt_{i,t-1}$$
$$+ \beta_{10} overseas_{i,t-1} + \beta_{11} invset_{i,t-1} + \beta_{12} board_i + \beta_{13} property_i$$
$$+ \beta_{14} location_i + \sum \rho_i industry + \sum \rho_j year + \varepsilon_{i,t} \quad (8-1)$$
$$rd_{i,t}(p_{i,t}) = \beta_0 + \beta_1 ef_{i,t-1} + \beta_2 ef_{i,t-1}^2 + \beta_3 depend_{i,t-1} + \beta_4 pubsub_{i,t-1}$$
$$+ \beta_5 m2_{i,t-1} + \beta_6 cfo_{i,t-1} + \beta_7 age_{i,t} + \beta_8 roa_{i,t-1} + \beta_9 aslbrt_{i,t-1}$$

① 张成思，张步昙. 中国实业投资率下降之谜：经济金融化视角［J］. 经济研究，2016，51（12）：32-46.

② 王红建，曹瑜强，杨庆，杨筝. 实体企业金融化促进还是抑制了企业创新——基于中国制造业上市公司的经验研究［J］. 南开管理评论，2017，20（1）：155-166.

$$+ \beta_{10}\text{overseas}_{i,t-1} + \beta_{11}\text{invset}_{i,t-1} + \beta_{12}\text{board}_i + \beta_{13}\text{property}_i$$

$$+ \beta_{14}\text{location}_i + \sum \rho_i \text{industry} + \sum \rho_j \text{year} + \varepsilon_{i,t} \qquad (8-2)$$

其中，rd 为研发投入率，p 为专利产出，其他变量见第 7 章。为减少内生性问题，对解释变量进行滞后一阶处理。本书重点关注 β_1、β_2 系数，对于 rd，模型（8-1）中如果 β_1、β_2 显著，β_2 大于零，说明在理论上企业金融化与研发投入存在 "U" 形关系，模型（8-2）中如果 β_1、β_2 显著，β_2 大于零，说明在实际上企业金融化与研发投入存在 "U" 形关系；对于专利产出 p，模型（8-1）中如果 β_1 显著小于零，表示理论上金融化增强了企业专利产出，模型（8-2）中如果 β_1 显著大于零，表示企业主业利润率越高，对专利产出促进作用越大。

8.3.2 选取的变量数据说明

1. 数据来源

研究所使用的专利和研发投入数据来自中国研究数据服务平台（CNRDS），其余数据见第 7 章中数据来源。

2. 创新指标

现有文献通常采用研发投入或专利产出数衡量企业的创新能力，由于中国上市企业始于 2007 年披露研发数据，王红建等（2017）认为目前专利产出存在统计口径不一致等问题，采用研发投入衡量企业创新水平较为合理，[1] 但贾俊生等（2017）指出研发投入不一定会带来创新产出，专利数量是衡量创新更有效的指标。[2] 本书借鉴以上做法，且在研究目标的基础上，采用研发投入和专利产出分别衡量企业的创新

---

[1] 王红建，曹瑜强，杨庆，杨筝. 实体企业金融化促进还是抑制了企业创新——基于中国制造业上市公司的经验研究 [J]. 南开管理评论，2017，20（1）：155-166.

[2] 贾俊生，伦晓波，林树. 金融发展、微观企业创新产出与经济增长——基于上市公司专利视角的实证分析 [J]. 金融研究，2017（1）：99-113.

水平。具体而言，采用研发投入（rd）测度企业的创新意愿，用专利产出衡量企业的创新效率与质量（见表 8 - 1）。为了统一口径，本书在数据收集过程中全部纳入企业本身、合营、联营以及子公司的专利数据，并对专利数据进行区分：选取发明专利（innovation）衡量企业的"高质量"创新水平，采用专利产出（tpatent）衡量企业的创新规模，采用企业实用型专利和外观设计专利之和（patent）反映企业一般性创新水平（见表 8 - 1）。

表 8 - 1   变量定义

变量	定义与计算
tpatent	企业专利总数 = 发明专利 + 实用新型专利 + 外观设计专利
patent	企业实用型专利和外观设计专利之和
innovation	企业发明专利数（代表创新质量）
rd	企业研发投入率，基于总资产做标准化

8.3.3　实证结果分析

1. 描述性统计

由于缺失值的存在，本书最终得到 18100 多个观测值，为了描述观测值的基本属性，表 8 - 2 给出了变量的描述性统计结果，发现实用型专利和外观设计专利（patent）数高于发明专利数，表明创新结构有待优化；企业研发投入占总资产比例的均值为 0.0344，说明实体企业研发投入比例并不高。

表 8 - 2   描述性统计

变量	观测个数	均值	标准差	最小值	最大值
tpatent	18144	2.0742	1.6608	0	5.6419
patent	18144	1.6104	1.5471	0	5.124

経済金融化与中国実体企业発展研究

变量	观测个数	均值	标准差	最小值	最大值
innovation	18144	1.3951	1.3825	0	4.7707
rd	18142	0.0344	0.0772	0	0.3935

2. 总体回归结果

为了检验实体企业金融化与研发投入和创新产出的关系，我们对基准方程（8-1）、（8-2）进行估计，结果报告见表8-3。首先，考察实体企业金融化对研发投入的影响。从表8-3第（1）列和第（2）列可看到潜在金融化和实际金融化的平方项系数均显著为正，说明企业无论是潜在金融化还是实际金融化都与研发投入都存在开口向上的"U"形关系。"U"形右侧，创新投入随着主业利润增加而增加；"U"形左侧，创新投入随着金融利润增加而增加。该结果表明：企业无论是大力发展实业还是过度金融化都能增加研发投入。此外，企业潜在金融化函数模型位于实际金融化左侧，反映出中国当前行业间利润率差距较大的现状。通过计算还发现，企业金融化与研发投入存在极值点。就企业潜在金融化而言，当营业利润率与金融行业利润率差距超过22.58%，才会进入实质性研发投入阶段，反之，则增加策略性研发投入；就企业实际金融化而言，当实业利润率与金融行业利润率差距超过30.26%，企业同样会进入实质性创新阶段，反之也表现出策略性研发投入。为了检验实体企业研发投入所处的阶段，本书统计了从2009~2016年利润率差距分别超过22.58%和30.26%的样本量，仅为3222个和2346个，表明总体上企业大部分阶段处在左侧创新领域，研发投入行为为策略型。

表8-3　　　　实体企业金融化与研发投入及创新产出的实证结果

变量	(1) rd	(2) rd	(3) tpatent	(4) patent	(5) innovation	(6) tpatent	(7) patent	(8) innovation
sf	0.0056 ** (0.0025)		-0.0039 * (0.0021)	-0.0035 * (0.0021)	-0.0033 * (0.0020)			

续表

变量	(1) rd	(2) rd	(3) tpatent	(4) patent	(5) innovation	(6) tpatent	(7) patent	(8) innovation
sf*sf	0.0124*** (0.0040)							
ef		-0.0069*** (0.0018)				0.0003** (0.0001)	0.0002*** (0.0001)	0.0003** (0.0002)
ef*ef		0.0114*** (0.0019)						
depend	0.0002 (0.0001)	0.0002 (0.0001)	-0.0001* (0.0000)	-0.0000 (0.0000)	0.0000 (0.0000)	-0.0001* (0.0000)	-0.0000 (0.0000)	0.0000 (0.0000)
pubsub	0.2940*** (0.0821)	0.2820*** (0.0818)	-0.8560 (0.7350)	-1.3210** (0.6200)	-0.5660 (0.6430)	-0.9160 (0.7290)	-1.366** (0.6210)	-0.6150 (0.6390)
m2	0.0537*** (0.0144)	0.0485*** (0.0143)	-1.6300*** (0.284)	-1.0710*** (0.2590)	-0.9180*** (0.2410)	-1.5980*** (0.2840)	-1.0380*** (0.2590)	-0.8870*** (0.2400)
cfo	0.0228*** (0.0060)	0.0251*** (0.0060)	0.4250*** (0.0930)	0.2540*** (0.0890)	0.2960*** (0.0804)	0.4290*** (0.0931)	0.2600*** (0.0891)	0.2970*** (0.0804)
aslbrtl	-0.0359*** (0.0039)	-0.0357*** (0.0038)	-0.0246 (0.0286)	0.1510*** (0.0504)	-0.0325 (0.0246)	-0.0252 (0.0286)	0.1500*** (0.0505)	-0.0330 (0.0247)
roa	-0.0692*** (0.0151)	-0.0682*** (0.015)	0.0233 (0.0310)	0.1740*** (0.0487)	-0.0000 (0.0283)	0.0207 (0.0313)	0.171*** (0.0488)	-0.0028 (0.0285)
age	-0.0014 (0.0015)	-0.0016 (0.0014)	0.0559* (0.0311)	0.0291 (0.0292)	0.0703*** (0.027)	0.0538* (0.0311)	0.0278 (0.0292)	0.0689** (0.0270)
invest	-0.0715*** (0.0120)	-0.0680*** (0.0118)	-0.2000 (0.2400)	-0.5660** (0.2210)	-0.2010 (0.1990)	-0.2100 (0.2400)	-0.572*** (0.2210)	-0.2090 (0.1990)
overseas	0.0052 (0.0044)	0.0043 (0.0044)	0.0829 (0.0865)	-0.0430 (0.0652)	0.1270 (0.0782)	0.0788 (0.0863)	-0.0462 (0.0653)	0.1240 (0.0780)
location	-0.0016 (0.001)	-0.0013 (0.001)	0.0076 (0.0237)	0.0569*** (0.0217)	-0.0003 (0.0201)	0.0101 (0.0237)	0.0588*** (0.0217)	0.0014 (0.0201)
property	0.0070*** (0.0011)	0.0064*** (0.0011)	0.0190 (0.0247)	-0.0000 (0.0231)	0.0268 (0.0213)	0.0193 (0.0248)	0.0002 (0.0232)	0.0269 (0.0214)
board	-0.0070*** (0.0009)	-0.0066*** (0.0009)	-0.0055 (0.0190)	-0.0297* (0.0177)	-0.0136 (0.0161)	-0.0042 (0.0190)	-0.0283 (0.0177)	-0.0132 (0.0161)

续表

变量	(1) rd	(2) rd	(3) tpatent	(4) patent	(5) innovation	(6) tpatent	(7) patent	(8) innovation
_cons	0.0395 *** (0.0071)	0.0387 *** (0.0070)	−0.0000 (0.0000)	−0.0000 (0.0000)	−0.0000 (0.0000)	1.8250 *** (0.1250)	1.4030 *** (0.1160)	1.0040 *** (0.1080)
行业/时间效应	控制	控制	控制	控制	控制	控制	控制	控制
N	15805	15830	15806	15806	15806	15831	15831	15831
R^2	0.046	0.051	0.029	0.028	0.029	0.029	0.027	0.029

注：括号内为 t 统计量，***、**、*分别代表在1%、5%和10%的水平上显著。

其次，本书考察了金融化对创新产出的影响。模型（3）、模型（4）、模型（5）和模型（6）、模型（7）、模型（8）两组分别汇报了潜在金融化和实际金融化对总专利产出、实用型专利及外观设计专利产出和发明专利产出的回归结果。我们观察到，实体企业金融化与创新产出并不存在"U"形关系，表明金融化企业更注重研发投入带来的"额外收益"，并不关心研发投入行为的产出效率。进一步地，从模型（3）、模型（4）、模型（5）可以看到，sf 的回归系数显著为负，表明实体企业只要实现潜在金融化就能显著地增加创新产出。但是，模型（6）、模型（7）、模型（8）中 ef 的回归系数显著为正，意味着企业只有大力发展主业才能实现高质量创新，一旦实质性金融化，则会显著地抑制创新产出。

此外，我们还注意到，外部环境对企业创新具有重大影响。pubsub 和 m2 的系数都显著为正，表明实体企业获得的财政补助越多，企业外部货币政策环境越宽松，企业创新投入热情越高。但是，对于创新产出，pubsub 和 m2 的系数却同为负（pubsub 部分系数不显著），表明财政补贴和货币政策没有发挥预期政策效果。从实体企业基本面上看，depend 系数在模型（3）和模型（6）中显著为负，说明企业资金缺口对专利总产出具有抑制作用；cfo 系数显著为正，表明企业的现金流越充沛，研发投入越多，创新产出也相应提高；aslbrtl 与研发投入呈显著的负相关关系，却显著增加了企业实用新型专利及外观设计专利，表明企业资产负债率越高，越排斥科研投入，仅进行简单的创新活动；roa 与研发投入也呈显著的负相关关系，而与实用新型专利及外观设计专利产出呈显著正向关系，表明企业的收益并没有用来发明新技术，仅维持简单再生产。

综上可以看出，金融化具有诱导性与隐蔽性，首先反映在实体企业潜在金融化可以增加研发投入，增加创新产出，巧妙地掩盖了金融化对创新的"挤出效应"；其次，企业实际金融化在事实上增加了研发投入，进一步掩盖了金融化抑制创新产出的严重后果；最终实体企业金融化对创新产出形成显著的"挤出效应"。这一发现从深层次上揭示了中国当前实体企业实质性创新不足的内在原因，也为近年来中国宏观层面上研发投入持续增加而核心创造力不足提供了经验证据。

3. 分组讨论

为了检验金融化影响创新的异质性问题，本书首先考察企业产权性质差异导致的不同影响，并以此为依据将企业划分为国有企业、民营企业和外资企业三组。一般地，国有企业在融资方面享有优势，能以较低的成本获取政府补贴和银行贷款。因此，国有企业金融化更多的是出于套利目的；而民营企业相较于国企，通常面临更紧的融资约束，对政府补贴和市场利率的敏感性也更高，所以，民营企业金融化倾向于"蓄水池"作用的发挥；外资企业本身具有资金和技术优势，更看重中国要素红利和市场规模，其金融化动机并不强。表 8 - 4 是根据产权性质进行分组回归的结果。面板（Panel）A 汇报了实体企业金融化对不同性质企业研发投入的影响。模型（1）、模型（2）显示，国企和民企金融化二次项系数显著为正，满足金融化影响研发投入的"U"形特征。相较于总体水平，国企拐点右移，民企拐点左移，说明民企相较国企面临更强的融资约束。这意味着，在同一研发投入强度下，民企需要更高的金融化水平才能实现，因此民企金融化动力更强。模型（4）、模型（5）同样表明，国企金融化动力小于民企，在更高实业利润水平上创新。模型（3）、模型（6）中金融化解释变量系数都不显著，说明没有证据支持外资企业通过金融化影响创新投入。Panel B 汇报了实体企业金融化与创新产出的回归结果。检验结果显示，模型（1）、模型（2）、模型（3）回归系数都显著为负，表明潜在金融化显著提升了企业产出数量。而模型（4）、模型（5）、模型（6）中仅国有企业回归系数显著为正，民企和外资企业回归系数均不显著，说明国有企业大力发展主业更有助于提高创新水平，而民企金融化尽管增加了研发投入，但并未增强创新能力。以上结果说明，无论是潜在金融化还是实际金融化都显著的"挤进"了国企和民企的研发投入，但在创新产出上，仅潜在金融化显著提升了专利水平，实际金融化显著弱化了国企的创新实力，并没有证据支持民企通过金融化方式促进创新发展。

表 8 – 4　　　　实体企业金融化与创新——按企业产权性质分组

	(1) 国企 rd	(2) 民企 rd	(3) 外资企业 rd	(4) 国企 rd	(5) 民企 rd	(6) 外资企业 rd
	Panel A：金融化、企业性质与研发投入					
变量	(1) 国企 rd	(2) 民企 rd	(3) 外资企业 rd	(4) 国企 rd	(5) 民企 rd	(6) 外资企业 rd
sf	0.0037* (0.0033)	0.0102** (0.0040)	−0.0046 (0.0061)			
sf * sf	0.0084* (0.0051)	0.0169*** (0.0061)	0.0019 (0.0143)			
ef				−0.0078*** (0.0024)	−0.0067** (0.0027)	0.0064 (0.0079)
ef * ef				0.0094*** (0.0028)	0.0119*** (0.0028)	−0.0039 (0.0056)
cs	控制	控制	控制	控制	控制	控制
行业/时间效应	控制	控制	控制	控制	控制	控制
_cons	0.0426*** (0.0092)	0.0351*** (0.0092)	0.1020*** (0.0263)	0.0413*** (0.0090)	0.0324*** (0.0089)	0.1040*** (0.0251)
N	6233	8825	747	6243	8839	748
R^2	0.062	0.042	0.163	0.069	0.047	0.165

续表

Panel B：金融化、企业性质与发明专利

变量	(1) 国企 innovation	(2) 私企 innovation	(3) 外资企业 innovation	(4) 国企 innovation	(5) 私企 innovation	(6) 外资企业 innovation
sf	-0.0004*** (0.0001)	-0.0058** (0.0025)	-0.0028** (0.0011)			
ef				0.0001*** (0.0000)	0.0026 (0.0016)	-0.0023 (0.0082)
cs	控制	控制	控制	控制	控制	控制
行业/时间效应	控制	控制	控制	控制	控制	控制
_cons	1.3002*** (0.1686)	0.8915*** (0.1281)	2.0739*** (0.3641)	1.2970*** (0.1685)	0.8930*** (0.1280)	2.1661*** (0.3672)
N	6233	8825	747	6243	8839	748
R^2	0.048	0.035	0.141	0.047	0.035	0.135

注：括号内为t统计量，***、**、*分别代表在1%、5%和10%的水平上显著。

除了企业性质，本书还考虑了区域差异导致的企业金融化对研发投入的不同影响。中国幅员辽阔，不同区域间市场化进程迥异，要素资源空间分布也不尽相同。一方面，市场化程度越高的地区，行业间利润差距越小，行业间的套利较为困难，企业潜在金融化动力也更弱，对研发投入影响程度较低。从表8-5的Panel A可以看出，模型（1）中sf和平方项系数不显著，说明东部地区市场套利程度低，行业间利润率水平差距较小；模型（2）平方系数项显著，说明中部区域较符合一般特征；模型（3）sf系数显著为正，平方项系数不显著，说明对于西部区域潜在金融化显著抑制了研发投入。另一方面，市场化较高的区域，企业拥有更多的金融投资选择，行业间收益率差距较小可能是实体企业通过增加金融利润进而提高营业利润导致的，故企业内部金融资本与产业资本回报率之间依然存在差距。因此，企业依旧倾向通过配置金融资产获取超额利润，对研发投入也具有显著影响。模型（4）、模型（5）、模型（6）显示，实体企业实际金融化与创新投入依

然存在"U"形关系，且增加了创新投入。而且，相同的金融化水平对中西部地区研发投入的促进效应比东部更大，一个可能的原因是中西部地区在产业结构上以传统制造业为主，金融化发挥"蓄水池"作用。对于 Panel B，模型（2）和模型（3）中金融化系数显著为负，表明潜在金融化理论上显著增加了中西部企业的发明专利；模型（3）、模型（4）、模型（5）金融化系数显著为正，表明实体企业真实金融化显著抑制了发明专利产出。以上结果说明，理论上市场化程度越深的区域，越有助于抑制行业间套利的发生，金融化对企业创新的影响越小。但是，中国由于存在金融抑制，实体企业实际上依然可以跨区域、跨行业进行套利，这种套利活动仅实现了研发投入的表面繁荣，却显著抑制了企业的专利产出，阻碍企业高质量创新。

表 8 – 5　　　　实体企业金融化与创新——按企业区域差异分组

变量	Panel A：金融化、区域差异与研发投入					
	(1) 东部 rd	(2) 中部 rd	(3) 西部 rd	(4) 东部 rd	(5) 中部 rd	(6) 西部 rd
sf	0.0032 (0.0028)	0.0064 (0.0059)	0.0258 *** (0.0098)			
sf * sf	0.0062 (0.0046)	0.0389 *** (0.0093)	0.0173 (0.0126)			
ef				– 0.0086 *** (0.0021)	– 0.0089 ** (0.0043)	0.0018 (0.0055)
ef * ef				0.0102 *** (0.0022)	0.0096 ** (0.0049)	0.0178 *** (0.0055)
cs	控制	控制	控制	控制	控制	控制
行业/时间效应	控制	控制	控制	控制	控制	控制
_cons	0.0373 *** (0.0088)	0.0322 ** (0.0156)	0.0434 ** (0.0173)	0.0363 *** (0.0086)	0.0379 ** (0.0156)	0.0394 ** (0.0173)
N	10797	3013	1995	10815	3015	2000
R^2	0.043	0.125	0.135	0.050	0.124	0.137

续表

变量	金融化、区域差异与专利产出					
	(1) 东部 innovation	(2) 中部 innovation	(3) 西部 innovation	(4) 东部 innovation	(5) 中部 innovation	(6) 西部 innovation
sf	-0.0004 (0.0003)	-0.0214** (0.0102)	-0.0076* (0.0049)			
ef				0.0001*** (0.0000)	0.0116* (0.0070)	0.0038** (0.0022)
cs	控制	控制	控制	控制	控制	控制
行业/时间效应	控制	控制	控制	控制	控制	控制
_cons	0.8393*** (0.1323)	0.6696*** (0.2709)	3.0012*** (0.4413)	0.8445*** (0.1324)	1.7730*** (0.2299)	0.6560*** (0.2703)
N	6233	8825	747	6243	8839	748
R^2	0.028	0.078	0.102	0.028	0.078	0.104

注：括号内为 t 统计量，***、**、* 分别代表在 1%、5% 和 10% 的水平上显著。

8.3.4　进一步研究和稳健性检验

1. 金融化背景下财政政策和货币政策促进高质量创新的效力检验

上述基准方程的回归检验了实体企业金融化对研发投入和专利产出的直接影响，但创新和金融化本身都是复杂的经济现象，金融化是否会通过影响其他因素的偏效应进而影响创新水平有待进一步检验。为此，本书接下来从企业面临的宏观经济环境着手，探讨金融化是否会影响政府补贴和货币政策促进创新的预期效力。

政府补助政策是各国调控实业常用的手段之一。政府补助与企业创新的关系也一直是学者关注的重点，但金融化背景下的政府补助的政策效果鲜有学者研究。政府补助包括财政贴息、研究开发补贴、政策性补贴等方式，能为企业带来实质性收益。[①] 一方面，当企业获得政

---

① 黄先海，陈勇. 论功能性产业政策——从 WTO "绿箱" 政策看我国的产业政策取向 [J]. 浙江社会科学，2003 (2)：66-70.

府补助，可以节约部分原本需要支付的研发成本，企业富余资金随之增加，企业管理者通过配置金融资产，获得金融收益，为创新提供更多流动性支持，金融化增强了政府补助的政策效果。另一方面，政府补助挤占了企业应有的创新投入，这部分资金通过金融投资流入金融领域，并未重归创新领域。同时，管理者为实现金融投资为企业带来持续性收益和融资的目的，也会主动寻求可以获取补助的创新项目，其结果是忽视了创新效率或仅进行简单创新。[①] 金融化弱化了财政补助效果。因此，在基准方程的基础上加入金融化与财政补贴政策的交叉项，即：

$$rd_{i,t}(p_{i,t}) = \beta_0 + \beta_1 ef_{i,t-1} + \beta_2 ef_{i,t-1}^2 + \beta_3 ep_{i,t-1}$$
$$+ \beta_4 pubsub_{i,t-1} + \gamma cs + \varepsilon_{i,t} \qquad (8-3)$$

其中 $ep = ef \times pubsub$，为金融化与财政补贴的交互项，cs 为其他控制变量。

另外，货币政策也是各国提振实体经济的常用手段。其具体机制是通过综合运用各种工具调节货币供应量来调节市场利率，通过市场利率的变化来影响创新的机会成本。因此，货币政策与企业金融化和企业创新具有天然的联系。在一国实施宽松货币政策的时期，市场利率通常处于较低水平，对企业投资行为产生两方面影响。一方面，对于企业本身来说，受到的融资约束降低，能以更低的融资成本获取资金，同时既有资金投资的机会成本也会降低，从而提振风险投资的信心；对于企业外部来说，低利率改善了金融市场和房地产市场的预期，提高了金融资本的收益率。在此情形下，企业管理者配置更多的金融资产会改善公司的现金流，形成庞大的资金储备，平滑企业研发投入的波动，提高创新水平。因此，企业金融化可以通过宽松的货币政策推动创新投入。另一方面，宽松的货币政策更有助于维持金融行业的超额利润，行业间的利润差距会改变企业管理者的投资偏好，其更热

---

① 安同良，周绍东，皮建才. R&D 补贴对中国企业自主创新的激励效应 [J]. 经济研究，2009，44（10）：87－98＋120.

衷于金融投资（张成思和张步昙，2016；[①] 杜勇等，2017[②]）。在企业融资约束一定的情况下，进行金融投资就会挤占用于研发投入的资金，导致企业产品设备难以升级，实业利润率进一步下降。进而，国家不得不长期保持货币宽松政策，这有助于促使企业金融投资的短期行为长期化。企业一旦形成金融收益的路径依赖，金融资本便难以流回实业。宽松货币政策释放的现金流被金融资本吸纳，在金融市场上"空转"。因此，企业金融化抑制了货币政策提振创新的政策效果。为此，在基准方程的基础上加入金融化与货币政策的交叉项，即：

$$rd_{i,t}(p_{i,t}) = \beta_0 + \beta_1 ef_{i,t-1} + \beta_2 ef_{i,t-1}^2 + \beta_3 em_{i,t-1} + \beta_4 m2_{i,t-1} + \gamma cs + \varepsilon_{i,t}$$

$$(8-4)$$

其中 $em = ef \times m2$，为金融化与货币政策的交互项。

对方程（8-3）进行回归，结果见表8-6。模型（1）、模型（2）中交叉项的系数都显著为正，表明实体企业外部行业间利润率差距越大，企业内部金融利润率越高，企业金融化动力越强，越偏离实业，金融化挤出了财政政策效果。模型（3）和模型（5）分别对总专利数和发明专利数具有显著的正向影响，表明原有的政策设计期望通过改善企业营业利润进而达到促进技术进步的目的，但模型（6）、模型（7）和模型（8）交叉项 ep 不显著，说明在金融化背景下，实体企业获取政府补助后改善创新的意愿并不强。以上分析说明，目前金融化抑制了财政政策提高创新水平的政策效果。

表8-6　　　　　　　金融化、财政政策与创新

变量	(1) rd	(2) rd	(3) t_patent	(4) patent	(5) innovation	(6) t_patent	(7) patent	(8) innovation
sf	-0.0056 ** (0.0027)		-0.0006 * (0.0004)	-0.0007 * (0.0003)	-0.0005 (0.0003)			

① 张成思，张步昙. 中国实业投资率下降之谜：经济金融化视角 [J]. 经济研究，2016，51（12）：32-46.

② 杜勇，张欢，陈建英. 金融化对实体企业未来主业发展的影响：促进还是抑制 [J]. 中国工业经济，2017（12）：113-131.

续表

变量	(1) rd	(2) rd	(3) t_patent	(4) patent	(5) innovation	(6) t_patent	(7) patent	(8) innovation
sf * sf	0.0121 *** (0.0039)							
sp	1.671 *** (0.310)		4.856 ** (2.240)	0.425 (1.536)	4.966 ** (1.998)			
ef		− 0.0094 *** (0.0023)				0.0002 (0.0002)	0.0003 ** (0.0001)	0.0002 (0.0002)
ef * ef		0.0114 *** (0.0019)						
ep		0.378 * (0.230)				0.0387 (0.143)	− 0.0374 (0.0948)	0.0512 (0.127)
pubsub	0.919 *** (0.154)	0.268 *** (0.0828)	2.024 (1.667)	− 1.072 (1.261)	2.381 (1.453)	− 0.909 (0.727)	− 1.373 ** (0.621)	− 0.605 (0.636)
cs	控制	控制	控制	控制	控制	控制	控制	控制
行业/时间效应	控制	控制	控制	控制	控制	控制	控制	控制
_cons	0.0355 *** (0.0072)	0.0388 *** (0.00703)	1.810 *** (0.125)	1.810 *** (0.125)	0.990 *** (0.108)	1.825 *** (0.125)	1.402 *** (0.116)	1.005 *** (0.108)
N	15805	15830	15806	15806	15806	15831	15831	15831
R^2	0.049	0.052	0.029	0.027	0.030	0.029	0.027	0.029

注：括号内为 t 统计量，*** 、** 、* 分别代表在 1% 、5% 和 10% 的水平上显著。

对方程（8 - 4）进行回归，结果见表 8 - 7。模型（1）中 sm 为负但不显著，说明没有足够证据表明宽松的货币政策能缩小行业收益差距进而改善创新环境；模型（2）中 em 系数显著为负，表明宽松货币政策释放的流动性被金融投资部分吸收，导致创新投入的"虚增"；模型（3）、模型（4）、模型（5）中 sm 显著为负，表明现行货币政策理论上可以提高创新产出；模型（6）、模型（7）、模型（8）中仅模型

（6）的 em 系数显著且为负，说明随着金融化的加深，宽松货币政策仅
显著增加企业的创新规模，并未提高创新质量。综上可以看出，宽松
货币政策有助于维持金融部门的高收益，实体企业在理论上可以通过
金融化的"蓄水池"作用增加创新产出。但是，实体企业金融化后，
也仅仅是增加了研发投入，对实质性创新并未起到提振作用。

表 8-7　　　　　　　　　　　金融化、货币政策与创新

变量	（1）rd	（2）rd	（3）t_patent	（4）patent	（5）innovation	（6）t_patent	（7）patent	（8）innovation
sf	0.0084 (0.0087)		0.0027 *** (0.0009)	0.0021 * (0.0011)	0.0023 *** (0.0008)			
sf * sf	0.0122 *** (0.0039)							
sm	-0.0185 (0.0557)		-0.0223 *** (0.0069)	-0.0191 ** (0.0081)	-0.0193 *** (0.0065)			
ef1		0.0270 *** (0.0068)				0.00533 * (0.00300)	0.00485 (0.00310)	0.00263 (0.00272)
ef * ef		0.0099 *** (0.0019)						
em		-0.211 *** (0.0430)				-0.0437 * (0.0263)	-0.0399 (0.0272)	-0.0196 (0.0239)
m2	0.0496 *** (0.0143)	0.0487 *** (0.0143)	-1.571 *** (0.286)	-1.048 *** (0.261)	-0.864 *** (0.242)	-1.538 *** (0.285)	-1.016 *** (0.260)	-0.829 *** (0.242)
cs	控制	控制	控制	控制	控制	控制	控制	控制
行业/时间效应	控制	控制	控制	控制	控制	控制	控制	控制
_cons	0.0355 *** (0.0072)	0.0388 *** (0.00703)	2.268 *** (0.120)	1.705 *** (0.111)	1.496 *** (0.105)	2.265 *** (0.120)	1.702 *** (0.112)	1.494 *** (0.105)
N	15805	15830	15806	15806	15806	15831	15831	15831
R^2	0.049	0.052	0.005	0.004	0.003	0.005	0.004	0.003

注：括号内为 t 统计量，*** 、** 、* 分别代表在 1%、5% 和 10% 的水平上显著。

2. 稳健性检验

表 8-6 和表 8-7 分别加入了金融化指标与财政补贴和货币政策的交叉项，其主要指标的结果与前文一致，证实了本书结论的稳健性。但为了使结论更加稳健全面，本书还借鉴了张成思等的研究成果，在企业金融收益中剔除"合营与联营企业的投资收益与其他综合收益"一项，然后对本书假设 H1 和假设 H2 进行重新检验，发现基准模型结果依然稳健，检验结果见表 8-8。

表 8-8   实体企业金融化与研发投入及创新产出的实证结果（稳健性检验）

变量	(1) rd	(2) rd	(3) t_patent	(4) patent	(5) innovation	(6) t_patent	(7) patent	(8) innovation
sf	-0.0058 *** (0.0030)		-0.0008 *** (0.0001)	-0.0008 *** (0.0001)	-0.0007 *** (0.0001)			
sf * sf	8.97e-10 ** (4.81e-10)							
ef1		-0.0044 *** (0.0015)				0.0003 ** (0.0001)	0.0002 *** (0.0001)	0.0003 * (0.0001)
ef * ef		3.25e-10 ** (1.81e-10)						
cs	控制	控制	控制	控制	控制	控制	控制	控制
行业/时间效应	控制	控制	控制	控制	控制	控制	控制	控制
_cons	0.0355 *** (0.0072)	0.0360 *** (0.0001)	1.8192 *** (0.1243)	1.3980 *** (0.1163)	0.9993 *** (0.1079)	1.8250 *** (0.1245)	1.4026 *** (0.1164)	1.0042 *** (0.1080)
N	15805	15830	15806	15806	15806	15831	15831	15831
R^2	0.012	0.052	0.029	0.027	0.029	0.028	0.027	0.029

注：括号内为 t 统计量，*** 、** 、* 分别代表在 1%、5% 和 10% 的水平上显著。

8.4　本章小结

　　当前，中国经济处于高速增长向"高质量"发展转变的换挡期，"高质量"发展的根本动力在于创新。但是中国实体企业创新呈现出大而不强的特征，本书从实体企业金融化角度对该现象予以解释。由于传统的有效市场假说认为，金融发展能自发地实现金融资源的合理配置，因此本书首先检验了实体企业潜在金融化对创新的影响，结果显示潜在金融化确实对企业研发投入和专利产出具有促进作用。但是，本书紧接着对实体企业实际金融化影响创新的机制进行了检验，发现企业实际金融化后仅对研发投入具有显著促进作用，对创新产出则表现出严重的"挤出效应"。此外，根据企业产权性质分组发现，金融化对国企和民企的研发投入都具有显著的"挤进效应"，但只有潜在金融化显著增加发明专利，实际金融化则显著抑制了国企的创新产出，对民企创新产出的效应并不显著，表明当前国企只有不断提高主业利润才能真正提升创新质量，民企依靠金融化手段提升创新能力的方式并不可行；区域分组显示，对于企业潜在金融化，东部地区市场化程度较高，行业套利可能性更小，金融化对研发投入和创新产出的影响较小，中西部市场化程度低，创新受金融化影响程度较高。对于企业实际金融化，由于中国金融市场机制不健全，实体企业依然可以跨区域、跨行业进行套利，显著提升了研发投入，却严重抑制了创新产出。针对上述情况，尽管中国政府在宏观领域期望通过财政补贴手段和宽松的货币政策推动企业创新高质量发展，但金融化最终弱化了二者促进创新的预期效果。

第9章　主要结论与政策建议

在资本主义社会，经济金融化问题之所以产生，是由于生产的社会化同生产资料私人占有的根本矛盾所导致的。经济金融化在形式上表现为产业资本主导的资本积累体系让位于金融资本主导的资本积累体系的过程。经济金融化正改变着资本主义进程。不可否认金融是当代经济的核心之一，健康有序的金融市场有利于缓解企业融资约束，增加产业投资和创新投入，促进经济高质量发展。但是，经济过度金融化将挤出实体经济投资，导致实体经济萎缩。进入新时代，中国经济也面临金融化问题。透视经济金融化的一般机制，对比分析"中心—边缘"国家金融化问题的异同，并探索中国实体企业在金融化过程中的行为选择，对推动中国经济"高质量发展"有重要启发意义。

经济金融化加剧了世界经济的脆弱性，发生在美国的"次贷危机"和欧盟的主权债务危机都表明，不能把服务业作为经济增长的基础和核心，特别是不能把金融行业和房地产行业作为发展经济的支撑。"去工业化"会使经济丧失财富创造和价值创造的基础。

9.1　研究结论

9.1.1　马克思主义唯物辩证法和资本积累理论在回答经济金融化问题上的科学性

经济金融化是资本内部矛盾多维演变的产物，需要一种科学的分析方法加以考察。本书研究所采取的方法论原则是马克思主义唯物辩证法，不仅因为唯物辩证法是马克思在《资本论》研究中采用的根本方法，更因为唯物辩证法深刻剖析了资本主义世界的一切矛盾的根源，生动地展示了资本主义生产本身包含的自我矛盾与自我否定过程，具有科学的指导意义。经济金融化问题归根到底仍是资本积累问题，其产生、发展与影响并没有超出马克思资本理论研究的范畴。

在马克思生活的年代，产业资本积累主导着资本积累的模式，金融资本处于被支配地位，经济大规模金融化还不具备条件。但是马克思在《资本论》一书中系统地阐述了资本积累理论，包括产业资本积累与金融资本积累两部分。产业资本积累理论中资本有机构成理论与一般利润率下降规律，蕴藏着资本尝试突破自身限度、走向金融化的内在机制：由于资本积累固有矛盾的限制，资本要想在时空上得以发展延续，必须不断地突破自身的限度。但基于原有形态的矛盾解决手段和更高生产力维度的突破尝试，都难以逃脱资本自身的陷阱。因此，资本需要更多的途径实现利润修复，而资本积累模式中潜藏着"解决"问题的手段。资本积累可区分为产业资本积累和金融资本积累的双轨制，在此基础上，利润获取也存在双轨制。由于商品实现困难、资本有机构成提高等因素，产业资本一般利润率趋于下降，而金融资本却依靠现代金融科技手段，获取超额利润。产业资本积累逐渐被金融资本积累所取代，产业部门利润的来源越来越依靠金融投资而不是商品生产。金融资本重构了产业资本的循环与积累模式，并实现自身独立循环，这导致价值异化、资本关系异化等一系列问题，但仍难克服资本固有矛盾。马克思资本积累理论系统演绎了经济金融化的一般过程。

9.1.2　经济金融化问题产生的一般性原因

经济金融化问题的产生根植于资本主义的固有矛盾。正如马克思所言，"资本主义生产的真正限制是资本自身"。[①] 具体来说包括三个层

---

① 马克思恩格斯文集（第七卷）[M]. 北京：人民出版社，2009：278.

面：第一，商品生产规律的矛盾。资本主义生产方式逻辑的起点是商品生产。商品在价值形式上表现为使用价值和价值的对立，在劳动层面表现为具体劳动与抽象劳动的对立，在劳动形式上表现为私人劳动和社会劳动的对立，在对待商品的态度上，表现为物的人格化和人格物化的对立。这些矛盾之所以产生，是因为从商品到资本存在诸多限度。第二，资本积累规律的矛盾。内在上表现为剩余价值生产与剩余价值实现的永恒对立，外在上表现为资本的无限扩张和有限的经济地理空间的矛盾，具体则反映在资本无限"货殖"与平均利润率趋于下降的矛盾对立。究其原因，货币转化为资本必须以劳动力成为商品为前提，剩余价值生产受工作日长度与必要劳动时间限制，剩余价值实现受整个资本主义社会消费能力制约，"资本的发展程度越高，它就越是成为生产的界限，从而也越是成为消费的界限"①。第三，资本主义社会的矛盾。表现为企业内部生产有序化和整个社会生产无序化之间的对立，劳动者的相对贫困、有效需求不足与生产周期性过剩的对立，社会总产品的实现与补偿的对立。其实质反映了资本主义生产日益社会化与生产资料私人占有之间的矛盾，是商品矛盾与资本矛盾在更高层面上的演化。

由于资本各种限度的存在，资本积累要想在时空上存续，必须不断突破本身的限度。资本总是尝试各种途径突破限制。传统意义上，货币作为特殊商品的产生，节约了交易成本，促进了一般商品价值的实现；劳动力成为商品，使货币转化为资本成为可能；资本加强剥削，剩余价值得以获取；资本加速积累，妄图打破一般利润率下降的规律。但是，新矛盾总在旧的限度被打破过程中产生，同时旧的限度并未消除，这就要求资本必须在更高生产力维度上尝试突破。然而随着资本有机构成的提高，资本越来越表现为"物化的劳动"，资本本质抽象劳动、活劳动愈发被掩盖，新尝试加剧了旧危机。最终，资本"通过危机为自己开辟前进的道路"②。经济金融化是整个社会系统的重构，金

---

① 马克思恩格斯全集（第三十卷）［M］. 北京：人民出版社，2003：397.

② 沈斐. 资本内在否定性：新方法与新典型［M］. 天津：天津人民出版社，2016：9.

融扩张成为资本主义体系的主要修复手段，这种积累体制固然有利于增强资本的权力，刺激利润率复苏，但也造成剩余价值生产和实现的矛盾在全球范围内展开和激化。当金融主导的积累模式所带来的结构性冲击超出其发展的最低限度时，必然地产生危机。

9.1.3　金融与实体经济关系的再确立

金融资本与产业资本的关系是当前经济发展过程中最为重要的关系之一。根据马克思理论，金融资本表现为生息资本、借贷资本以及虚拟资本等形式，金融资本以产业资本为基础，分享着产业资本创造的价值，但又表现出脱离产业资本而独立发展的趋势。在经济金融化的背景下，这种趋势尤为明显。部分发达国家企图用金融资本积累代替产业资本积累，最终导致了"去工业化"，并未解决资本的时空限度，相反加剧资本积累的矛盾。产业资本是社会再生产的关键环节，为经济高质量发展提供物质基础。

因此，金融要服务于实体经济发展。健康有序的金融本身具有融资功能、价值发现功能和风险分散功能。对我国而言，随着社会再生产规模的扩大和资本有机构成的提高，实体企业发展面临巨大的资金需求，金融能够加速社会再生产过程中资本积累的积累。同时，经济的高质量发展，离不开创新驱动。但创新具有投资规模大、回收周期长、不确定性强的特征，银行主导的金融体系在为创新提供融资支持方面具有一定的短板，需要适度发展一些金融工具可以起到价值发展和分散风险的功能。

9.1.4　"中心—边缘"国家经济上去工业化和金融化现象严重

中心国家和边缘国家的工业化—去工业化—金融化—再工业化进程有着显著的区别。中心国家经历了完整资本积累形态转变过程，包括从商业资本主义到工业资本主义再到金融资本主义三种形态。中心国家奉行经济上"去工业化"和"金融化"政策，具有内生性特征，金融化促使其盈利能力的短暂恢复。边缘国家由于历史的因素，工业化并未完成，但是也在经济上采取去工业化和金融化的发展方式，其去工业化可被称为"早熟去工业化"，金融化则更多表现为输入型金融化，过程具有外生性特征。

同时，中心国家推行再工业化并未取得明显效果。2008 年金融危机后的制造业再回归过程，与资本主义滞胀危机后的 20 世纪 80 年代的科技回归过程如出一辙，后者仅在短期内刺激实体经济部分行业发展，实际上并不具备长期发展趋势，金融危机的发生就是很好的例证。这是因为资本主义国家固有矛盾依然存在，金融化趋势愈发明显，制造业利润依然偏低，资本回归实业的热情较低，而金融部门获取超额利润的机制依然存在。

9.1.5 中国经济发展存在去工业化和金融化的可能性

（1）中国经济发展也面临实体企业利润率下降问题，特别是制造业利润趋于下降，表现为产能的结构性过剩。利润率下降导致资本从实体经济部门转移，但并未被第三产业充分吸收，而是愈发明显地转移到金融部门。这种工业演变模式增加了中国经济在第二种意义上去工业化的风险。与传统去工业化相比，这种去工业化模式并不是技术进步、生产率提高的内生结果，不是产业结构升级的现实表现，因此对实体经济发展的破坏性更大，加剧实体经济萎缩。中国实体企业利润率既受发达国家主导的国际价值链体系和国际制造业新格局的制约，也受到人口资源环境、技术等因素影响，在供给侧和需求侧共同作用下，存在一定的下降趋势。如果这种趋势不能得到有效控制和扭转，中国经济第二种意义去工业化将在时空上进一步拓展。

（2）中国经济金融化问题同时兼具内生性和外生性特征，既是经济结构失衡的结果，也受经济自由化思想、国际金融资本影响。中国制造业依然处于主导地位，意味着产业资本依然占据优势，经济尚未全面金融化。但金融与技术并未深度结合，金融并不能高效地转化为科技力量。中国经济中存在制约经济金融化的制度优势。经济金融化之所以产生，其根本原因是生产的社会化与生产资料私人占有的矛盾，而我国坚持以公有制为主体、多种所有制经济共同发展的经济制度，能够激活公有制经济的活力，具有抑制经济金融化的制度优势。

9.1.6　经济金融化对中国实体企业发展存在显著的挤出效应

（1）关于企业实业投资。实体企业发展的一个重要指标表现为企业生产资本的积累。经济金融化在宏观上表现为金融资本积累与产业资本积累的分离过程，在微观上反映企业金融资产与生产资本的分离过程。以实体企业为代表的实业投资对促进产业资本积累、推动国民经济"高质量"发展具有重要意义。但是研究发现，中国实体企业的利润率和投资率都趋于下降，相反地，实体企业持有较多金融资产，金融利润率也趋于上升，金融收益在总利润中的比重上升。企业潜在金融化和实际金融化都显著抑制了企业实业投资。按企业性质分组，潜在金融化对国有企业的抑制作用尤为明显，而实际金融化对民营企业的抑制作用更大。按企业区域异质性分组，潜在经济金融化显著抑制了东部和中部的实业投资，而实际金融化则对东中西部地区实业投资都有显著的抑制效应。

（2）关于企业创新。创新是资本积累的动态演绎，企业发展的另一个重要指标反映在创新这一"质"上。实体企业潜在金融化水平与研发投入呈"U"形关系，且对专利产出具有显著的"挤进效应"，但实质性金融化后，尽管与研发投入依然呈"U"形关系，却显著挤出了专利产出，表明当前中国实体企业依靠金融化手段提升创新质量仅具有理论上的可行性，实质性金融化将诱使企业追求研发投入"数量"而不关注专利产出"质量"，对创新产出表现出严重的"挤出效应"。此外，根据企业产权性质分组发现，金融化对国企和民企的研发投入都具有显著的"挤进效应"，但只有潜在金融化显著增加发明专利，实际金融化则显著抑制了国企的创新产出，对民企创新产出的效应并不显著，表明当前国企只有不断提高主业利润才能真正提升创新质量，民企依靠金融化手段提升创新能力的方式并不可行；区域分组显示，对于企业潜在金融化，东部地区市场化程度较高，行业套利可能性越小，金融化对研发投入和创新产出的影响较小，中西部市场化程度低，创新受金融化影响程度较高。对于企业实际金融化，由于中国金融市场机制不健全，实体企业依然可以跨区域、跨行业进行套利，显著提升了研发投入，却严重抑制了创新产出。针对上述情况，尽管中国政府在宏观领域期望通过财政补贴手段和宽松的货币政策推动企业创新高质量发展，但金融化最终会弱化二者促进创新的预期效果。

9.2　政策建议

金融本来是联系资本与生产的桥梁，但过度金融化则会导致产业资本积累过程的断层，甚至演变成金融危机。"中心—边缘"国家经济金融化都在不同程度上加速了产业"空心化"和去工业化，造成经济发展的物质基础不断丧失。中国目前也存在一定水平的经济金融化问题。其在宏观上表现为产能过剩、经济结构性失衡以及对实体经济的巨大挤出效应。在微观上，经济金融化显著抑制了企业的实体资本积累，阻碍了企业创新水平的提高。

经济金融化的严重后果显然与社会主义的根本任务相背离。社会主义的根本任务就是不断地创造社会财富，让经济剩余成为人自由发展的物质基础，而不是被食利阶层所榨取。马克思在《资本论》中曾提出金融支持产业资本发展的一般构想。他通过考察产业资本与地租、高利贷资本以及借贷资本的关系，坚信产业资本会通过它对政府日益重要的影响力，将地租转化为基本财政收入，将银行、金融系统收归国有，或至少彻底地改造为为产业资本服务，并乐观地认为产业资本通过不断地创造经济剩余，进而转化为更多的实物资本，以地租和利息的形式被占有的部分将日益减少。

马克思的构想对防止经济金融化、建立服务实体经济的现代金融体系具有重要指导意义。那么，在社会主义初级阶段怎么抑制经济金融化，发挥金融服务实体经济发展的基本功能，促进实体企业高质量发展？本节从以下几个方面提出建议。

9.2.1　促进金融与实体经济的协调发展

以美国为首的中心国家，经济发展经历了从工业化到去工业化再到经济金融化最后强调再工业化的矛盾过程，实际上是对实体经济创造价值由肯定到否定再到肯定的过程。但是金融资本的过度膨胀，导致严重的金融危机，严重削弱了实体经济的运行基础，加剧了实体经济的"空心化"和"脱实相虚"，再工业化的成本高昂，但实际效果并不明显。中国作为最大的发展中国家，当前阶段的主要任务应是以经济建设为中心，在经济发展中要注重实际资本的积累和生产能力的扩大，而不是过分关注货币资本索取权的积累，这样只会导致经济陷入结构性失衡或金融主导的去工业化过程。习近平总书记强调："做实体经济，要实实在在、心无旁骛地做一个主业，这是本分。"[①]因此，要明确金融服务实体经济发展的根本方向，加快构建实体经济为核心、科技创新为依托、现代金融为支持、人力资源为基础的协同发展产业体系，避免经济过度金融化。

（1）发挥政府协调金融与实体经济发展的引导作用。明斯基认为由于金融的不稳定，需要政府进行强有力的干预，来稳定不稳定的经济。2008年金融危机发生以后，他的政府干预金融构想受到广泛关注，被学术界称为"明斯基时刻"。实际上，政府干预金融实现经济的健康发展，并不限于金融危机阶段，促进金融与实体经济的协调发展也是政府的基本经济功能。首先，明确金融发展定位。党的十八大报告强调，"深化金融体制改革，健全促进宏观经济稳定、支持实体经济发展的现代金融体系"。金融改革要为推动经济的整体转型升级服务，在传

[①]　胡敏.心无旁骛振兴实体经济 ［EB/OL］.（2019 - 3 - 15）［2023 - 11 - 15］. http：//theory. people. com. cn/n1/2019/0315/c401 - 30977211. html.

统金融风险预警机制的基础上形成和完善支持实体经济发展的预警监测体系,实现金融开放与实体经济的匹配发展。其次,制定合理的财政税收政策,为实体企业发展提供税收支持和财政支持,鼓励货币资本积累的产业化而不是产业资本积累的货币资本化,引导各种资源流向实体经济。再次,形成有利于实体经济发展的货币政策,为实体企业发展提供宽松的货币环境。例如,为实体企业发展和创新提供定向降准、大力发展普惠金融等。最后,制定专门的产业政策,建立和完善风险投资基金制度,吸收机构和个人的闲散资金,使其流向那些不具备上市资格的中小型、新兴的高新技术企业。

(2)加强供给侧结构性改革,提升实体企业的利润率水平。利润驱动是金融资本积累偏离产业资本积累的主要动力因素,市场经济的盲目性导致产能过剩问题,中国经济面临结构性矛盾,主要体现在产业结构偏低端、区域结构不平衡、要素投入结构偏一般性生产要素投入、排放结构污染较重、经济增长动力结构过度依赖投资和收入分配结构贫富差距较大六个方面。习近平总书记明确指出,要继续深化供给侧结构性改革,把发展经济的着力点放在实体经济上,把提高供给体系质量作为主攻方向,显著增强我国经济质量优势。① 而发展实体经济一是要逐步淘汰高耗能、高污染的落后产能,二是要大力发展具有高附加值和高技术含量的战略性新兴产业。此外,还要通过优化投资结构、优化产业结构、优化产品结构、优化分配结构、优化流通结构、优化消费结构等,增强实体经济的整体盈利能力,激发市场调节的基础性作用,引导资源向实体经济部门流动,优化实体经济领域的资源合理配置。

(3)提升科技创新能力,夯实经济发展的基础。马克思主义政治经济学认为创新的根本价值是采用新的生产方法来重新配置生产要素以形成新的生产力,创造新的劳动成果或者是更大规模的生产。改革开放40多年来,我国通过引进国外的先进技术,实现了由制造业小国向制造业大国的转变,但现在需要向更深层次的制造业强国转变,实

---

① 《习近平著作选读》(第二卷)[M].北京:人民出版社,2023:25.

现由"中国制造"到"中国智造"的飞跃。这就要求：第一，要把坚持创新发展作为经济增长的核心，实现信息技术与制造业的深度融合，构建多层次人才培养体系。第二，要以强化企业科技创新主体地位，建立培育壮大科技领军企业机制，加强科技创新全链条部署、全领域布局，破解原始创新能力相对薄弱、一些关键核心技术受制于人等突出问题，集中实现在高端设备、集成电路、新能源等领域的突破，打造一批新兴主导产业。第三，要充分发挥"互联网＋"的资源整合功能，推动大数据、云计算以及物联网等技术与现代制造业的深度结合，提升资源配置效率，打造经济新增长点。第四，要形成多领域协同创新，实现高等院校、科研机构和企业创新的有机结合。最终，通过科技创新，增强实体经济盈利能力。

9.2.2　加强金融监管，抑制资本无序扩张

在 2008 年全球金融危机及后续过程中，传统的金融监管缺陷逐渐显露。如监管范围落后于金融创新实际、监管工具和信息不足、监管理念落后等。金融危机是经济金融化严重后果的一种重要表现形式，而金融化是一个持续动态的过程，这就要求必须建立动态的监管体系。党的十九大强调，要"健全金融监管体系，守住不发生系统性金融风险的底线"，加强金融动态监管主要从以下几个方面进行。

（1）形成合理的金融开放步伐。对发展中国家来说，合理的金融开放步伐可以促进经济高质量发展和股市的长期繁荣，而超出实体经济发展水平的金融开放将抑制实体经济发展。部分发展中国家受金融抑制理论和新自由主义思想影响，在金融领域以自由化或放松金融监管为目标，实现了金融市场的全面开放。实践证明，与实体经济发展的不匹配的金融开放只会加剧这些国家的去工业化趋势，削弱其经济发展的物质基础，增加金融风险。我国金融部门中银行、证券和保险业等机构起步较晚，也存在对金融自由化的风险和危害认识不足的问题，过早过度开放极有可能增加金融风险。因此，在金融监管过程中，要以防范金融系统性风险为导向，金融改革不能以金融自由化为指引，

避免盲目的金融自由化、资产证券化、经济虚拟化，而应该综合考虑实体经济的承受能力。

（2）不断完善金融监管体系建设。一是持续推动金融监管机构改革。例如，2017年成立国务院金融稳定发展委员会，2018年组建中国银行保险监督管理委员会，至此，中国金融监管框架从原先的"一行三会"调整为"一委一行两会"。2023年，国家金融监督管理总局正式挂牌，"一行一局一会"新格局加快形成。这有助于解决以往监管体制中存在的监管职责不清晰、交叉监管和监管空白等问题，进一步强化打击违法违规金融活动，治理金融乱象，更好保护金融消费者合法权益。二是强化综合监管。强化金融监管机构的内部信息共享机制和协调机制建设，加强与其他市场监管部门的统筹监管，建立系统重要性金融机构的特别处置机制，逐步建立适应现代金融发展特点的现代金融综合监管框架。借以提高金融监管效率，共同促进金融市场的有序发展。三是形成抑制上市公司将资金变相用于金融资产投资和类金融业务的政策体系。明晰实体企业募集资金和再融资的投资方向，规范上市公司融资行为。

（3）加强对金融机构的内部监管。当前规模庞大、关联性强的大型金融机构迅猛发展，其风险状况难以评估。而系统重要性金融机构（SIFIs）在金融市场中发挥着重要作用，其陷入困境或倒闭可能对金融体系造成严重损害，对实体经济发展产生严重的负面影响。因此，必须建立以防范金融风险为核心的评估和干预机制，建立金融中介机构服务实体经济效率的测评机制，为实体企业发展提供可靠的信息来源，促进实体经济发展。

（4）强化上市企业的信息披露机制建设。我国资本市场的迅猛发展激发了越来越多的企业的上市热情。积极开展信息披露是上市企业的职责，也是稳定市场的基础，但当前部分企业存在信息披露失真和虚假包装等现象，严重影响实体企业上市融资进程，也打击了投资者信心。因此，必须提升上市公司的信息披露质量。注重信息披露的完整性、真实性、及时性，积极采取完善信披法律体系、增加信披违规成本、完善信披会计规范体系、加强信披监管力度、提高信披财务人员的综合素质等措施。

9.2.3　坚持公有制经济的主体地位，更加尊重劳动

资本主义国家经济金融化产生的根本原因是生产的社会化同生产资料私人占有之间的矛盾，外化表现为剩余价值（利润）的实现矛盾，而中国经济金融化则是生产的结构性矛盾，同时受国际经济金融化的影响。导致这种不同的主要区别在于"中国模式"。部分学者认为"中国模式"是中国经济高速增长的关键，其核心是实现了社会主义基本经济制度与市场经济体制的有机结合，这很好地规避了资本主义的根本矛盾和推动经济金融化的新自由主义。党的十九届四中全会《中共中央关于坚持和完善中国特色社会主义制度　推进国家治理体系和治理能力现代化若干重大问题的决定》指出我国国家制度和国家治理体系具有多方面的显著优势，社会主义基本经济制度是其中之一。然而，具有优势和发挥优势是不同的两个问题，特别是在我们对基本经济制度有了明确认识之后，如何发挥其在避免经济金融化和实现经济高质量发展方面的优势成为我们需要解决的问题。

（1）发挥公有制经济在分配中的重要作用。我国基本经济制度是公有制为主体，多种所有制共同发展。相应的分配制度是按劳分配为主体，多种分配方式并存。公有制具有先天的优势，由它决定的分配关系能使人们共享经济发展的成果，它能克服资本主义生产方式的基本矛盾，真正实现物质财富的增长和人的全面发展。公有制经济在关系国计民生的行业，可以避免无序竞争，保障人们生活的稳定。公有制经济利润作为社会主义国家财政收入的一部分，可直接投资于改善民生的工程当中，让生产力发展的成果分享于民。公有制经济调节收入分配作用还体现在，按劳分配的原则，以劳动为本，以劳动为中心，给劳动者提供良好的福利政策，把经济剩余更多地用来改善和发展劳动力。

（2）大力发展国有经济。推动国有经济布局优化、结构调整，将国有资本更多投向关系国家安全、国民经济命脉的重要行业和关键领

域，在资本层面通过优化布局、结构调整、战略重组等手段做强做优做大国有资本，不断增强国有经济竞争力、创新力、控制力、影响力和抗风险能力；深化国有企业改革，完善中国特色现代国有企业制度，完善企业市场化经营机制和国有资产管理体制，强化国有企业市场主体地位，培育具有全球竞争力的世界一流企业。

（3）更加尊重劳动。我国收入不平等形势依然严峻。我国居民收入差距的基尼系数 2000 年超过国际警戒线 0.4，近年来仍处于 0.46 附近，如何实现对收入差距的合理调整始终是我国理论和政策研究的焦点。当前我国经济已由高速增长阶段转向高质量发展阶段，提升收入分配质量是高质量发展的题中应有之义。

党的二十大报告强调，努力提高居民收入在国民收入分配中的比重，提高劳动报酬在初次分配中的比重。坚持多劳多得，鼓励勤劳致富，促进机会公平，增加低收入者收入，扩大中等收入群体。要更好地把按劳分配和按生产要素分配结合起来，坚持多劳多得，在劳动生产率提高的同时实现劳动报酬同步提高，增加劳动者特别是一线劳动者劳动报酬，提高劳动报酬在初次分配中的比重。健全各类生产要素由市场评价贡献、按贡献决定报酬的机制。党的十九届四中全会强调"知识、技术、管理"作为生产要素，并且首次将"数据"作为一类生产要素加以强调，这与知识、技术、管理、数据等要素对经济增长的突出贡献紧密相关，尤其是随着我国数字经济蓬勃发展以及经济社会各领域数字化转型加快，数据对生产率提升的乘数作用日益显现，成为数字经济时代新的生产要素和重要战略资产。要强化以增加知识价值为导向的分配政策，建立健全数据资源确权、流通、交易、共享制度，更好推动知识、技术、管理、数据等要素价值实现。

9.2.4 发扬工匠精神，提升企业实质性创新

2016 年国务院《政府工作报告》中指出，"鼓励企业开展个性化定制、柔性化生产，培育精益求精的工匠精神"。工匠精神是指企业在发展过程中表现出追求创造、注重品质、精益求精以及用户至上的精

神，企业的长远发展离不开工匠精神。但是在经济金融化背景下，部分企业过分追求经营生产的"短、平、快"，追求资本套利增殖，逐渐偏离了工匠精神。缺失工匠精神会产生一系列后果：在国际上，中国部分产品不合格率居高不下，既造成资源浪费，也损害我国制造业的形象。在国内，这种缺失致使企业的投资活动逐步偏离主业，创新活动只注重"策略型创新"而不关注"实质性创新"，导致经济中低端产品的产能过剩，抑制消费结构升级。因此，在全社会发扬和培育工匠精神势在必行。

培育工匠精神不仅要进行正确的社会宣传引导，更要注重制度建设。一方面，工匠精神对于企业家而言就是企业家精神，企业家精神对提高企业核心竞争力具有重要意义。企业家精神包括创新精神、敬业精神和经济低谷的执着精神。当下，如何重新点燃企业家精神？一是改善投资环境，消除市场歧视；二是厘清政府边界，提高行政效率；三是在社会倡导企业家精神，依法保护其合法财产权利；四是注重企业知识产权保护，形成良好的创新环境。另一方面，工匠精神的培育还包括对工人工匠精神的制度保障。德国和日本在培育工人工匠精神方面取得非凡成就，得益于其公司治理结构、终身雇佣等制度安排。那么，我国对提升工人工匠精神应该从哪些方面努力呢？一是通过制定有利于创新的产业政策，提升对创新企业的保护与支持，让创新带来的经济利益惠及工人创新活动，形成价值激励；二是保护劳动者的合法权益，避免资本对劳动的侵占，实现劳动、资本和技术的深度结合；三是完善劳动力市场，寻找人才流动和企业用工稳定的平衡点。

参 考 文 献

[1] 安同良，周绍东，皮建才. R&D 补贴对中国企业自主创新的激励效应 [J]. 经济研究，2009，44（10）：87 – 98 + 120.

[2] 巴兰，斯威齐. 垄断资本：论美国的经济和社会秩序 [M]. 北京：商务印书馆，1977.

[3] 蔡明荣，任世驰. 企业金融化：一项研究综述 [J]. 财经科学，2014（7）：41 – 51.

[4] 蔡跃洲，陈楠. 新技术革命下人工智能与高质量增长、高质量就业 [J]. 数量经济技术经济研究，2019，36（5）：3 – 22.

[5] 蔡则祥，王家华，杨凤春. 中国经济金融化指标体系研究 [J]. 南京审计学院学报，2004（1）：49 – 54.

[6] 曹春林. 实业投资研究 [J]. 吉林金融研究，2009（3）：73 – 74.

[7] 陈享光. 金融化与现代金融资本的积累 [J]. 当代经济研究，2016（1）：5 – 11.

[8] 大卫·科茨. 金融化与新自由主义 [J]. 孙来斌，李轶，译. 国外理论动态，2011（11）：5 – 14.

[9] 邓超，张梅，唐莹. 中国非金融企业金融化的影响因素分析 [J]. 财经理论与实践，2017，38（2）：2 – 8.

[10] 杜勇，张欢，陈建英. 金融化对实体企业未来主业发展的影响：促进还是抑制 [J]. 中国工业经济，2017（12）：113 – 131.

[11] 丰雷. 经济金融化背景下美国经济危机的根源研究 [D]. 成都：西南财经大学，2010.

［12］弗朗索瓦·沙奈等．金融全球化［M］．北京：中央编译出版社，2001．

［13］高峰等．当代资本主义经济研究［M］．北京：中国人民大学出版社，2012．

［14］高峰．资本积累理论与现代资本主义——理论和实证的分析［M］．北京：社会科学文献出版社，2014．

［15］顾习龙．马克思资本理论与社会主义市场经济［D］．苏州：苏州大学，2012．

［16］哈巴库克，波斯坦．剑桥欧洲经济史（第六卷）［M］．王春法等，译．北京：经济科学出版社，2002：330．

［17］海曼·明斯基．稳定不稳定的经济：一种金融不稳定视角［M］．石宝峰，张慧卉，译．北京：清华大学出版社，2010．

［18］郝芮琳，陈享光．我国金融化水平的度量与分析［J］．改革，2019（5）：92－101．

［19］何干强．货币流回规律和社会再生产的实现［J］．中国社会科学，2017（11）：27－52．

［20］胡鞍钢．中国进入后工业化时代［J］．北京交通大学学报（社会科学版），2017，16（1）：1－16．

［21］黄先海，陈勇．论功能性产业政策——从WTO"绿箱"政策看我国的产业政策取向［J］．浙江社会科学，2003（2）：66－70．

［22］贾俊生，伦晓波，林树．金融发展、微观企业创新产出与经济增长——基于上市公司专利视角的实证分析［J］．金融研究，2017（1）：99－113．

［23］江涌．道路之争——工业化还是金融化［M］．北京：中国人民大学出版社，2015．

［24］金碚．关于"高质量发展"的经济学研究［J］．中国工业经济，2018（4）：5－18．

［25］经济金融化趋向及其对我国实体经济发展的启示——基于1973～2017年美国经济发展数据的分析［J］．马克思主义研究，2018（10）：62－73．

［26］凯文·菲利普斯．一本书读懂美国财富史：美国财富崛起之路［M］．北京：中信出版社，2010．

［27］康拉德·布莱克：罗斯福传［M］．张帆等，译．北京：中信出版社，2005：390．

［28］雷蒙德·W．戈德史密斯．金融结构与金融发展［M］．周朔等，译．上海：上海三联书店，上海人民出版社，1994．

［29］黎文靖，郑曼妮．实质性创新还是策略性创新？——宏观产业政策对微观企业创新的影响［J］．经济研究，2016，51（4）：60－73．

［30］李方．金融泡沫论［M］．上海：立信会计出版社，1998．

［31］李璐．产业资本和金融资本：马克思的金融危机理论［D］．扬州：扬州大学，2013．

［32］厉以宁．工业化和制度调整：西欧经济史研究［M］．北京：商务印书馆，2015．

［33］列宁选集（第二卷）［M］．北京：人民出版社，1995．

［34］刘笃池，贺玉平，王曦．企业金融化对实体企业生产效率的影响研究［J］．上海经济研究，2016（8）：74－83．

［35］刘贯春．金融资产配置与企业研发创新："挤出"还是"挤入"［J］．统计研究，2017，34（7）：49－61．

［36］卢馨，郑阳飞，李建明．融资约束对企业R&D投资的影响研究——来自中国高新技术上市公司的经验证据［J］．会计研究，2013（5）：51－58＋96．

［37］鲁道夫·希法亭．金融资本［M］．北京：华夏出版社，2013．

［38］栾文莲等．资本主义经济金融化与世界金融危机研究［M］．北京：中国社会科学出版社，2017．

［39］罗纳德·麦金农．经济发展中的货币与资本［M］．卢骢，译．上海：上海三联书店，1988．

［40］洛仁·戈尔德纳，谷明淑，姜伟．虚拟资本与资本主义终结［J］．国外理论动态，2008（6）：16－22．

［41］马锦生．资本主义金融化与金融资本主义研究［D］．天津：南开大学，2013.

［42］马克思．资本论（第一卷）［M］．北京：人民出版社，2004.

［43］马克思．资本论（第三卷）［M］．北京：人民出版社，2004.

［44］马克思恩格斯选集（第一卷）［M］．北京：人民出版社，1972.

［45］马克思恩格斯全集（第二卷）［M］．北京：人民出版社，2012.

［46］马克思恩格斯全集（第二十三卷）［M］．北京：人民出版社，1972.

［47］马克思恩格斯全集（第二十五卷）［M］．北京：人民出版社，1974.

［48］马克思恩格斯全集（第三十卷）［M］．北京：人民出版社，1995.

［49］马克思恩格斯全集（第四十五卷）［M］．北京：人民出版社，2003.

［50］马克思恩格斯全集（第四十六卷）［M］．北京：人民出版社，2003.

［51］马克思恩格斯文集（第一卷）［M］．北京：人民出版社，2009.

［52］马克思恩格斯文集（第二卷）［M］．北京：人民出版社，2009.

［53］马克思恩格斯文集（第三卷）［M］．北京：人民出版社，2009.

［54］马克思恩格斯文集（第四卷）［M］．北京：人民出版社，2009.

［55］马克思恩格斯文集（第五卷）［M］．北京：人民出版社，2009.

［56］马克思恩格斯文集（第六卷）［M］. 北京：人民出版社，2009.

［57］马克思恩格斯文集（第七卷）［M］. 北京：人民出版社，2009.

［58］迈克尔·赫德森. 从马克思到高盛：虚拟资本的幻想和产业的金融化（上）［J］. 曹浩瀚，译. 国外理论动态，2010（9）：1–9.

［59］迈克尔·赫德森. 从马克思到高盛：虚拟资本的幻想和产业的金融化（下）［J］. 曹浩瀚，译. 国外理论动态，2010（10）：39–48.

［60］毛振华. 去杠杆与金融风险防范［J］. 中国金融，2016（10）：87–89.

［61］欧内斯特·孟德尔.《资本论》新英译本导言［M］. 仇启华，杜章智，译. 中共中央党校出版社，1991：1–2.

［62］欧内斯特·曼德尔. 资本主义发展的长波［M］. 南开大学国际经济研究所译. 北京：商务印书馆，1998：18.

［63］潘松剑. 实体企业金融化的动机、后果及其内在机理［D］. 成都：西南财经大学，2020.

［64］祁斌. 理解资本市场——《资本市场：中国经济的锋刃》［J］. 经济导刊，2010（8）：96.

［65］奇波拉. 欧洲经济史（第三卷）［M］. 王铁生等，译. 北京：商务印书馆，1989.

［66］奇波拉. 欧洲经济史（第四卷）［M］. 王铁生等，译. 北京：商务印书馆，1989.

［67］钱浩. 经济金融化对中国实业投资的挤出效应研究［D］. 蚌埠：安徽财经大学，2018.

［68］乔治·艾克诺马卡斯. 马克思主义危机理论视野中的美国经济利润率（1929～2008）［J］. 王向东，译. 国外理论动态，2010（11）：24–35.

［69］裘白莲，刘仁营. 资本积累的金融化［J］. 国外理论动态，2011（9）：16–23.

［70］热拉尔·迪蒙，多米尼克·莱维. 新自由主义与第二个金融霸权时期［J］. 丁为民，王熙，译. 国外理论动态，2005（10）：30 - 36.

［71］沈斐. 资本内在否定性：新方法与新典型［M］. 天津：天津人民出版社，2016.

［72］舒畅. 马克思与熊彼特创新理论比较研究［D］. 北京：中共中央党校，2012.

［73］宋军，陆旸. 非货币金融资产和经营收益率的 U 形关系——来自我国上市非金融公司的金融化证据［J］. 金融研究，2015（6）：111 - 127.

［74］孙承叔. 财富、资本与金融危机——马克思危机理论的哲学思考［J］. 上海财经大学学报，2010，12（5）：3 - 9 +49.

［75］陶长琪，陈伟，郭毅. 新中国成立 70 年中国工业化进程与经济发展［J］. 数量经济技术经济研究，2019，36（8）：3 - 26.

［76］托马斯·I. 帕利. 明斯基金融不稳定假说对危机解释的局限性［J］. 陈弘，译. 国外理论动态，2010（8）：21 - 28.

［77］托马斯·I. 帕利. 金融化：涵义和影响［J］. 房广顺，车艳秋，徐明玉，译. 国外理论动态，2010（8）：8 - 20.

［78］王定祥. 金融产业资本循环理论与政策研究［D］. 重庆：西南大学，2006.

［79］王芳. 经济金融化与经济结构调整［J］. 金融研究，2004（8）：120 - 128.

［80］王广谦. 经济发展中的金融化趋势［J］. 经济研究，1996（9）：32 - 37.

［81］王国刚. 中国金融 70 年：简要历程、辉煌成就和历史经验［J］. 经济理论与经济管理，2019（7）：4 - 28.

［82］王红建，曹瑜强，杨庆，杨筝. 实体企业金融化促进还是抑制了企业创新——基于中国制造业上市公司的经验研究［J］. 南开管理评论，2017，20（1）：155 - 166.

［83］王红建，李茫茫，汤泰劼. 实体企业跨行业套利的驱动因素

及其对创新的影响 [J]. 中国工业经济, 2016 (11): 73-89.

[84] 王旭琰. 从垄断资本到垄断金融资本的发展——评"每月评论"派论资本主义新阶段 [J]. 国外理论动态, 2011 (1): 38-43.

[85] 文春晖, 任国良. 虚拟经济与实体经济分离发展研究——来自中国上市公司 2006-2013 年的证据 [J]. 中国工业经济, 2015 (12): 115-129.

[86] 西蒙·库兹涅茨. 现代经济增长: 速度, 结构与扩展 [M]. 戴睿, 易诚, 译. 北京: 北京经济学院出版社, 1989.

[87] 习近平著作选读 (第二卷) [M]. 北京: 人民出版社, 2023: 25.

[88] 希克斯. 经济史理论 [M]. 北京: 商务印书馆, 1999.

[89] 夏杰长, 倪红福. 中国经济增长的主导产业: 服务业还是工业? [J]. 南京大学学报 (哲学·人文科学·社会科学), 2016, 53 (3): 43-52.

[90] 肖斌. 金融化进程中的资本主义经济运行透视 [D]. 成都: 西南财经大学, 2013.

[91] 肖明, 崔超. 金融化对我国非金融上市公司绩效的影响研究 [J]. 财会通讯, 2016 (9): 72-74.

[92] 肖雨. 经济金融化的概念与测度: 基于美国数据的 AHP 分析 [J]. 中共杭州市委党校学报, 2014 (5): 58-64.

[93] 谢家智, 王文涛, 江源. 制造业金融化、政府控制与技术创新 [J]. 经济学动态, 2014 (11): 78-88.

[94] 徐丹丹, 王芮. 产业资本金融化理论的国外研究述评 [J]. 国外理论动态, 2011 (4): 37-41.

[95] 许罡, 朱卫东. 金融化方式、市场竞争与研发投资挤占——来自非金融上市公司的经验证据 [J]. 科学学研究, 2017, 35 (5): 709-719+728.

[96] 杨成林. 去工业化的发生机制及影响研究 [D]. 天津: 南开大学, 2012.

[97] 易纲, 宋旺. 中国金融资产结构演进: 1991—2007 [J]. 经

济研究，2008（8）：4 - 15.

[98] 银锋. 经济金融化趋向及其对我国金融发展的启示 [J]. 求索，2012（10）：43 - 45.

[99] 尹兴，董金明. 当代垄断资本主义金融化分析 [J]. 当代经济研究，2016（12）：62 - 69.

[100] 虞晓庆. 中国去工业化及其经济增长效应研究 [D]. 南昌：江西财经大学，2015.

[101] 约翰·贝拉米·福斯特，罗伯特·麦克切斯尼，贾米尔·约恩纳. 21 世纪资本主义的垄断和竞争（上）[J]. 金建，译. 国外理论动态，2011（9）：5 - 15.

[102] 约翰·贝拉米·福斯特. 资本主义的金融化 [J]. 王年咏，陈嘉丽，译. 国外理论动态，2007（7）：9 - 13 + 32.

[103] 约翰·伊特韦尔等. 新帕尔雷格雷夫经济学大词典（第四卷）[M]. 北京：经济科学出版社，1992：811.

[104] 张成思，刘泽豪，罗煜. 中国商品金融化分层与通货膨胀驱动机制 [J]. 经济研究，2014，49（1）：140 - 154.

[105] 张成思，张步昙. 中国实业投资率下降之谜：经济金融化视角 [J]. 经济研究，2016，51（12）：32 - 46.

[106] 张劲帆，李汉涯，何晖. 企业上市与企业创新——基于中国企业专利申请的研究 [J]. 金融研究，2017（5）：160 - 175.

[107] 张慕濒，孙亚琼. 金融资源配置效率与经济金融化的成因——基于中国上市公司的经验分析 [J]. 经济学家，2014（4）：81 - 90.

[108] 张慕濒，诸葛恒中. 全球化背景下中国经济的金融化：涵义与实证检验 [J]. 世界经济与政治论坛，2013（1）：122 - 138.

[109] 中国金融论坛课题组. 杠杆率结构、水平和金融稳定：理论与经验 [Z]. 中国人民银行工作论文，2017（2）.

[110] 张彤玉等. 当代资本主义经济的新特征 [M]. 北京：经济科学出版社，2013.

[111] 张雪琴. 垄断资本学派的经济停滞图景 [N]. 中国社会科学报，2019 - 09 - 11（4）.

［112］周蕾，余恕莲，史玉光. 中国制造业与金融业收入差距研究［J］. 财贸研究，2013，24（3）：21 - 27.

［113］Acemoglu D. , Zilibotti F. Information Accumulation in Development［J］. Journal of Economic Growth, 1997, 4（1）: 5 - 38.

［114］Aglietta M. Shareholder Value and Corporate Governance: Some Tricky Questions［J］. Economy and Society, 2000, 29（1）: 146 - 159.

［115］Alderson A. S. , Nielsen F. Globalization and the Great U - Turn: Income Inequality Trends in 16 OECD Countries［J］. American Journal of Sociology, 2002, 107（5）: 1244 - 1299.

［116］Allen F. , Gale D. Diversity of Opinion and Financing of New Technologies［J］. Journal of Financial Intermediation, 1999, 8（1）: 68 - 89.

［117］Arestis P. , Demetriades P. O. , Luintel K. B. Financial Development and Economic Growth: The Role of Stock Markets［J］. Journal of Money, Credit and Banking, 2001: 16 - 41.

［118］Arizala F. , Cavallo E. , Galindo A. Financial Development and TFP Growth: Cross - Country and Industry - Level Evidence［J］. Applied Financial Economics, 2013, 23（4 - 6）: 433 - 448.

［119］Arrighi G. The Long Twentieth Century: Money, Power, and the Origins of Our Times［J］. American Political Science Association, 1994, 89（4）: 427 - 436.

［120］Bazen, Thirlwall. UK Industrialization and Deindustrialization［M］. Heinemann Educational, 1997.

［121］Bencivenga V R, Smith B D. Financial Intermediation and Endogenous Growth［J］. The Review of Economic Studies, 1991（2）: 195 - 209.

［122］Boyer R. Is a Finance-led Growth Regime a Viable Alternative to Fordism? A Preliminary Analysis［J］. Economy and society, 2000, 29（1）: 111 - 145.

［123］Brenner, Robert. The Economics of Global Turbulence: The

Advanced Capitalist Economies from Long Boom to Long Downturn, 1945 – 2005 [M]. London: Verso, 2006.

[124] Chowdhury R, Maung M. Financial Market Development and the Effectiveness of R&D Investment: Evidence from Developed and Emerging Countries [J]. Research in International Business and Finance, 2012, 26 (2): 258 – 272.

[125] Crotty J. The Effects of Increased Product Market Competition and Changes in Financial Markets on the Performance of Nonfinancial Corporations in the Neoliberal Era [R]. Political Economy Research Institute Working Paper, 2002 (44).

[126] Crotty J. The Neoliberal Paradox: The Impact of Destructive Product Market Competition and Impatient Finance on Nonfinancial Corporations in the Neoliberal Era [J]. Review of Radical Political Economics 35. 3 (2003): 271 – 279.

[127] De Gregorio J. , Guidotti P. E. Financial Development and Economic Growth [J]. World Development, 1995, 23 (3): 433 – 448.

[128] Demetriades P. O. , Hussein K. A. Does Financial Development Cause Economic Growth? Time – Series Evidence from 16 Countries [J]. Journal of Development Economics, 1996, 51 (2): 387 – 411.

[129] Demetriades P. O. , Rousseau P. L. The Changing Face of Financial Development [J]. Economics Letters, 2016, 141: 87 – 90.

[130] Demir F. Financial Liberalization, Private Investment and Portfolio Choice: Financialization of Real Sectors in Emerging Markets [J]. Journal of Development Economics, 2009, 88 (2): 314 – 324.

[131] Demir F. The Rise of Rentier Capitalism and the Financialization of Real Sectors in Developing Countries [J]. Review of Radical Political Economics, 2007, 39 (3): 351 – 359.

[132] Detzer D. Financialization Made in Germany: A review [R]. Working Paper, 2019.

[133] Edwin D. Financialization: The Economics of Finance Capital

Domination［J］. Review of Political Economy, 2018, 30（1）: 97 – 101.

［134］ Epstein G. A. Financialization and the World Economy［M］. Cheltenham: Edward Elgar Publishing, 2005.

［135］ Epstein G. A., Jayadev A. The Rise of Rentier Incomes in OECD Countries: Financialization, Central Bank Policy and Labor Solidarity［J］. Financialization and the World Economy, 2005, 39: 46 – 74.

［136］ Fama, E. F. The Behavior of Stock – Market Prices［J］. Journal of Business, 1965, 38（1）: 34 – 105.

［137］ Fiss P. C., Zajac E. J. The Diffusion of Ideas over Contested Terrain: The（Non）Adoption of a Shareholder Value Orientation among German Firms［J］. Administrative Science Quarterly, 2004, 49（4）: 501 – 534.

［138］ Foster J. B. The Financialization of Capitalism［J］. Monthly Review, 2007, 58（11）: 1 – 12.

［139］ Goldsmith R. Financial Structure and Development［M］. New Haven: Yale University Press, 1969.

［140］ Gordon D. M. Stages of Accumulation and Long Economic Cycles［J］. Processes of the World System, 1980（3）: 9 – 45.

［141］ Greenwood J., and Jovanovic B. Financial Development, Growth, and the Distribution of Income［J］. Journal of political Economy, 1990, 98（5）: 1076 – 1107.

［142］ Hahn K. Innovation in Times of Financialization: Do Future – Oriented Innovation Strategies Suffer? Examples from German Industry［J］. Research Policy, 2019, 48（4）: 923 – 935.

［143］ Hicks J. A Theory of Economic History［M］. Oxford: Oxford University Press, 1969.

［144］ Khan A. The Finance and Growth Nexus［J］. Business Review, 2000（2）: 3 – 14.

［145］ King R. G., Levine R. Finance and Growth: Schumpeter might be Right［J］. The Quarterly Journal of Economics, 1993, 108（3）: 717 –

737.

[146] King, R. G. , & Levine, R. Finance, Entrepreneurship and Growth. Journal of Monetary Economics, 1993: 32 (3), 513 – 542.

[147] Kotz D. M. Financialization and Neoliberalism [R]. Amherst Working Paper, 2008, MA01003.

[148] Krippner, G. R. The Financialization of the American Economy [J]. Socio – Economic Review, 2005, 3 (2): 173 – 208.

[149] Kuznets S. S. Growth, Population, and Income Distribution: Selected Essays [M]. New York: Norton, 1979.

[150] Law S. H. , Singh N. Does too much Finance Harm Economic Growth? [J]. Journal of Banking & Finance, 2014, 41: 36 – 44.

[151] Lazonick, O'Sullivan. Maximizing Shareholder Value: A New Ideology for Corporate Governance [J]. Economy and Society, 2000, 29 (1): 11 – 36.

[152] Lazonick, William, and Mary O'sullivan. Maximizing Shareholder Value: A New Ideology for Corporate Governance [J]. Economy and Society, 2000, 29 (1): 13 – 35.

[153] Levine R. , Zervos S. Stock Markets, Banks, and Economic Growth [J]. The American Economic Review, 1998, 88 (3): 537 – 558.

[154] Love I. Financial Development and Financing Constraints: International Evidence from the Structural Investment Model [J]. The Review of Financial Studies, 2003, 16 (3): 765 – 791.

[155] Lucas Jr. R. E. On the Mechanics of Economic Development [J]. Journal of Monetary Economics, 1988, 22 (1): 3 – 42.

[156] Milberg W. Shifting Sources and Uses of Profits: Sustaining US Financialization with Global Value Chains [J]. Economy and Society, 2008, 37 (3): 420 – 451.

[157] Minsky, H. P. Can "It" Happen Again? Essays on Instability and Finance [M]. London: Routledge, 2016.

[158] Mishel L. , Bivens J. , Gould E. , et al. The State of Working

America [M]. Ithaca: Cornell University Press, 2012.

[159] Moller S. , Huber E. , Stephens J. D. , et al. Determinants of Relative Poverty in Advanced Capitalist Democracies [J]. American Sociological Review, 2003, 68 (1): 22 – 51.

[160] Nicole C. V. , Hasan C. , Carmela D. , et al. Too Big to Manage: US Megabanks' Competition by Innovation and the Microfoundations of Financialization [J]. Cambridge Journal of Economics, 2019, 43 (4): 4.

[161] Orhangazi Ö. Financialisation and Capital Accumulation in the Non – Financial Corporate Sector: A Theoretical and Empirical Investigation on the US Economy: 1973 – 2003 [J]. Cambridge Journal of Economics, 2008, 32 (6): 863 – 886.

[162] Orhangazi È. Financialization and the US Economy [M]. Edward Elgar Publishing, 2008.

[163] Osinubi T. S. , Amaghionyeodiwe L. A. Stock Market Development and Long – Run Growth in Nigeria [J]. Journal of African Business, 2003, 4 (3): 103 – 129.

[164] Patrick H. T. Financial Development and Economic Growth in Underdeveloped Countries [J]. Economic Development and Cultural Change, 1966, 14 (2): 174 – 189.

[165] Rajan R. , Zingales L. Financial Dependence and Growth [J]. American Economic Review, 1998, 88 (3): 559 – 586.

[166] Robinson J. The Generalisation of the General Theory and Other Essays [M]. London: Palgrave Macmillan, 1979.

[167] Rodrik D. , Subramanian A. Why did Financial Globalization Disappoint? [J]. IMF staff papers, 2009, 56 (1): 112 – 138.

[168] Schumpeter, J. A. Theorie der wirtschaftlichen Entwicklung: eine Untersuchung über Unternehmergewinn, Kapital, Kredit, Zins und den Konjunkturzyklus, 7th ed. [M]. Berlin: Duncker & Humblot, 1987.

[169] Solomon A. Tadesse. Financial Architecture and Economic Performance: International Evidence [J]. Journal of Financial Intermediation,

2002, 11 （4）: 429 – 454.

［170］ Stockhammer E. Financialisation and the Slowdown of Accumulation ［J］. Cambridge Journal of Economics, 2004, 28 （5）: 719 – 741.

［171］ Stockhammer E. Financialization, Income Distribution and the Crisis ［J］. Investigación Económica, 2012, 71: 39 – 70.

［172］ Stockhammer, Engelbert. Financialisation and the slowdown of accumulation ［J］. Cambridge journal of economics, 2004, 28 （5）: 719 – 741.

［173］ Sweezy P. M. Economic reminiscences ［J］. Monthly Review, 1995, 47 （1）: 1 – 12.

［174］ Sweezy P. M. More （or Less） on Globalization ［J］. Monthly Review, 1997, 49 （4）: 1.

［175］ Sweezy P. M. The Triumph of Financial Capital ［J］. Monthly Review, 1994, 46 （2）: 1 – 11.

［176］ Tadesse S. A. Financial Architecture and Economic Performance: International Evidence ［J］. Journal of Financial Intermediation, 2002, 11 （4）: 429 – 454.

［177］ Theurillat T. , Corpataux J. , Crevoisier O. Property Sector Financialization: The Case of Swiss Pension Funds （1992 – 2005） ［J］. European Planning Studies, 2010, 18 （2）: 189 – 212.

［178］ Tobin J. The Macroeconomics of Savings, Finance and Investment. Comment ［M］. Ann Arbor: University of Michigan Press, 1997.

［179］ Tomaskovic – Devey D. , Lin K. H. Income Dynamics, Economic Rents, and the Financialization of the US Economy ［J］. American Sociological Review, 2011, 76 （4）: 538 – 559.

［180］ Toporowski J. Neologism as Theoretical Innovation in Economics: The Case of "Financialization" ［R］. SOAS Department of Economics Working Paper Series, No. 171, The School of Oriental and African Studies, 2012.

［181］ Tori D. , Onaran Ö. The Effects of Financialization on Investment: Evidence from Firm – Level Data for the UK [J]. Cambridge Journal of Economics, 2018, 42 (5): 1393 –1416.

[182] Van der Zwan N. Making Sense of Financialization [J]. Socio – Economic Review, 2014, 12 (1): 99 –129.

[183] Widmer F. Institutional Investors, Corporate Elites and the Building of a Market for Corporate Control [J]. Socio – Economic Review, 2011, 9 (4): 671 –697.

[184] Yong Kang Du. Macroeconomic Consequence of Deindustrialization the Case of Korea in the 1990's [J]. Economic Papers, 2004, 7 (2): 144 –164.